品牌经济的强国战略

CHINA'S DEVELOPMENT STRATEGY OF BRAND ECONOMY

知识产权出版社
全国百佳图书出版单位

图书在版编目（CIP）数据

品牌经济的强国战略：2017 中国品牌发展报告/钱明辉等著. —北京：知识产权出版社，2018.5

ISBN 978-7-5130-5499-7

Ⅰ.①品… Ⅱ.①钱… Ⅲ.①企业管理—品牌战略—研究报告—中国—2017 Ⅳ.①F279.23

中国版本图书馆 CIP 数据核字（2018）第 060835 号

内容提要

本书从品牌发展与国家经济战略的重要关系入手，在深入解读品牌经济内涵与理论的基础上，梳理了我国发布的相关政策文件，并探索性地提出了区域品牌经济的评价模型，针对我国各地区的品牌经济发展现状进行了实证研究，同时还以上市公司为研究对象，提出了品牌价值模型，并结合"十三五"的发展理念，深入分析了近年来我国品牌经济的相关政策与优秀地区案例。

责任编辑：王玉茂	责任校对：王 岩
封面设计：吴晓磊	责任出版：刘译文

品牌经济的强国战略
2017 中国品牌发展报告
钱明辉 等著

出版发行：知识产权出版社有限责任公司	网　址：http://www.ipph.cn
社　　址：北京市海淀区气象路 50 号院	邮　编：100081
责编电话：010-82000860 转 8541	责编邮箱：wangyumao@cnipr.com
发行电话：010-82000860 转 8101/8102	发行传真：010-82000893/82005070/82000270
印　　刷：北京嘉恒彩色印刷有限责任公司	经　销：各大网上书店、新华书店及相关专业书店
开　　本：720mm×1000mm　1/16	印　张：16
版　　次：2018 年 5 月第 1 版	印　次：2018 年 5 月第 1 次印刷
字　　数：246 千字	定　价：65.00 元
ISBN 978-7-5130-5499-7	

出版权专有　侵权必究

如有印装质量问题，本社负责调换。

课题组成员

课题组组长

钱明辉

课题组副组长

黎炜祎　王玉玺

课题撰稿人

钱明辉　黎炜祎　王玉玺　徐　超　霍　亮
徐志轩　张　颖　尚奋宇　关美钦　陈　楠
王　涛

数据采集与分析

王玉玺　梁　晨　顾佳菊

课题组秘书

黎炜祎

前　言

2016年，党中央国务院密集下发文件，从创新、质量、消费、供给侧改革等多个层面推动中国全面进入品牌创新时代，2016年毫无悬念成为"国家品牌政策年"，品牌引领，文化铸魂，已经成为国家意志。

回顾2016年，"G20峰会"诠释大国形象，彰显中国智慧；"中国天眼"惊艳世界眼球，打造旅游新地标；"中国质造"国外抗击强震，赢得世界赞誉；"量子信息"开启通信产业，走在世界前端；"中国女排"奥运再度夺冠，展现中国精神；"二十四节气"入选联合国非遗名录，赢得中华文化的世界认同；华为扎根国际市场，实现品牌合纵连横，在亚洲、欧洲、美洲遍地开花，席卷全球；在品牌研究方面，《品牌信息本论》和《品牌诊断学》的出现，从本体论方面解决了品牌难以定量分析的世界级难题，彻底颠覆了现有的国外品牌理论分析框架，开创了全新的品牌定量分析领域，由此开启了由我国品牌界主导的品牌科学管理的新时代。

品牌作为无形资源，是企业质量和信誉的保证，是企业核心价值的体现，是具有溢价能力的重要资源，优秀品牌形象的树立可以为企业带来长期的经济效益，而品牌经济的发展是生产力与市场经济发展到一定阶段的产物，是以品牌为核心整合各种经济要素，带动经济整体发展的一种市场经济高级阶段形态，品牌经济的发展可以帮助国家实现经济的持续健康增长。

自2014年习近平总书记在河南中铁工程装备集团有限公司考察时提出"推动中国制造向中国创造转变、中国速度向中国质量转变、中国产品向中国品牌转变"的"三个转变"重要指示以来，中国品牌的建设备受关注，如何将我国打造为一个品牌强国成为重要的工作任务。2016年国务院办公厅颁布《关于发挥品牌引领作用推动供需结构升级的意见》，将品牌作为现阶段我国经济结构改革升级的关键动力摆在了重要的地位上，正式吹响了我国发展品牌经济的号角。

2016年，正值"十三五"开局之年，制造业转型升级正在为我国经济发展注入新动能，强国战略的种子正在神州大地生根发芽，累累硕果值得期待。"十三五"规划纲要中提出了"创新、协调、绿色、开放、共享"的重要发展理念，认为坚持贯彻五大发展理念是实现发展目标，破解发展难题，厚植发展优势的关键所在。创新是引领发展的第一动力，协调是持续健康发展的内在要求，绿色是永续发展的必要条件和人民对美好生活追求的体现，开放是国家繁荣发展的必由之路，共享是中国特色社会主义的本质要求。

品牌经济是贯彻落实"创新、协调、绿色、开放、共享"发展理念的重要体现，是推进供给侧结构性改革的重要举措，是培育经济发展新动能的重要途径，是我国强国战略部署中的关键一环。可以说，品牌经济是在我国强国战略实施背景下催生的新的经济发展形势，同时品牌经济也是我国强国战略实施落地的有效途径。

为了深入分析研究品牌经济与强国战略之间的关系，探索品牌经济发展的有效路径，本书从品牌发展与国家经济战略的重要关系入手，在深入解读品牌经济内涵与理论的基础上，梳理了国内外有关品牌经济的研究主题，并探索性地提出了区域品牌经济的评价模型，针对我国各地区的品牌经济发展现状进行了实证研究。同时，本书结合"十三五"的发展理念，深入分析了近年来我国品牌经济的相关政策与优秀地区案例。本书一共分为以下4个部分：

第一部分为品牌经济的理论探源，介绍了品牌经济的基本内涵与发展意义。

第1章主要探讨了品牌发展与国家经济战略之间的关系，明确了品牌价值是衡量国家、企业和产品的综合竞争力的主要体现，也是品牌实现持续发展的必要条件。随着全球经济的发展，品牌竞争正逐渐成为当前市场竞争的主旋律，而品牌价值是市场经济发展到一定程度出现的必然结果。随着国家经济战略中的品牌发展思想日趋成熟，品牌发展日益成为实现国家经济发展战略的关键手段,同时品牌发展引领经济供需结构升级正当其时。

第2章主要介绍了品牌经济概念的内涵,并明确了发展品牌经济的重要性。品牌作为国际市场的通用语言,是市场的通行证,是支配性资源,是争夺市场的决定性力量。制约发展中国家和地区经济落后的主要原因有结构刚性、制度短缺、资本匮乏等,发展品牌经济可以发掘新的、具有更强大比较优势的、不可替代的竞争要素,从而帮助经济欠发达国家和地区实现经济上的赶超。最后总结了国内外经典的品牌经济基础理论。

第3章利用美国德雷克塞尔大学陈超美团队开发的CiteSpace,绘制了以品牌经济为主题词的论文科学知识图谱,以窥探近些年来我国品牌经济开展研究的情况,发现研究热点主要集中在3个领域。第一个是产品和企业品牌,企业品牌强大,国家就在世界经济中处于强势地位,这已经成为国际经济发展中的重要规律。第二个是市场品牌,国际性市场和高等级专业化市场的本地化发展,能够有效地集聚与配置全球生产要素,从而带来城市国际化发展必需的外部动力。第三个是城市品牌,城市品牌已经成为全球城市竞争力提升的重要手段,从某种程度上说,城市品牌就是国际各界对于全球城市进一步发挥自身经济影响力的重要载体和手段。

第二部分为品牌经济的政策研究,梳理了中央和地方层面所发布的品牌经济相关政策。

第4章针对国家层面的政策文件进行研究,采用文献研究法,设定数据源为"北大法宝法律法规数据库",检索主题词为"品牌",通过对检索出的572篇中央法规及司法解释进行初步整理,将2016年至今为止颁布的品牌经济政策分为综合性政策和行业性政策两大类。在总结政策的基础上,研究发现我国品牌建设相对于发达国家和地区存在三大问题:第一,品牌总量偏低,以数量而非品质取胜的状况并未根本改变;第二,现有品牌中具有自主知识产权的比重偏低;第三,品牌的国际影响力不够,缺乏如美国苹果等具有广泛国际影响力的知名品牌。

第5章从地方层面对政策文件进行分析。由于中国地域辽阔,人口众多，不同区域的文化和消费习惯特色鲜明，区域经济已成为我国经济的重要特点之一。区域品牌是区域经济发展的重要支撑，是促进区域经济发展的重要力量，也是中国品牌体系中的重要一环。研究发现，除港、澳、台地区以外，我国31个省市自治区政府均颁布了与品牌相关的地方性法规规章，其中颁布法规数量最多的地区依次为河南、江苏和广东，而发布法规数量最少的地区依次为西藏、天津和新疆。

第三部分为品牌经济的战略思辨，结合国家"十三五"规划的五大发展理念，探讨品牌经济的发展逻辑。

第6章探讨了品牌经济与创新发展战略的关系，明确创新发展战略和品牌经济之间存在明显的内部作用机制。一方面，创新发展战略可以直接影响品牌经济的发展，创新是品牌经济的内在驱动力，同时，创新发展战略也能间接促进品牌经济的发展，通过为品牌经济营造良好的经济、政治和社会环境等基础发展条件，促进品牌经济的健康成长；另一方面，品牌经济的发展也能反过来作用于创新发展战略，品牌经济为创新发展战略提供了落地的基础和保障，使创新成果可以有效地转化成生产实践的竞争力，为创新驱动发展战略提供了一条可以实践的有效路径。

第7章探讨了品牌经济与协调发展战略的关系，主要探讨了品牌经济与协调发展战略之间的关系。首先陈述了"十三五"时期的协调发展战略内涵，详述改革开放至今协调发展战略的发展历程，确认当前新时期主要解决的是发展不平衡问题，需要重点促进城乡区域协调发展，促进经济社会协调发展，促进新型工业化、信息化、城镇化、农业现代化同步发展，在增强国家硬实力的同时注重提升国家软实力，不断增强发展整体性。

第8章介绍了品牌经济与绿色发展战略之间的关系，认识到在全球经济危机和互联网新商业模式的双重打击下，市场约束变得越来越突出，继续使用已有商业模式所能带来的利润增值空间已很小，大力发展品牌经济是企业、市场和消费者的共识。当前影响品牌经济发展的环境因素包括政策制度、法制、市场体系等；品牌经济发展更需要环境支持，在绿色发展理念的指导下实现可持续发展。本章对绿色发展战略的基本情况进行了梳理，探索了品牌经济与绿色发展战略的关系，建立了品牌经济实现绿色发展的动力机制，以海尔集团为例，说明了其发展过程中的绿色品牌战略。

第9章探讨了品牌经济与开放发展战略之间的关系，并从三个层面总结了二者之间的关系。首先是微观层面，品牌开放引导企业形成适合自己的商业运营模式，优化企业架构，综合降低成本、提高企业管理水平；同时帮助企业调整对外投资战略，持续且有规划地扩大企业规模，提高企业的国际宣传力，创建品牌文化，提高品牌忠诚度，综合提高品牌实力。其次是中观层面，品牌开放以点带面，通过行业企业的分层发展，优化产业结构，提升产业竞争力，带动整个产业链的发展；并通过行业内大企业的榜样作用，引领行业内中小企业向规模化大企业看齐，寻找企业内外发展的关键因素，逐步摸索出自己的发展道路。最后是宏观方面，品牌的开放发展可有效提升国家经济水平，一系列数据有力地证实了这一观点；在国家形象的建立上，开放发展的国际化企业，一定程度上起到了"国家名片"的作用；"走出国门"的企业能够帮助世界认识中国、认识中国制造。

第10章研究了品牌经济与共享发展战略之间的关系，明确共享发展理念作为党中央一以贯之的政策理念，已经深切融入全社会各个方面的改革和发展之中，其中也包含了蒸蒸日上的品牌经济。共享发展理念与品牌经济发展的结合具有必然性，这是因为共享理念是推动品牌发展的重要动力和实现手段，只有通过共享发展理念才能不断提升品牌经济规模，并且允许全社会来共同分享品牌经济的红利，最终让以品牌为中心的，包括企业、消费者和政府在内的所有利益相关者实现互利共赢。研究发现信息共享水平进一步促进品牌经济发展，品牌共享是品牌经济的发展手段，共享经济与品牌经济相互促进发展。

第四部分为品牌经济的评价模型，对评价模型的构建过程与实证研究结果进行了阐述。

第11章在明确了评价指标构建基本原则的基础上，检索已有文献，选择区域品牌评价这一类研究成果，首先利用词频分析法对评价地方品牌整体发展水平的指标进行筛选，选择出备选的评价指标；其次根据理论分析法选取合适我国品牌经济发展的评价指标，在考虑数据可得性与科学性的基础上明确测评要素；同时，采用客观的定量分析方法——熵值法对指标进行权重赋值，避免了人为赋权所带来的主观因素，然后采用因子分析法提取公因子构建评价指标体系。最后，对评价指标进行有效度和可信度的检验，完成对我国品牌经济发展评价指标的选取与构建。在完成了对我国品牌经济发展水平指标的构建之后，为了进一步保证研究的科学性、可靠性与可用性，将采集我国各地区的品牌发展评价指标实际数据，进行实证研究，一方面检验指标的可信度，另一方面可以对我国目前各省区市的品牌发展水平进行评价，给出我国品牌经济发展评价指标的分项排名及总体排名，并且从品牌发展能力、品牌基础能力和品牌创新能力三个角度详细地探索分析，以期展现各个地区品牌发展的实际情况。

第 12 章在分析主要品牌价值评估方法、品牌价值影响因素的基础之上，运用改进后的 Interbrand 模型，结合企业客观的财务指标以及改进的权重计算方法对品牌评价的模型进行了改进。在品牌价值评估方法方面，由于我国目前市场经济发展并不充分、资本市场并不完善，品牌价值没有得到我国企业的足够重视，品牌评估方法难以满足市场需求。品牌与品牌价值内涵的丰富性要求使通过品牌评估价值模型得出的评估结论具备多重性，本书通过对 Interbrand 模型进行改进，增加了品牌作用指数以及品牌强度计算指标的客观性，并且结合改进的 TOPSIS 方法提升品牌强度指数权重的合理性，完善了 Interbrand 模型，提升了品牌价值评估方法的科学性，进而可以推广到其他品牌的价值评估实践。

在 2016 年的"G20 峰会"上，中国自主品牌强势亮相，吉利汽车、农夫山泉、得力办公用品等国产品牌抓住机遇，在国际市场上展示了自身的独特魅力，为我国品牌经济的持续健康发展打下了良好的基础。在"十三五"开局之年，发展品牌经济已成为国家重要的战略部署，希望本书中对品牌经济的剖析和探索可以为我国品牌经济的发展提供新的思路，使我国的品牌发展能在新时代把握机遇，不断突破，做大做强，走向世界，实现打造一大批优秀品牌的中国梦！

编者
2017 年 12 月

目 录

第一篇 品牌经济的理论探源

第1章 品牌发展与国家经济战略 …………………………… (3)
1.1 国家经济战略中的品牌发展思想日趋成熟 …………… (4)
1.2 品牌发展日益成为推进国家经济战略的关键手段 …… (6)
1.3 品牌发展引领经济供需结构升级 ……………………… (9)
1.4 本章小结 …………………………………………………(12)

第2章 品牌经济的基本内涵与发展历程 …………………(13)
2.1 品牌经济的概念内涵 ……………………………………(13)
2.2 品牌经济的重要价值 ……………………………………(16)
2.3 品牌经济的理论基础与发展历程 ………………………(19)
2.4 本章小结 …………………………………………………(27)

第3章 品牌经济的主题研究 ………………………………(28)
3.1 品牌经济研究的基础情况 ………………………………(28)
3.2 品牌经济研究的主题探索 ………………………………(30)
3.3 本章小结 …………………………………………………(40)

第二篇 品牌经济的政策研究

第4章 我国品牌经济的政策研究 …………………………(47)
4.1 品牌经济政策梳理 ………………………………………(48)

— 1 —

4.2　重要品牌经济政策解读 ……………………………………… (53)

4.3　我国品牌经济政策展望 ……………………………………… (60)

4.4　本章小结 ……………………………………………………… (61)

第5章　我国各地区品牌经济政策研究 ……………………………… (63)

5.1　各地区品牌经济政策分析 …………………………………… (63)

5.2　各地区品牌经济政策内容解读 ……………………………… (68)

5.3　本章小结 ……………………………………………………… (79)

第三篇　品牌经济的战略思辨

第6章　品牌经济与创新发展战略 …………………………………… (83)

6.1　创新发展战略的内涵与意义 ………………………………… (83)

6.2　品牌经济与创新发展战略的关系 …………………………… (85)

6.3　品牌经济与创新发展战略的作用机理 ……………………… (88)

6.4　基于创新发展战略的品牌经济建设策略 …………………… (96)

6.5　本章小结 ……………………………………………………… (97)

第7章　品牌经济与协调发展战略 …………………………………… (99)

7.1　协调发展战略的内涵和意义 ………………………………… (99)

7.2　品牌经济与协调发展战略的关系 …………………………… (101)

7.3　品牌经济与协调发展战略的作用机理 ……………………… (104)

7.4　基于协调发展战略的品牌经济建设策略 …………………… (106)

7.5　本章小结 ……………………………………………………… (108)

第8章　品牌经济与绿色发展战略 …………………………………… (110)

8.1　绿色发展战略的内涵和意义 ………………………………… (110)

8.2　品牌经济与绿色发展战略的关系 …………………………… (114)

8.3　品牌经济与绿色发展战略的作用机理 ……………………… (117)

8.4　基于绿色发展战略的品牌经济建设策略 …………………… (121)

8.5 本章小结 …………………………………………………… (124)

第9章 品牌经济与开放发展战略 …………………………………… (126)

9.1 开放发展战略的内涵与意义 …………………………… (126)
9.2 品牌经济与开放发展战略的关系 ……………………… (133)
9.3 品牌经济与开放发展战略的作用机理 ………………… (137)
9.4 基于开放发展战略的品牌经济建设策略 ……………… (140)
9.5 本章小结 …………………………………………………… (143)

第10章 品牌经济与共享发展战略 ………………………………… (145)

10.1 共享发展战略的内涵与意义 …………………………… (145)
10.2 品牌经济与共享发展战略的关系 ……………………… (146)
10.3 品牌经济与共享发展战略的作用机理 ………………… (150)
10.4 基于共享发展战略的品牌经济建设策略 ……………… (159)
10.5 本章小结 …………………………………………………… (160)

第四篇 品牌经济的评价模型

第11章 品牌经济发展的评价模型及实证研究 …………………… (163)

11.1 我国品牌经济发展评价指标的构建思路 ……………… (163)
11.2 我国品牌经济发展评价模型的指标选取 ……………… (165)
11.3 我国品牌经济发展评价指标的权重确定 ……………… (172)
11.4 我国品牌经济发展评价指标的构成 …………………… (175)
11.5 我国品牌经济发展评价指标的信度与效度检验 ……… (180)
11.6 我国品牌经济发展评价指标的实证研究 ……………… (182)
11.7 地区评价分项指标实证分析 …………………………… (184)
11.8 本章小结 ………………………………………………… (188)

第12章 品牌价值计算模型及实证研究 …………………………… (189)

12.1 品牌与品牌价值 ………………………………………… (190)

12.2 品牌价值计算模型 …………………………………（193）
12.3 Interbrand 模型及改进 ……………………………（196）
12.4 上市公司品牌价值榜评述 …………………………（202）
12.5 本章小结 ……………………………………………（205）

参考文献 ……………………………………………………（207）

附　录 ………………………………………………………（214）

后　记 ………………………………………………………（241）

第一篇

品牌经济的理论探源

第 1 章　品牌发展与国家经济战略

拥有著名品牌的数量已成为衡量一个国家经济实力的重要指标，因而品牌建设对国家经济发展至关重要，品牌经济已经成为提升一个国家实力的发展动力。知名品牌是国家形象的延伸，是民族精神的诠释，对提升国际影响力具有非常重要的作用。虽然我国的经济总量已经跃升至世界第二位，但是我国的品牌建设却未能与之匹配，品牌国际化程度较低，著名品牌数量较少，品牌经济效益较差，品牌认可度较弱。随着我国经济进入转型发展的新阶段，迫切需要涌现出更多的著名品牌，产生品牌经济效益为我国提升国际影响力创造机遇。习近平同志高度重视品牌建设，强调要"推动中国制造向中国创造转变、中国速度向中国质量转变、中国产品向中国品牌转变"。"三个转变"明确指出了我国发展品牌经济的重要性，为打造我国著名品牌指明了方向。

塑造国家品牌形象绝非一朝一夕，国家品牌发展战略需要政府和企业的共同努力。我国政府高度重视品牌发展，出台了众多支持品牌发展的政策。例如，在品牌保护方面，为确保品牌的成长环境，各级政府不断增强品牌保护力度，从知识产权、商标侵权等多个维度出台相关政策；在品牌创新方面，各级政府发挥政策引导作用，引导中小企业利用互联网发展机遇，通过创新驱动打造自身品牌，弥补规模劣势。我国政府和企业应该牢固树立品牌意识，打造我国著名品牌，提升我国品牌的国际影响力，发挥著名品牌对经济优化升级的引领作用，让品牌经济走上良性发展的快车道。

1.1 国家经济战略中的品牌发展思想日趋成熟

自20世纪80年代以来，我国经济保持了持续的高速增长，取得了举世瞩目的成绩。随着时间的推移，我国经济发展模式也由注重速度转变为注重质量，经济发展已进入了转型的关键阶段。经济发展方式的转变带来了消费、投资和进出口等各个领域的转变，传统市场上，企业仅依靠产品价格的竞争逐步演变为包括产品质量、服务和技术等在内的企业品牌的竞争。为适应经济转型，政府和企业的品牌战略也需要随之进行转型。改革开放以来，我国的品牌战略可以大体上分为4个阶段：

第一阶段，产品形象战略阶段。20世纪80年代，随着国外产品逐步进入国内市场，以及国内工业生产的日渐成熟，中国企业纷纷模仿国外对生产的产品进行包装和美化，产品形象得以提升。这个阶段最为突出的就是重视产品形象，即通过产品外在形象的提升拉近与国外产品的差距。

第二阶段，企业形象战略阶段。20世纪90年代，通过一段时间的产品形象提升，企业也开始意识到品牌是企业的无形资产，价值巨大。国内企业通过引入国外流行的企业标识设计策略，统一企业形象，通过企业品牌向外界传递自身的价值理念，从而形成了企业品牌。

第三阶段，产业形象战略阶段。2000年开始，国内各级政府意识到单一产品、单一企业、单一品牌带来的经济提升效益有限，而产业集群则可以通过品牌促进一个甚至多个产业的发展，从而带动整体的经济发展，因而开始重视产业形象。产业经济的发展产生了产业品牌，而产业品牌又进一步促进了产业经济的发展，形成产业集群是发展产业品牌的基石，仅靠企业自身发展很难形成品牌效益，因此需要地方政府在品牌发展中发挥引导作用。

第四阶段，国家品牌战略阶段。随着我国经济增长进入调整期，打造一批具有国际影响力的著名品牌，已经成为我国复兴成功的关键动力。2005年，中共中央颁布的《中共中央关于制定国民经济和社会发展第十一个五年规划的建议》明确要求，形成一批拥有较强国际竞争力的著名品牌作为"十一五"的经济与社会发展目标，这可以视为我国首次在国家层面明确品牌发展的重要性。中央政府从政策角度出发，将品牌战略上升到国家高度，大力开展国家品牌战略，提升国家形象。特别是，国务院批准自2017年起，将每年5月10日设立为"中国品牌日"，鼓励各级电视台、广播电台以及平面、网络等媒体，在重要时段、重要版面安排自主品牌公益宣传。

我国品牌发展战略的前两个阶段以市场中的企业自身行为为依托，依靠市场参与者的力量发展企业品牌，而后两个阶段则以国家的政策扶持为推动力，通过政策手段明确支持我国品牌发展。近年来，各级政府持续关注品牌发展，不断提升品牌战略，最终形成国家品牌战略。

由于我国品牌建设环境相对不完整，品牌建设管理机制不够健全，政策存在漏洞，因此中央政府需要做好我国品牌建设的顶层制度设计，通过制度设计培育良好品牌建设环境，建立不同部门之间的协调机制，在品牌发展过程中国家承担着引领发展方向的重要任务。2012年国务院印发的《质量振兴纲要（2011～2020年）》（国发〔2012〕9号）明确提出了要加强我国自主品牌建设，品牌强国推动质量强国和经济强国，将形成一批拥有国际知名品牌和核心竞争力的优势企业作为重要的发展目标。各部委相继出台了针对各行各业品牌建设的指导意见，例如，工业和信息化部等印发的《关于加快我国工业企业品牌建设的指导意见》（工信部联科〔2011〕347号）、商务部印发的《关于促进中国品牌消费的指导意见》（商运发〔2012〕434号）、国资委印发的《关于加强中央企业品牌建设的指导意见》（国资发综合〔2013〕266号）等。

品牌战略的成功与否关系到我国在全球经济中是否占有一席之地，同时，还对满足居民消费需求、转变我国经济方式和提升国家经济发展质量具有重要意义。质量是品牌的第一要义，以质量促声誉，支持开展自主品牌建设，通过质量保障形成可靠的品牌建设口碑，通过各种方式扩大品牌的知名度和美誉度。2015年，国务院印发的《中国制造2025》（国发〔2015〕28号）明确提出，依托中国品牌建设制造强国，实现中国制造向中国创造的转变，中国速度向中国质量的转变，中国产品向中国品牌的转变，完成中国制造由大变强的战略任务。《中国制造2025》明确提出要加强自主品牌培育，将加强品牌质量建设列为战略重点。

通过结构调整引领品牌建设方向，将经济发展方式由外延扩张型向内涵集约型转变，由规模速度型向质量效率型转变的重要举措。2016年，国务院印发的《关于发挥品牌引领作用推动供需结构升级的意见》（国办发〔2016〕44号）明确了以品牌促进供需结构升级的重要意义、基本思路与发展目标，为今后一个时期我国品牌发展与供需结构升级转型的工作提供了有效的指导。该意见是深入贯彻落实创新、协调、绿色、开放、共享发展理念的必然要求。

随着我国国家经济战略中的品牌发展思想日趋成熟，品牌振兴将成为实现中国梦的重要内容和打造中国经济升级版的重大任务。中国企业想要与世界知名企业竞争，最重要的是做好品牌建设和品牌创新。品牌建设是一项综合工程，需要把政府因素、企业因素、社会因素结合起来，形成合力以培育建设我国自主品牌。

1.2　品牌发展日益成为推进国家经济战略的关键手段

一直以来，我国领导人都非常重视品牌建设工作。毛泽东同志曾对我国的老字号发展提出过相关指示："王麻子、东来顺、全聚德要永远保存下去""瑞蚨祥、同仁堂一万年也要保存""历史名字要保存，商务印书馆、中华书局的名字为什么不要？"邓小平同志在1992年南方谈话中指出"我们应该有自己的拳头产品，创出我们中国自己的品牌，否则就要受人欺负"，他将建设自主品牌问题提升到实现民主独立自强的战略高度。江泽民同志先后多次强调建设知名品牌的重要性：他于1998年视察苏南企业时就提出"要实现现代化，我们的企业就要敢于参与国际市场竞争，在国际市场打响中华民族的优秀品牌"；在2001年中央经济工作会议上强调"在我们具备比较优势的加工工业中，加快形成拥有国际知名品牌、具备国际竞争力、面向国际国内两个市场的大规模制造能力"。胡锦涛同志于2005年在江西调研指出"我们中国的农业产品要走向世界，就要有好的品牌，好的质量、好的技术、好的包装"，并且将"形成一批拥有自主知识产权和知名品牌、国际竞争力较强的优势企业"作为"十一五"发展的重要目标。习近平总书记于2014年在河南中铁工程装备集团有限公司考察时提出了"推动中国制造向中国创造转变、中国速度向中国质量转变、中国产品向中国品牌转变"的重要指示，为我国企业的发展指明了方向。

我国的品牌发展经历过一个较为漫长的时期，相关管理制度已逐步成熟。在经济发展新常态下，深入推进品牌建设工作，牢固树立用品牌引领发展的理念，引导企业由产品竞争向品牌竞争转变，提升价值链和产品附加值，提高发展质量和效益，加快培育和发展一批国内外具有较强影响力的知名品牌，有效发挥品牌在保护激励创新、整合资源、吸引资金、开拓市场等方面的作用，这对于促进我国产业升级，提升产业竞争实力，实现经济持续健康发展具有重要意义。品牌发展已经日益成为实现国家经济战略的关键手段，大力实施国家品牌经济战略是贯彻落实科学发展观、转变经济发展方式、推动经济又好又快发展的客观需要，也是应对日益激烈的综合国力竞争、适应世界发展大势、掌握发展主动权的必然要求。品牌是企业乃至国家竞争力的综合体现，既代表着供给结构和需求结构的升级方向，也是现代企业的核心资源，是企业质量、创新、管理、市场、信用、文化等综合竞争能力的集中标志，也是产业经济、区域经济的核心要素。

（1）利用品牌发展促进经济增长

我国品牌发展的外部环境（经济基础、监管环境、制度建设、市场实践等）已经成熟，发展品牌经济的基础条件已经齐备。随着经济的发展，人民生活水平得以提升，消费者不仅满足基本需求，而且通过品牌来实现差异化需求和高端需求，发展品牌经济的外部动力也已经具备。对于品牌的价值社会已经达成了一定的共识：品牌不仅代表产品，还代表依附于产品之上的附加值，通过品牌体验建立良好长久的顾客关系，是品牌的重要作用，品牌发展对经济增长亦起到了推动作用，发展品牌经济的社会意识也已经具备。

品牌发展已经日益成为实现国家经济战略的关键手段。我国各级政府为发展品牌经济制定并出台了多项品牌扶持政策,既有财政支持,也有税收减免;既有政策指导,也有监管督促,为我国品牌的健康发展打造了良好的环境。随着市场经济的不断发展,我国已成为仅次于美国的全球第二大经济体,出口增长强劲、投资增长迅猛、消费需求旺盛,使得我国已完全具备了依靠自身资源发展来培育世界级知名品牌的外部条件。随着消费者对品牌价值认知的不断提升,品牌引领消费的发展已成必然趋势。

(2) 利用品牌发展提升国家形象

我国经济发展已经进入新常态,而品牌发展已成为新形势下国家推进经济战略的关键手段。中国的复兴首先是经济的复兴,在经济复兴的基础上,其根本是实现民族文化的复兴。很多大国一方面通过品牌输出来获取财富的积累,另一方面利用品牌输出来推广自己的文化和价值观。从某种意义上而言,经济全球化也是文化全球化,而品牌实际上是文化输出的隐性标识。品牌标识是使品牌具有意义和独特性的一切要素,包括品牌的价值、目的和道德形象,它们共同构成品牌。能否正确传达品牌价值是一个企业成功的关键,国家品牌战略区别于传统的品牌战略在于它是一个高度政治化的活动,随着越来越多的国家开始关注国家品牌,世界各地都在致力于开发他们自己的资源和民族品牌。国家品牌最重要的作用就是增加国际影响力,进而促进建立更强有力的国际关系、国际信誉和投资者信心,并增强国民自信和自豪感。

自我国实施国家品牌战略以来,消费者和企业的品牌意识日趋增强,品牌价值持续提升,成为经济增长的强劲动力。我国虽然已经具备了一些在国际上具有一定影响力的品牌,但是仍缺乏具有竞争力的世界品牌,这一点与我国的经济体量不相符合。我国亟待通过品牌来提升国家竞争力,品牌的发展壮大,有助于中国参与国际经济竞争,取得现代化的成功。而从更深刻意义上讲,强大的国家品牌是营造良好环境和氛围的基础,也是在国际政治博弈中占据主动的基础。实现对内认知认同、对外传播接受,中国的崛起才能更加顺利。从促进对外贸易方面来看,加紧培育新的比较优势,引导中国企业"走出去",使出口继续对经济发展发挥支撑作用,离不开强有力的国家品牌。对促进内需方面来看,国家品牌也是扩大内需、抵御外部经济波动的重要抓手,用包括品牌建设在内的多种手段来创造新供给、激活新需求的重要性进一步凸显。我们迫切需要从国家层面高度重视和研究以国家文化为基础的国家品牌战略,从而适应新常态、引领新常态。

(3) 利用品牌发展传承历史文化

我国具有悠久的历史,商业发展也经历了一个相对较长的时期,曾孕育出无数优秀的老字号品牌,其中不乏历经数百年的"金字招牌"。相比于新兴品牌,"老字号"品牌的文化特征更加鲜明,历史痕迹更加显著,信誉积存更加厚重,这些都成为"老字号"品牌的核心竞争力。"老字号"品牌不仅是商品本身,更是其本身的品牌文化。例如,同仁堂以坚持"品味虽贵必不敢减物力,炮制虽繁必不敢省人力"精神被世人称道,其"同修仁德,济世养生"的内涵如今也已经深入人心。正是这种崇高的精神力量,才能说服消费者、吸引消费者、团结消费者、鼓舞消费者;才能强化企业品牌的凝聚力、向心力和感召力。"王老吉"凉茶从180年前一剂治病救人的良方,历经传承与创新,智慧与匠心,成为今天中国第一饮料品牌,蜚声中外。

利用品牌发展传承历史文化是基于"老字号"文化内涵的考量,"老字号"是在时间与空间的积淀与转换过程中形成的民族自主品牌。它不仅是一个品牌的概念,更是一个融合与开放的文化概念,与诸多传统文化元素和现象相关联。在现代商业文明的冲击下,昔日叱咤市场风云的商业品牌,大多已逐渐失去了往日的辉煌,究其原因,相当程度就在于缺乏根据市场变化而自我创新的品牌经营维护机制。只有注重通过不断改良先进的生产工艺和经营方式来维护自身品牌才能保证品牌的文化传承,例如,同仁堂借助"御药"的高声望,成功在中药及保健品类的领域广泛延伸,而"王老吉"品牌在饮料市场占据规模优势后,开始向OTC中成药类的领域延伸。

1.3 品牌发展引领经济供需结构升级

2016年6月10日,国务院办公厅印发的《关于发挥品牌引领作用推动供需结构升级的意见》（以下简称《意见》）指出，"发挥品牌引领作用，推动供给结构和需求结构升级，是深入贯彻落实创新、协调、绿色、开放、共享发展理念的必然要求，是今后一段时期加快经济发展方式由外延扩张型向内涵集约型转变、由规模速度型向质量效率型转变的重要举措"。《意见》作为我国第一份国家级关于品牌建设的文件，明确了以品牌促进供需结构升级的重要意义、基本思路与发展目标，提出了具体的工作任务、措施与保障手段，为今后一个时期我国品牌发展与供需结构升级转型的工作提供了有效的指导。

2016年恰逢我国"十三五"开局之年，是全面建成小康社会的决胜阶段，是供给侧结构改革攻坚的关键时期，是"一带一路"倡议深入推进的重要机遇期。目前，我国经济平稳增长，居民收入快速增加，中等收入群体持续扩大，消费结构不断升级。2016年国内生产总值达到74万亿元，同比增长6.7%，居民人均可支配收入为23821元，恩格尔系数持续下降。2016年，社会消费品零售总额33.2万亿元，同比增长10.9%，而与此同时全球经济自2008年国际金融危机以来复苏迟缓，市场需求持续低迷，国际分工格局加快调整，跨境资本重新配置，各主要经济体都力求在这一变革调整期争取更加有力的分工地位。2016年美国经济增速仅为1.62%，虽然房地产市场带动了经济增长，但仍不足以抵消由于石油价格下调所带来的商业投资受损和出口低迷所带来的影响。2016年欧元区企业活动增速放缓超预期，受到"英国脱离"欧盟公投和法国公会长期抗议政府就业市场改革计划影响，虽然制造业保持了稳定增长，但是服务业明显下滑，PMI初值为52.4，低于预期值。

品牌经济是将品牌作为核心整合经济要素、带动经济发展的高级经济形态，可以有效减少低端供给，扩大中高端供给，增强供给结构对需求变化的适应性和灵活性，提高全要素生产率。在经济发展新常态的大背景下，品牌经济的发展可以有效解决我国现阶段供给和需求不协调的矛盾，帮助我国抓住机遇，在国际分工中占据有利位置。在2014年习近平总书记提出要"推动中国产品向中国品牌转变"后，《关于加快发展生产性服务业促进产业结构调整升级的指导意见》《贯彻实施质量发展纲要2015年行动计划》《中国制造2025》等陆续出台的国家政策文件也都先后谈及品牌发展的重要意义,强调"狠抓品牌建设",坚持"以质量提升推动品牌建设","围绕研发创新、生产制造、质量管理和营销服务全过程,提升内在素质,夯实品牌发展基础"。在此背景下,现阶段我国发展品牌经济既有基础,又有机遇,国务院发布《意见》可谓正当其时。

今后一段时期,国内外经济结构和经济秩序都将进入大的调整,在此背景下推进品牌发展战略,既是重大的机遇,也是巨大的挑战。从机遇角度而言,我国经济的发展为推动品牌战略的建设带来了机遇:第一,2016年以来颁布的一系列品牌经济相关政策均体现出了"实施品牌战略,发展品牌经济,是新形势下推进供给侧结构性改革,推动大众创业、万众创新的重要抓手,是促进中国经济创新发展的重要途径,也是中国制造向中国创造转变、中国产品向中国品牌转变的重要方向"这一核心思想。第二,"一带一路"倡议实施将为我国品牌出海创造更多机会。品牌战略与"一带一路"倡议相结合,让我国的国内品牌拥有更加便利的出海条件。通过支持企业走出去,广泛与"一带一路"沿线国家和地区合作,可以带动我国品牌在基础设施、能源等领域的出口。第三,实施品牌战略将助推我国在全球贸易金融体系中掌握更大话语权。经济危机后欧美国家复苏缓慢,亚欧国家普遍希望搭上中国经济快车,相应地,也在更加积极地参与我国提出的区域性经济金融治理机制,从而为我国更加深入地参与当地投资及金融合作创造机遇。从某种意义而言,我国的品牌发展战略已经从早期的企业品牌战略上升到国家品牌战略,通过国家品牌将我国的经济发展成果展示给世界,通过国家品牌让世界更加接受中国,通过品牌战略让我国更好地融入全球经济,通过国家品牌让我国更好地参与全球经济治理。

当然,现阶段国家品牌战略的实施所面临的挑战也不容忽视:第一,当前国内外环境发生剧烈变化,经济下行压力增大,主要矛盾在于调结构、转方式尚未取得突破性进展。国家层面需要进一步研究并制定相关品牌经济政策,即实现促进品牌战略的推进,达到升级我国经济结构,用品牌战略对国家经济战略发展起到保驾护航的作用。第二,我国企业品牌对"走出去"存在的风险可能认识不足。我国企业在走向海外方面还缺乏经验,对相关国家和地区的制度和法律研究不够深入,盲目加大对外投资,可能存在资金无法收回的风险,品牌发展反而会受到不良的影响。第三,西方发达国家对我国国家品牌战略可能营造不利舆论。亚欧很多国家曾是发达国家影响的传统势力范围,我国在部分地区推进品牌发展战略难免挤压发达国家的利益,一旦出现贸易投资方面的摩擦,可能出现发达国家恶意炒作的现象,对品牌的声誉造成不良的影响。

尽管如此,我国加快品牌发展的条件已经具备,发展品牌经济正当其时。一是品牌发展基础条件具备;二是消费需求呼唤品牌产品;三是品牌发展社会共识已经形成。如何适应国际化潮流,建立强势品牌,提高竞争能力,已经成为迫切需要解决的问题,急需要从国家层面高度重视和研究以国家文化为基础的国家品牌战略,从而适应新常态、引领新常态。国家品牌的发展壮大,有助于中国参与国际经济竞争,追求现代化的成功。从更深刻和更长远的角度理解,强大的国家品牌,是营造良好环境和氛围的基础,也是在国际政治博弈中占据主动的基础。完善品牌发展思路,丰富品牌发展手段,实现品牌发展引领经济供需结构升级,实现对内认知认同、对外传播接受,中国的崛起才能更加顺利。

1.4 本章小结

本章主要探讨了品牌发展与国家经济战略之间的关系,明确了品牌价值是衡量国家、企业和产品的综合竞争力的主要体现,也是品牌实现持续发展的必要条件。随着全球经济的发展,品牌竞争正逐渐成为当前市场竞争的主旋律,而品牌价值是市场经济发展到一定程度的必然结果。随着现阶段国家经济战略中的品牌发展思想日趋成熟,品牌发展日益成为推动国家经济战略的关键手段,品牌发展引领经济供需结构升级正当其时。

第 2 章　品牌经济的基本内涵与发展历程

当前,人们逐渐认识到品牌经济的重要意义,对品牌经济的研究已成为热点。只有充分借助品牌经济载体,使品牌经济成为推动国家经济战略的重要甚至关键手段,才能在日益激烈的国际竞争中实现自身经济的发展,引领经济供需结构升级,帮助实现经济强国目标。本章将重点介绍品牌经济的基本内涵与发展历程。

2.1　品牌经济的概念内涵

在英文中,品牌的单词为"Brand",这个词来源于古挪威语"Brandr",原意是"打上烙印",即识别符号。随着时代的发展和社会的进步,品牌一词承载了更加丰富的含义,体现了更加多元的意义,并逐渐成为一种新的研究领域。现代科学中,营销学和传播学都对品牌有所定义。其中具有广泛代表性的定义是,被称为"现代营销学之父"的菲利普·科特勒认为:品牌是一种名称、术语、标记、符号或图案,或是它们的相互结合,用以识别某个销售者或是某群销售者的产品或服务,并使之与竞争对手的产品和服务相区别。从 20 世纪 80 年代开始,人们进入品牌消费时代,"品牌资产"成为人们认识和理解品牌的一种较为普遍和有效的方式,在一些研究中,品牌甚至成为企业最有价值的资产。当前,对于品牌经济的思考和探讨正在成为一种趋势,科学界建立了品牌经济学,扩宽了经济学研究领域,并为营销学和传播学中研究的品牌问题,解释现实现象、提供理论基础、指导现实实践。品牌经济学作为一门新兴的边缘性经济学科,具有十分深刻的意义。

当今市场经济的主要问题在于供给过剩，这一点体现在产品和劳务等多方面，所以，现代激烈的市场经济竞争中，品牌占据了核心位置。品牌对于各种利益相关者都具有重要意义。对于品牌消费者而言，他们需要优质的产品保证、强烈的获得感、更低的获取成本和更低的购买风险。对品牌拥有者而言，他们需要保证取得企业利益、保持收益、规避风险，从而促进品牌企业稳定发展，并且帮助企业获取更高的利润，提升影响力等等。一个良好的品牌，能够在两方面促进市场的进步，第一是倡导优质消费，给购买者提供较为对称的购买信息，以获得较为优质的商品；第二是促进企业进步，优质的消费能够帮助市场优化结构，提升企业责任心，进而改进技术、提升质量。品牌经济的存在，有助于资源在市场中合理配置，推动经济向好发展。正是如此，品牌得到了前所未有的重视，品牌拥有者和购买者开始更加注重塑造和获得品牌商品，社会各界的品牌意识得到强化。

通过研究现有的文献，下面归纳总结了学者们对品牌经济的研究。刘明珍认为，品牌经济学是以品牌为对象，运用经济学原理和方法，研究影响品牌形成和发展的内部、外部因素和宏观、微观条件，揭示品牌发展规律，寻求对品牌培育经营的最佳途径，为实践提供理论指导的一门科学。冯蕾音和钱天放认为，品牌经济是生产力与市场经济发展到一定阶段的产物，是以品牌为核心整合各种经济要素，带动经济整体运营的一种市场经济高级阶段形态，它包括单个企业的品牌化运营、总体市场层面的品牌化运营以及区域经济体系三个组成部分。孙日瑶就品牌经济学的任务、对象和若干基本问题进行了研究，认为品牌经济学的核心是描述、解释品牌为何以及如何影响人们的选择行为，根本任务是从经济理论上对如何更快地提升品牌竞争力提供切实可行的理论和方法指导。

总结学者们的观点可以发现，品牌经济产生于国民经济的发展，当国民经济发展到一定程度，品牌经济就能够以品牌为载体，体现出其为经济服务的本质，体现其资源整合的功能。谢京辉认为，从宏观层面来看，品牌将从三个阶段促进经济的发展：第一阶段，形成产品品牌，这一阶段品牌知名度较低，需要对产品的质量、属性等物理特征加大宣传推广，因此，品牌发展重点在于产品；第二阶段，形成企业品牌，该阶段中，产品品牌已经有了较高的知名度，此时的品牌已不只是产品物理属性的体现，更体现着企业的综合实力和企业的文化价值；第三阶段，形成区域品牌，这一阶段是品牌发展的高级阶段，品牌成为区域内不同空间板块相似产业综合实力的象征，即进入了品牌经济发展阶段。

综上所述，将品牌经济的内涵概括为以下几点：第一，品牌经济是多个区域品牌的结合体。在宏观层面，品牌经济是经济发展到一定阶段出现的一种现象，表现为在特定地域空间中，多个品牌的结合体。第二，区域品牌是那些具有较高知名度和影响力的地区产业集群。区域品牌体现着产业集群的发展状态，代表着区域产业集群，区域品牌和品牌产业是品牌经济的核心。第三，尽管区域品牌和品牌产业是品牌经济的核心，但产品品牌和企业品牌作为品牌经济的有力支撑也必不可少。产品品牌作为基础，对于区域品牌的发展有着十分重要的意义，只有具有较为有力的产品品牌，才能使区域品牌保持较好的发展；另外，企业品牌也是一种支柱，支撑区域品牌发展，区域内的产业集群要具有一定的聚集规模和产业优势，才能形成具有影响力的区域品牌。总之，在品牌经济概念的界定中，品牌是一种与其目标顾客群达成长期稳定的利益平衡，并降低目标顾客的选择成本，即一种排他性品类符号。发展经济可以以品牌为中心，所以，从经济学角度出发，探究品牌的真正含义，可以得出，品牌经济是生产力与市场经济发展到一定阶段的产物，是一种新的经济形式。在某种程度上，品牌经济就是以品牌为核心，综合多种其他经济要素，以带动整体经济运作的经济形态。品牌经济以产品品牌为核心，以品牌企业和集群所代表的品牌资产为载体，以产品、企业、集群的品质价值为最终追求方向，利用品牌效应打造更多的品牌，使产品在国内外的市场占有率上具有一定的优势，具有在更大范围集聚、配置和整合资源要素功能是地区经济发展的高级阶段和高阶形态。品牌经济是企业经营达到的较高级形态，是市场经济的一种高级阶段、一种具有新高度的经济文明。其具备着市场经济的一些基本要素，同时又具备市场经济初级阶段所没有的新经济要素甚至新文化要素，具有一系列新的结构、规范、秩序。基于此，本书对品牌经济的定义如下：以品牌为核心，全面整合多种经济要素，以带动经济整体全面发展的一种经济形态。构成

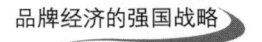

框架为以区域品牌为核心，以产品品牌和企业品牌作为主要支撑，并在形式上体现为产品品牌、企业品牌和区域品牌的综合体。

2.2 品牌经济的重要价值

2016年，欧洲独立品牌和专利评估专业组织——欧洲品牌研究所（European Brand Institute）发布了全球企业品牌价值百强排行榜（Global Top 100 Brand Corporations Ranking），欧洲品牌研究所根据最新的国际标准化组织的评估标准，研究了涉及16个行业，3000多个企业的品牌。根据该榜单，苹果排名第一，被评为全球品牌价值最高的企业，品牌价值达1485.31亿欧元；谷歌排名第二，品牌价值为918.50亿欧元；微软排名第三，品牌价值为755.72亿欧元。在亚洲企业中，中国移动具有较高的品牌价值，并以529.46亿欧元列于全球第9位。另外，从上榜企业所在国家来看，有49家美国企业进入榜单，基本占据了榜单的半壁江山；有35家欧洲企业上榜，其中，德国为欧洲上榜最高的国家，有10家德国企业上榜；在亚洲，有16家企业上榜，其中，中国企业有9家，数量在全球范围内较多。另外，英国、法国和日本分别有8家、7家和5家企业登上榜单。

根据经济合作与发展组织（OECD）的统计数据，全球商标总量中，知名品牌仅占总量的3%，但是其占据了40%的市场份额，50%的销售额，甚至在个别行业中，知名品牌的总销售额达到90%。值得警惕的是，纵观全球经济，品牌被少数发达国家所垄断，在某种程度上，成为高度稀缺的资源。在现代经济体系中，尤其是在全球经济一体化的背景下，各国市场已经被一些发达国家的强势品牌所占据，品牌消费也逐渐呈现出全球化趋势。可以说，在当今经济全球化的大背景下，要实现经济的发展，必须高度重视品牌经济的发展。

目前，品牌已经成为国际市场上的通用语言和有效通行证，决定着市场经济，支配着市场资源。目前看来，资本匮乏、结构刚性、制度短缺等原因，导致了发展中国家和地区的经济落后问题。要想实现发展中国家地区经济的高度发展，赶超发达国家，特别是中国作为全球最大的发展中国家，要在现代国际市场经济中，在激烈的市场竞争中居主导地位，就要形成自己独特的竞争优势，而以品牌培育和品牌经济的建设是发展经济的一个较好切入点。品牌价值将实现"商品—企业—地区"为一体的品牌价值体系，从而对地区经济的转型产生较好作用。

第一，品牌经济有助于增强区域的核心竞争力。所谓核心竞争力代表着区域的形象和价值。品牌经济集中着一个地区的多种资源要素，如自然资源、社会资源、文化资源，体现着区域的综合形象，标志着区域的综合竞争实力。良好的区域品牌有助于提高区域品位，促进区域增值，从而产生更好的功能和环境效应；良好的区域品牌能够体现区域的特点和地位，提升区域凝聚力；此外，良好的区域品牌也能在区域外部形成向心力，吸引外部投资，从而促进经济发展、帮助就业，增加居民收入和政府税收。同时，其扩散力和辐射力能够作用于区域外部。区域品牌的形象越好，其内涵就越丰富，区域内部的品牌认同性越高，区域外部的辐射力也就越强。因此，品牌经济的发展促进了地区内部和地区品牌的发展，也增强地区内部与外部资源的联动，使得区域消费水平和整体经济发展水平得以增强和提高，即增强了区域核心竞争力。形成区域品牌经济的地理黏性，使之更不易被其他竞争者所替代。

以上海为例，上海以其中国经济的龙头地位和海派文化在我国城市中具有极强的竞争力，表现在本地人中很少有人愿意放弃上海去外地，各类优秀人才也争相到上海寻求发展机会。想要持续留住人才，上海不仅要依靠其较高能级的经济发展和较多的优惠政策，更要保证自己拥有中国最具发展潜力和影响力的陆家嘴金融区，使得从事金融产品开发的专业人才前往上海发展的意愿更加强烈，而且持续发展的动力也更为充足。上海的陆家嘴金融区就是品牌经济在增强区域核心竞争力方面的较好的范例。

第二，发展品牌经济有助于价值链扩展。在当今的国民经济体系中，品牌经济的发展能够扩大需求，延长产品的生命周期、延长产业的价值链。品牌和传统产业结合，能够使价值较低的产品再次增强活力；在文化方面，也能够重塑文化理念，从而显著延长产业的生命周期。在供给层面，品牌可以通过融入相关产业价值链的方式，以丰富传统产业的产品和格局等。在发展主体方面，不同的经济主体，即生产者、品牌管理者等，能够通过品牌经济被连接，形成协作链，使之横跨不同产业和企业，这条产业链能够涵盖多种类型的产业，从而帮助相关产业得到有效发展。

迪士尼作为世界顶级跨国公司，全美国娱乐业的巨头之一，收购了惊奇漫画公司、皮克斯公司等，获得了它们的产品版权和相关衍生产品的开发权，将这些公司动画人物形象引入自身的产品，并添加到主题公园、图书、服装、玩具的生产中，提高自身品牌的覆盖率。比如，2012年迪士尼以40亿美元收购卢卡斯公司，这一收购使其得到了近1.7万个动画人物形象，还包括了《星球大战》《夺宝奇兵》系列电影的特许经营权，从而带来更大的经济收益。通过对价值链的多向整合，不但降低了迪士尼的运营成本，扩大了集团的市场占有率，也提高了产品附加值，增强了企业的竞争实力。

第三，发展品牌经济有助于促进区域经济转型，改变经济发展方式。当前，我国发展面临的一项重大问题就是发展结构升级的问题。改革开放以来，一些不够科学的发展理念，例如"唯经济增长""投资主导"等，给我国经济发展实践带来了一些危害和损失，极大地抑制了创新精神和发展质量。发展品牌经济能够在区域的发展中帮助转变传统发展观念，而这些观念的固化也是禁锢经济发展的主要原因。要想发展区域品牌，就必须放弃速度型增长方式，转而实现技术发展和文化进步以及创意提升和质量提高，即逐步由攀比增长速度转向重视增长质量，从而改变区域经济发展模式和方向。要实现经济增长方式的转变，就要将高质量投资放到重要位置，还要投资于技术更新改造、科技开发和产品开发、职工教育和培训等方面。通过重塑竞争主体的发展理念，改变区域经济发展思想落后、观念陈旧的现状，提升文化创意和技术创新的应用，进而帮助促进经济转型。

例如，一些地区塑造了区域品牌，但是依然以资源消耗特征的经济作为增长模式，这种所谓的经济发展是不能持久的。日本汽车曾经在很长的时间里都不被消费者认可，20世纪70年代之后，石油危机的出现，人们开始关注能源消耗和环境污染问题，以特别强调低能耗、污染少的社会责任意识为主要宣传方向的日本汽车逐渐得到了世界的认可。

2.3 品牌经济的理论基础与发展历程

品牌的发展与经济的发展相辅相成，相互促进。一方面，经济发展带来了品牌现象。品牌是一种具有排他性特点的产品标志，体现着所在企业的良好形象。在经济学中，通常可以将经济细分为多个行业，在各个行业的发展中，有些企业通过自身的努力产生了相应的品牌效应，从而带动所在产业的进步和发展。商品经济遵循价值规律，但是伴随着商品的社会化大生产，产品间差异度逐渐降低，只有想办法增加产品的附加值，才能帮助增加产品的价值，产品价值提升才能从产品价格得到相应的提高。良好的品牌能够有效提升产品价值和价格。在社会学的研究中，发展经济是为了利用经济社会的有关理论要素来增进社会福祉，在经济的发展中产生了品牌效果，消费者对品牌产品产生更强的购买欲望，品牌所代表的企业努力提高产品的质量和服务水平，从而得到更好的发展，而这种发展理念进一步推广后可以节约社会成本，促进社会进步，增进社会福祉。

另一方面，品牌发展促进经济转型升级。品牌可以作为一种双向指示器，一是可以指示消费者选择商品，提升双方交易的透明度，二是也能帮助指明企业发展方向。因此，品牌发展在买方和卖方两个市场分别引导经济向正确的方向发展。从粗放型向集约型、生产型向服务型转变的经济中，首先改变先前只注重产品有形价值，转向更加注重产品无形价值。需求理论研究表明，产品价格不变，产品品牌能够改变消费者的需求偏好，需求曲线将右移；当市场供给曲线不变，则市场均衡价格和均衡量得以增长，消费者和生产者剩余增加，从而社会福利增加。另外，产品品牌也能大幅提高消费者对产品的信任度和依赖性，帮助消费者更容易得到产品信息，花费更少的时间和精力了解产品，快速决策；树立品牌的企业生产也会进一步提升服务水平，优化企业形象，从而提高产品的质量和价值，以获取更多利润。品牌经济的发展能够避免企业间恶性竞争，实现了资源有效配置，帮助产业结构的优化升级，促进经济发展。同时品牌经济的发展还能够优化市场，淘汰服务差、效率低的企业，让那些更加注重产品质量和形象的企业得到发展，节约社会资源。

纵观全球品牌经济发展历程，世界经济强国崛起的历史和现实证明，位于前列的美国、德国、日本、英国等在经济上的主导与强势相应地与国家的政治和全球地位正相关，往往经济强国的兴起会伴随着世界中心的转移和历史上的重大变迁。不同的发展路径都为我国当前的强国战略提供了很好的案例和经验，我们可以从中找到适合自己的方式加以借鉴。因此，本节将从国外和国内两个方面来描述品牌经济的发展历程。

2.3.1 国外品牌经济发展历程

品牌不仅集中体现着一个国家的综合国力、经济实力，还能展现国家的实力形象。比如，说到芯片、IT，就会想到微软、英特尔和IBM；提到松下、东芝、索尼，就会想到日本。日本前首相曾根康弘在出席一次会议的时候表示："在国际交往中，索尼是我的左脸，丰田是我的右脸。"可见，品牌对一个国家的发展十分重要，一些国际性的大品牌甚至能够代表一个国家的形象。在国际上，一些发达国家和地区或多或少有覆盖全球的品牌产品，比如三星、丰田、可口可乐、耐克、斯沃琪等。这些国家和地区通过各自的品牌经济发展计划，让自己的品牌在全球得到了认可和好评。通过总结这些国家的品牌经济发展历程，可以为我国品牌经济建设带来一些启示。

1. 美国：技术创新领先，文化政策导向

美国市场的信息产业品牌以苹果公司为代表，连续多年成为全球市值最高的公司，成功带动全球智能手机的发展。1976年，苹果公司由史蒂夫·乔布斯、史蒂夫·沃兹尼克和罗纳德·韦恩创立，从20世纪的Mac到21世纪的iPod、iPhone、iPad，苹果公司一次又一次地征服了世界。2011年2月，苹果公司利用推出的iPhone系列手机，占据了全球手机销量第一的地位，打破了诺基亚长达15年垄断，也在当年，苹果公司市值超过美孚成为全球市值最高的公司。苹果公司的成功并非神赐天成，而是对产品概念的深刻理解和对品牌建设的高度重视。乔布斯希望让消费者重新认识苹果公司，"永远追求卓越，不断超越自我，不断进取和创新"，以建立与众不同的品牌文化，正如乔布斯所说："苹果公司不仅贩卖产品，更是在贩卖一种文化。"品牌文化的作用和美国政府提供的产业政策支持为苹果公司的发展创造了良好的外部环境。

美国在 20 世纪 80 年代初经济地位不断下降，产品国际竞争力削弱的背景下，提出了新的产业政策。里根政府采取了减税和放松经济规制等措施，营造了一个创新的氛围，克林顿政府在"冷战"结束后，将注重军事产业发展转向产业科技水平和积极开发国内外市场上。同时，美国政府制定和完善了一系列反垄断法来维持国内自由、公平竞争的市场秩序，放宽了对企业兼并的管制，有利于企业的结构升级。美国从技术创新和开发等方面入手增加了对产业的支持，制定了中长期科学技术发展计划，例如"信息高速公路"，支持了信息业的发展。美国还加大知识产权的保护力度，努力研究把知识产权融入国家的基础设施建设和企业的发展中。

美国政府对信息业的产业政策导向十分有效，从 20 世纪 90 年代至今，相继出台了许多促进信息产业发展的政策和法规。1991 年美国提出"高性能计算与通信计划"；1993 年提出"国家信息高速公路计划"，将信息高速公路建设作为其施政纲领；1994 年提出"全球信息基础设施计划"；1996 年实施"高性能计算与通信计划"；1997 年发布"全球电子商务框架"；1999 年发布"21 世纪信息技术计划"；2000 年发布了"面向 21 世纪的信息技术计划"，通过开发先进的互联网技术来满足高等教育和教学的需要；2009 年，奥巴马政府公布了"美国创新战略"，提出了要大力发展先进的信息技术生态系统；2010 年，美国实施了"国家宽带计划"，主要用于宽带建设和无线互联网的接入，同年公布了网络与信息技术研发计划。

总之，美国的信息产业政策促进了苹果公司品牌的发展。从国家层面进行产业调整，把信息产业作为主要发展产业，使电子信息产品得到了很好的发展机会，并以此催生了一系列国际品牌，使美国成为电子信息产业品牌的最大受益者。美国经济的品牌竞争力较强，品牌引领经济的特征非常明显。就这一点来说，中国品牌发展偏弱，尤其是品牌的国际化偏弱，表明中国企业的品牌国际化程度还较低，应该学习美国的品牌战略，通过提升企业的品牌国际化水平，深入参与全球竞争，以此实现消费引领中国经济发展。

2. 欧盟：科技竞争主导，规划前瞻指引

为了促进高新科技的发展，1984年，欧洲共同体建立了"欧盟科研框架计划"，其主要研究国际前沿和竞争型科技难点。2008年的经济危机引发了全球性的经济衰退，为防止经济进一步衰退，欧盟提出了非常明确的工作思路，利用科技创新促进增长，增加就业，战胜危机。2011年11月，欧盟委员会公布了"地平线2020"科技规划提案，该规划从2014年实施到2020年，总预算约800亿欧元。欧洲面临最紧迫的挑战就是需要克服经济危机，将自身坚定地置于通往可持续发展的康庄大道上。定位自身未来的经济需要基于新的知识、技术与技能，因此，"地平线2020"科学规划将研究、技术和创新置于各项活动之首，以帮助欧洲摆脱目前的经济危机，重塑智慧、可持续和包容性增长。

"地平线2020"科学规划直接促进了欧洲企业品牌的发展。它简化了项目结构，降低了企业申请项目的门槛，尤其是灵活处理诸如资格申请、评估、知识产权等问题，可以使企业更加灵活多样地发展，从而诱发企业品牌的创立。在对实际成本进行补偿时，充分考虑投资者优先的原则，可以提高投资者的品牌意识，积极投资于企业品牌的研发。对于有需要的特定地区提供一次性无息贷款、奖金和资金扶持，可以引导更多企业向该地区集中，通过企业的相互影响和集聚效应，促使城市品牌的发展。通过新的政府财政支持方式，可以增加企业在科研方面的投入，有利于企业品牌的发展。支持对研究人员的培训，支持与职业发展相关的计划与项目，可以为企业提供高科技人才，也为企业输送一些具有品牌创新意识的企业家和员工，解决了企业品牌发展在人力资源方面的需求。同时，政府可以通过奖励主动进行品牌创新的企业，激发企业作为品牌创新主体的积极性。政府与企业的联合投入，可以降低企业投入企业品牌发展过程中所需科研技术的成本，降低科研失败的风险，而且政府可以为企业品牌发展提供相适应的品牌战略。

欧盟的品牌经济发展战略围绕着卓越的科技、产业领导力及社会挑战三大支柱，通过加强国际合作，有效促进了欧洲的知识驱动型品牌经济；改善人民生活，是发展品牌经济的又一有效途径。在科研创新领域，中国逐渐成为欧盟重要的国际合作伙伴之一，中国应该把握此次机会，积极参与科研和创新领域的相关工作，在国际品牌发展中占有一席之地。

3. 韩国：工业化优先发展，数字产业带动

亚洲市场的品牌经济。在2016年全球最具价值品牌百强榜上，一些欧洲企业正悄然被亚洲品牌所代替，这表明，全球的经济实力正向东方转移。Honda、Toyota、三星、华为、腾讯、阿里巴巴等亚洲品牌的品牌价值达3600亿美元，仅比欧盟和英国十强品牌的品牌价值总和低10%。

以三星、LG为代表的韩国品牌，是目前韩国名气最大的企业。涉及电子、金融、机械、化学等众多领域。尤其是，近些年三星电子发展尤为迅速，三星因自主技术创新和品牌发展而迅速崛起，成为仅次于苹果公司的第二大智能手机销售企业，也成为全球最大的内存芯片、纯平显示器和彩色电视机制造商之一，推广了安卓系统的应用及高质量智能机的低端化。1997年的亚洲金融危机是韩国政府政策导向的转折点，金融危机的爆发使得韩国经济遭到了沉重的打击。由于许多中国企业的出口使韩国劳动密集型产业以及一些轻工业失去了竞争优势，许多企业纷纷倒闭，失业率大幅上升。在此背景下，韩国推出了新经济政策，实施科技立国战略，并以信息产业作为主导产业，政府增大研发支出，减少技术引进，注重企业自主创新和培养富有创意的人才。政府对大公司给予税收减免、贷款、财政补贴、投入研发资金等优惠政策，目的是大力发展高新技术。

进入21世纪以来，面对新的发展时期，韩国政府出台了"促进信息化基本计划""网络韩国21世纪"等一系列措施。重点发展信息技术产业，积极发展生物工程、环境保护等绿色战略产业，大量出口半导体、液晶显示器等电子产品，进入数字时代。韩国通过政策鼓励等手段，激励了韩国品牌的发展，使大企业有更多的资金用于品牌研发和自主创新，造就了三星、LG等国际品牌。

4. 日本：战后经济崛起，质量品牌高端。

"二战"前后，标着"Made in Japan"，即"日本制造"的商品，主要集中在低端市场，难登大雅之堂。"日本制造"在当时是质量低劣的象征。但是经过战后短短的30年，"日本制造"成功转型，成为人们心中值得信赖产品的象征。在美国和欧洲企业竞争夹缝中存谋发展的日本，成功创建出松下、索尼、丰田、夏普、东芝等日本品牌，树立起了"日本制造"国家品牌。日本的品牌经济发展可谓一个奇迹。"二战"后日本处于典型的弱国家品牌和弱企业品牌状态，随着索尼、丰田等一大批企业品牌和产品品牌信用的提高，"日本制造"产地品牌的信用也逐渐提升，最终使"日本制造"从代表低质廉价转型为高品质的象征。产地品牌的成功梳理，有着类似与产品品牌的功能，不同程度地影响着消费者的选择行为，从而形成了产地品牌效应。在存在强大在位者条件下，通过品类对立，建立与该在位者相反的新品类，才能避开与强大在位者的直接竞争，从而获得新的市场。

在"日本制造"成功转型的过程中，确立了对立创新的战略路径后，随后将策略转变为从技术研发转到产品创新，不是将资源用于技术创新，而是将符合对立创新战略的已有的技术，首先进行产品化，并通过产品来创立与欧美在位者对立的新品类。这种从技术研发转到产品占先的经典案例就是索尼公司的新型耳机音响，这种以全世界青少年为主要销售对象的"沃克曼"轻便立体声系统，其技术是从英国购买的，索尼首先将其产品化，从产品设计到工厂生产，以及广告、包装等各环节，直至上市出售，前后只用了5个月的时间。产品大受年轻人欢迎，在很大程度上，为索尼公司赢得市场奠定了基础。同样，日本尼康凭着"二战"生产军用光学器具的经验，率先将电子技术融入相机中，终于以精巧便利避开了德国产品的在位优势。日本钟表也以类似方式在电子石英表上开拓了全新品类，避开了瑞士机械表的在位优势。

日本的品牌发展战略成功缩短了新产品的研制周期，有利于夺取国际市场，创造出了新的需求，也满足了新的消费市场的需求。正是这个对立创新的基本策略，使日本产品避开了欧美那些强大在位者的竞争，不仅赢得了世界市场，而且改变了"日本制造"的产地形象。

2.3.2 国内品牌经济发展历程与基础理论

在 2016 年全球最具价值品牌百强榜上,有 15 个中国品牌上榜,较 10 年前大有增加,当时,中国移动(China Mobile)是唯一上榜的中国品牌。中国品牌得以上榜主要是挤掉了欧洲企业,这表明,经济实力正向东方转移。过去几年,俄罗斯、墨西哥和巴西品牌纷纷落榜,这反映出这些新兴市场的命运正在发生变化。

改革开放以来,我国一直都以"世界加工厂"形象存在,在国外市场上"中国制造"随处可见。这一方面说明我们国家有一定的加工能力,另一方面也说明我国企业缺少核心竞争力。30 多年经济的高速发展,让世界上很多人都知道"中国制造",但是很少有人能够叫出一个中国企业的品牌。尽管付出了大量的劳动力而收获了微乎其微的价值,并没有发展有力的品牌经济和品牌价值。尤其是近些年,我国的劳动力成本优势已经不再明显,东南沿海地区的用工荒不断出现,京津冀地区的雾霾天气也蔓延到了上海、南京和广东,原材料成本和物流成本的提高,以及国际反倾销的贸易摩擦不断加深,我国汽车等行业的出口均有所下降。品牌缺失直接削弱了我国出口产品的竞争力,贴牌生产的方式造成了我们出口企业对国外市场的依赖,抵抗市场风险能力不足。粗放型的经济发展方式让我们的环境、资源和生活质量付出了沉重代价。作为世界大国,中国需要具有国际竞争力的企业品牌来支撑。因此,未来企业的生产必须向产业价值链的两端移动,掌握核心技术,形成自己的销售渠道和市场,加快产品转型升级,提升产业价值链,建设和维护优质品牌。

虽然我国的一些老字号品牌已有几百年的历史,但是品牌经济的发展还是改革开放以后的事情。改革开放以来,随着我国市场经济的不断发展,企业的品牌意识逐渐增强,品牌经济也在不断向前发展。到目前为止,中国品牌经济大致经历了三个阶段:

第一阶段:品牌经济启蒙阶段(1978~1991 年)

改革开放之后,我国政府就开始恢复商标统一注册工作。1983 年,《中华人民共和国商标法》正式实施,中国企业开始了以注册商标为标志的品牌建设行为。在此阶段，中国企业对于品牌的认识还普遍停留在商标层面，认为品牌只是一种识别商品的标记，对品牌还缺乏足够的认识。同时，企业的竞争环境还不是很激烈，企业规模小，实力不强，消费者对品牌的理解也处于一知半解。因此，这一阶段中国品牌建设基本上处于启蒙状态，为中国品牌经济的发展奠定了一定的基础。

第二阶段：品牌经济发展阶段（1992~2002年）

1992年，邓小平同志南方谈话之后，中国品牌建设进入了实质性发展阶段。邓小平同志在南方谈话中指出："我们应该有自己的拳头产品，创出我们中国自己的名牌，否则就要受人欺负。"1996年，国务院颁布实施《质量振兴纲要（1996—2010年）》，明确提出"实施名牌战略，振兴民族工业"。1997年，国家经贸委和国家质量技术监督局联合发布了《关于推动企业创名牌产品的若干意见》。2001年6月15日，国家质量监督检验检疫总局发布《中国名牌产品评价管理办法（试行）》。2001年12月29日，国家质量监督检验检疫总局发布《中国名牌产品管理办法》，同时废止《中国名牌产品评价管理办法（试行）》。2002年2月26日，国家质量监督检验检疫总局为了推进名牌战略的实施，进一步规范中国名牌产品标志使用的管理，根据《中国名牌产品管理办法》的有关规定，制定了《中国名牌产品标志管理办法》。与此同时，很多省、市在这一阶段制定了各地名牌发展的战略，掀起了一股创名牌的高潮。

第三阶段：品牌经济提升阶段（2003年至今）

2002年11月，党的十六大明确提出要"形成一批有实力的跨国企业和著名品牌"以后，各类企业更加重视品牌建设。2005年12月，第十六届五中全会审议通过《关于制定国民经济和社会发展第十一个五年规划的建议》，进一步提出要发展自主品牌。发展品牌经济成为各级政府关注的重点工作，品牌经济提升加速，全国掀起了创建自主知识品牌建设的浪潮。2006年，商务部推出了"品牌万里行"工程，倾力打造"品牌建设十大体系"，即品牌评价体系、品牌促进体系、品牌宣传推广体系和品牌保护体系。党的十八大以来，特别是习近平总书记2014年5月10日在河南视察时提出"三个转变"重要指示，极大地推动了近年来国家在品牌发展政策方面的工作。国务院同意从2017年5月10日开始将每年的 5 月 10 日设立为中国品牌日。

从中央层面上看，2016 年品牌经济政策体现以下特点：第一，各类品牌经济的政策总体呈现出既立足于品牌培育又促进品牌引领作用的发挥，同时着力推动政府和社会各方面的改革，解决制约品牌发展供需结构升级的突出问题等；第二，强调以品牌作为保障，通过品牌建设推动经济转型，强调以品牌作为抓手，通过顶层设计来强化品牌建设；第三，在地方政策的布局上，主要体现为协调区域品牌的经济建设、制定区域集群品牌发展战略、推动区域品牌协同机构整合、支持区域品牌经济行业协会 4 个方面的特征。

品牌经济不仅代表国家的竞争优势，更重要的是，可以有效增强国家的软实力，是经济强国的身份和地位的象征。但是，与欧美发达国家相比，不论是制造业还是服务业，中国的整体品牌意识不强，在品牌经济发展中还处于初级阶段。在新的发展形势下，我国应尽快形成企业、行业组织、专业机构、政府部门以及社会各界的共同参与机制，综合运用标准、规划、政策、发展战略等有效途径，积极推进品牌经济发展，促进中国经济实现转型升级。面对新的形势，加快实施品牌战略，发展品牌经济不仅对于提升企业核心竞争力具有直接作用，而且对于加快我国经济结构的调整和经济增长方式的转变，促进科技进步和产业升级，提升出口竞争力和中国产品在国际市场上的声望与地位，都具有极其重要的意义。发展品牌经济任重道远，企业需要品牌形象，中国需要品牌经济。

2.4　本章小结

本章主要介绍了品牌经济的概念内涵，并明确了发展品牌经济的重要意义，品牌作为国际市场的通用语言，是市场的通行证，是支配性资源，是争夺市场的决定性力量。发展中国家和地区经济落后的主要原因有结构刚性、制度短缺、资本匮乏等。发展品牌经济可以发掘出新的、具有更强比较优势的、不可替代的竞争要素，能帮助经济欠发达国家和地区实现经济上的赶超。最后总结了世界主要经济体品牌经济发展战略。

第 3 章　品牌经济的主题研究

品牌是一种专有信用符号，品牌经济的核心，是在海量信息资源的经济环境下，在价格一定的条件下，通过提高品牌的信用度，使选择效率与生产效率达到均衡，实现经济增长的持久性。从本质上讲，品牌经济是企业经营的高级形态，也是市场经济发展到一定水平的结果，更是一种新型的经济文明成果。本书通过对关于品牌经济的理论做尽可能全面的整合，并且纳入全球化时代新经济的要素，梳理总结了目前关于品牌经济的研究现状。

3.1　品牌经济研究的基础情况

品牌经济是生产力与市场经济形态发展到一定阶段的产物。人类社会经济形态经历了自给自足的自然经济形态、半自给型自然经济形态、小商品市场经济形态、大商品市场经济形态的发展过程。在自然经济与小商品市场经济状态下，由于交易规模和种类有限，交易频率低，尤其是持续交易很少，交易规则与价值度量微弱，品牌问题不突出。自工业革命开始，人类社会进入大商品市场经济社会，其具有 3 种特点：（1）大企业、大批量、多种类、多规格、标准化的产品日益增多，市场交易规模、边界空前扩大；（2）竞争的制度约束、规则、契约提上议事日程，要求越来越高；（3）用户关系、文化使命、社会责任提上议事日程，并与创利能力相联系。由于这些特点，企业为了在竞争中获胜，自觉或不自觉地强化了区别性，并在区别性的内涵上附加信守规则、契约，忠于用户、忠于社会的内容，寻求尽可能多与尽可能高水平的价值要素与

"溢价性"。强化区别性的品牌与围绕品牌集中文化要素与价值要素的品牌经济应运而生。

对于品牌经济的构成,目前很少有深入的系统研究。著者试从单个企业的品牌化运营、总体市场层面的品牌化运营、区域品牌经济体系3个层面加以说明。

(1) 单个企业的品牌化运营

单个企业的品牌化运营大致包括:①品牌标识设定与所含品牌定位、品牌命名、标识设计。②围绕品牌的相关层面实施的品牌化运营,包括物质层面的产品服务、技术研发、设备、环境、资本等的品牌化要求的运营;知识层面的技术、智力、能力、信息的品牌化要求的运营;行为制度层面的组织、管理、营销、公关、研发、生产行为、资本运作及固化的规章制度、员工行为方式的品牌化要求的运营;文化精神层面的企业文化、价值观、企业目标、经营理念、企业管理、凝聚力等的品牌化要求的运营;人力资源层面的领导者和各类员工的素质、智能、工作状态的品牌化要求的聚集与培养;市场用户层面的用户体验、认知、感情、忠诚等方面的品牌化要求的运营以及知名度、美誉度的营造。③品牌自身的运营,包括品牌总体体系构成、核心价值、核心竞争力与总体个性、风格养成;品牌形象战略、品牌驰名战略(含传播推广);品牌扩张、延伸、输出及品牌无形资产的积累及运营;品牌国际化运营。

(2) 总体市场层面上以品牌化运营为主体的市场经济高级阶段形态

品牌经济形态作为市场经济的高级阶段具有与初级阶段的市场经济不同的特征与构成,主要有:①以品牌为核心对各种经济要素进行重新组织,并吸纳知识经济、信息经济、网络经济等新经济因素乃至文化、伦理、社会理想因素,导致经济形态的整体提升并形成一种新的经济文明。②以品牌市场机制代替产品市场机制,提升市场经济总体效率,催生市场经济新秩序,保证遵守先进、合理的规则、契约。③代表了市场经济成熟阶段控制市场乃至全球经济的最高形式。④最大限度地促进现代企业制度成熟,提高经济效益与社会效益,提供具有卓越性能、可靠质量、精湛技术的产品与服务,满足市场和消费需求,创造社会财富与人类福祉。目前全球品牌经济体系还不完善,可以从现有的品牌经济和理想的品牌经济体系进行研究，甚至可以结合后品牌经济形态来加以更富远见的考虑。

（3）区域品牌经济体系

尽管全球一体化正在形成，但是全球经济在可以预见的很长一段时间内还处于国家或区域经济形态。区域品牌经济体系包括：①国家或区域内单个企业的品牌化运营；②国家或区域政府的引导、支持、服务；③由供应商、生产商、销售代理商、用户组成的纵向合作网络，由企业、政府、金融机构、高校及研究机构、法律机构、中介服务、咨询机构等组成的横向合作网络；④区域品牌组合产业集群；⑤区域品牌经济链系统；⑥区域品牌经济跨域化与国际化——与全球品牌经济既融合又竞争、既互促又博弈。

品牌经济的形态是成熟市场经济形态中的高级形态、主体形态、核心形态，在不成熟的市场经济中是先导形态、优势形态。在较为成熟的市场经济中，大多数企业都采取并融入了品牌经济模式，只有少数、非主流的经济仍然是非品牌经济。因此可以说，品牌经济是成熟市场经济的主题与核心的经济模式。在后发区域经济中，或者说在不成熟的市场经济环境中，品牌经济形态是先导形态、精英形态、优势形态，也是一种跨越形态。

我国的市场经济形态应当说是不完全成熟的，品牌经济可以说还未完全成为主体的核心形态。在这样的市场经济中，谁首先推出品牌化运营，谁就会成为先锋，形成优势乃至领导地位。后发国家面临的一个共同问题是跨越式发展问题：既要经历工业化阶段的循序渐进，又要直接切入现代化进程的前沿。在不成熟的市场经济中，跨越式的推进品牌经济就是一个旨在引领潮流、后来居上的具有远见卓识的举措。

3.2 品牌经济研究的主题探索

美国德雷克塞尔大学陈超美团队开发的 CiteSpace 软件是一款在科学文献中识别与可视化新趋势与新动态的 Java 应用程序，该软件已成为信息分析领域中影响力较大的信息可视化软件。CiteSpace是科学知识图谱生成软件之一，其通过引文分析和聚类分析追踪某一学科领域的研究进展、研究前沿及其对应的知识基础。其创新之处在于，绘制的科学知识图谱能够显示一个学科或知识域在一定时期发展的趋势与动向，形成若干研究前沿领域的演进历程。

根据Webster和Watson（2002）总结的文献述评研究方法步骤：(1) 识别相关文献来源；(2) 选择相关文献；(3) 依据观点对文献分类；(4) 讨论当前研究问题，指出未来研究方向。本书拟用CiteSpace Ⅲ绘制品牌经济主题词论文的科学知识图谱，以窥探近些年我国商标品牌经济开展研究的情况。

具体操作为首先将数据导入软件CiteSpace Ⅲ，需要对一些参数进行设置：时间分割（Time Slicing）设置成1990~2016年，单个时间分割（Years Per Slicing）设置成1；网络节点类型选择被引参考文献（Cited Reference）；阈值（Top N Per Slice）选择各时区前30个高被引频次或高频现节点（Select top 30 most cited or occurred items from each slice）；阈值调谐（Threshold Interpolation）Thresholding（C，C，CCV）前、中、后阈值均为（3，3，30）；运行CiteSpace Ⅲ。

网络文献数据来源类别为"中国学术期刊网络出版总库""中国优秀硕士学位论文全文数据库"和"中国博士学位论文全文数据库"，检索条件为全部学科领域的"主题"精确检索，关键词为"品牌经济"，检索时间跨度为1990~2016年。

CiteSpace Ⅲ提供了3种算法：TFIDF（term frequency by inverted document frequency）、LLR（log-likelihood ratio）和MI（mutual information），本书选取LLR算法，从来源文献关键词中抽词的结果对每个聚类进行自动标记，这些聚类主要集中在3个区域，高频关键词统计如表3-1所示。首先，根据图3-1中节点的大小来寻找关键节点，以揭示研究背景。如图3-1所示，"品牌经济"是图谱中的最大节点。另外，"区域品牌""品牌战略""品牌竞争力""品牌建设"等节点也非常显眼，在每个时间片中都有出现，它们反映了我国在"品牌经济"领域的研究热点。

表 3-1　文献关键词频次统计表（节选）

频率	中心度	平均年份	关键词	频率	中心度	平均年份	关键词
62	0.29	2006	品牌经济	13	0.09	2006	市场竞争
25	0.04	2006	经济型酒店	12	0.17	2008	名牌产品
23	0.07	2006	品牌战略	11	0.02	2008	经济全球化
18	0.12	2012	经济发展	11	0.1	2007	产业集群
17	0.08	2007	选择成本	10	0.01	2008	品牌经济学
17	0.11	2007	地理标志	10	0.03	2007	品牌管理
17	0.11	2006	区域品牌	9	0	2008	农产品
16	0.17	2006	区域经济	8	0	2011	品牌形象
14	0.06	2008	品牌建设	8	0	2008	品牌营销
14	0.09	2010	商标战略	8	0.06	2014	商标注册
13	0	2007	品牌竞争力	8	0.09	2013	商标保护

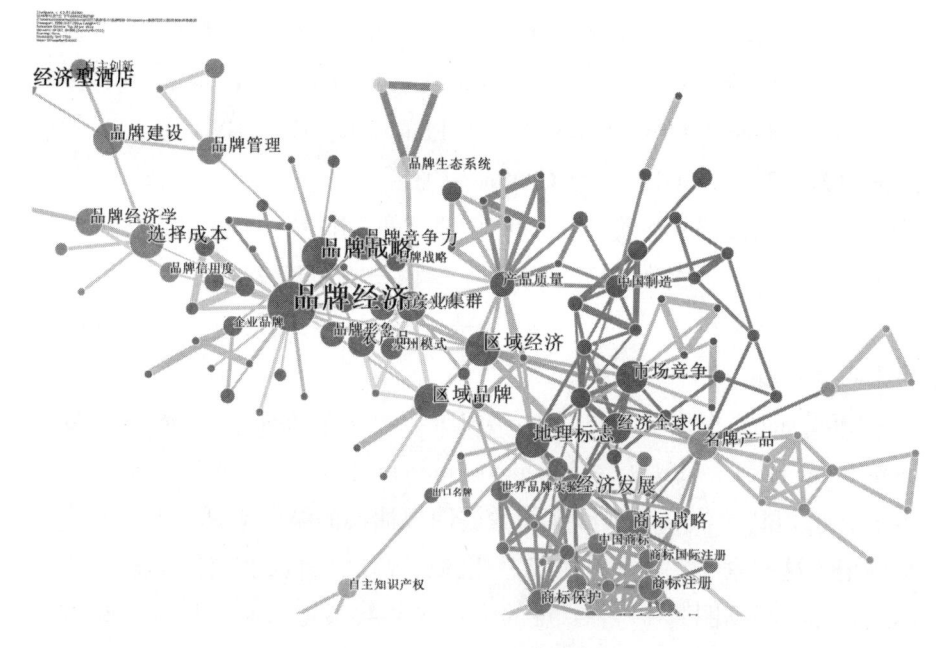

图 3-1　CiteSpace Ⅲ 关键词图谱分析

本章将 3 个聚类区域命名为"品牌竞争力""区域产业品牌"和"品牌与区域经济"，即"品牌经济"文献中的 3 个主题。并在 CiteSpace

Ⅲ中右击聚类结果，使用"List Citing Paper to the Cluster"菜单选项列出有代表性的文献，对代表性文献进行研读。

第一个研究热点主题是品牌竞争力。

品牌竞争力的研究开始于20世纪50年代。品牌是具有竞争力的重要资产，可以为拥有者带来市场收益。虽然到目前为止，针对品牌竞争力的内涵研究尚未有统一结论，但基本形成以下两种看法：

第一种是将品牌竞争力看作一种能力。品牌竞争力是一种重要的能力，这种能力使企业有领先于对手并保持持久发展的可能。认为品牌竞争力是由外部力量、内部竞争力量和产品等诸多要素构成的综合性能力。品牌竞争力是品牌忠诚度及品牌优势相互影响的一种能力，三者构成一个整体。

另一种则是将品牌竞争力看作是企业竞争力在市场层面的表现形式。认为一个企业本身的资源及表现具有竞争优势时，那么反映在市场中，其品牌自然就获得了相应的竞争力。认为品牌竞争力的获得来源于企业合理有效的资源配置，当企业更好地满足了消费者的实际需求，就可以获得更多的市场份额及利润，而这一能力在市场竞争中就表现为品牌的竞争力。

结合以上两种观点，从其共性可以发现，学者们普遍认可品牌竞争力在受到企业与市场等多方条件影响的情况下具有动态性与比较性，既会随着企业和社会资源配置变化而产生变化，又能在企业竞争中相互比较。基于品牌竞争力的内涵研究，我们发现，品牌竞争力的评价可以从一定程度上反映品牌实力，接下来我们梳理针对品牌竞争力评价的研究。

邱枫（2006）认为消费者从品牌所获得的功能和情感利益是品牌竞争力的重要测量标准。北京名牌资产评估中心所构建的中国品牌资产评估模型认为品牌的竞争力体现在品牌的市场占有能力（产品销售收入）、品牌的超值创利能力（超越同行业平均数的利润率）、品牌的发展潜力3个领域上。胡大力（2005）则直接从市场指标和消费者指标两个层面进行考核，市场指标包括市场占有率、超过平均市场的利润率比例、企业扩张潜力，顾客指标包括品牌知名度、美誉度和忠诚度。余明阳（2008）从核心能力、互动过程和顾客3个角度考量品牌竞争力，核心能力指标包括市场能力、资本能力、管理能力、技术能力与企业资源，互动过程包括技术、管理、战略、制度、组织和市场创新能力，顾客指标包括市场份额、超额利润和品牌形象。轶男（2013）则将品牌竞争力分为品牌显著度、品牌功效、品牌形象、品牌感受、品牌忠诚和品牌共鸣6个模块，使用25个指标进行量化分析。

从区域品牌的角度评价品牌竞争力时，我们发现，学者的研究主要是针对某一具体产业类型的集群化品牌竞争力或某一地区的特色产业类型竞争力展开研究。蒋廉雄（2005）认为区域品牌的竞争力评价是从消费者影响力、市场竞争力、社会影响力、内部目标一致性4个层次进行考评。其中，消费者影响力的测量指标包括品牌杰出性、品牌表现、品牌情感、品牌评价、品牌忠诚、品牌关系，市场竞争力的测量指标包括品牌溢价、品牌地位、市场份额、市场区域、吸引能力，社会影响力的测量指标包括区域形象、区域地位、前景认可，内部目标一致性测量指标包括目标认知、行动一致性、参与程度、支持承诺。

沈鹏煜（2012）在分析农产品区域品牌竞争力的时候采用了模糊综合评价法，将资源基础能力、产业发展能力、组织管理能力、品牌创新能力、市场营销能力、品牌资源能力6个指标作为考察的对象。池仁勇（2014）在分析浙江区域品牌时从品牌集聚能力、产业发展能力、技术研发能力、公共支持能力4个角度展开评价，涉及包括个体品牌、区域品牌、发展规模、经济效益、技术资源、研发能力、公共服务、公共营销、扶持政策9个评价指标。

沈忱（2015）在评价区域品牌竞争力时将考核指标分为外显竞争力与内隐竞争力两大类。外显竞争力包括品牌基础力、品牌市场力、品牌辐射力、品牌延伸力4个主要指标，内隐竞争力包括品牌创新力、品牌协同力、政府支持力、品牌公关力4个主要指标。

第二个研究热点主题是区域产业品牌，我国学者对于区域产业品牌的研究大体包括以下几方面的内容。

（1）关于区域产业品牌形成的因素探讨

一种观点认为，区域产业品牌的形成源于其产业本身的鲜明个性与形象。在当前中国经济下，构建区域产业品牌形象要体现3个要素，即区域产品的表现、区域产品的个性和区域内公司形象，区域品牌形成因素的作用机制、区域产品的表现、区域产品的个性和区域内公司形象对品牌形成有直接影响（关辉、董大海，2008）。基于鲜明个性的地理品牌可以培育为区域品牌，并非所有的地理品牌都能培育成区域产业品牌，其中最关键的因素是需要政府或行业协会实施地理标志产品产业化战略，如纳入地方经济发展的战略规划、设计合理的产业品牌培育路径，从而促成区域产业品牌的形成（李蔚，2013）。

另一种观点认为，区域产业品牌离不开利益相关者的高度支持和推动。区域产业品牌的形成离不开对相关微观利益主体行为的考察。实现区域产业品牌稳定、有序和可持续发展的根本途径是界定各利益相关主体的行为边界，即在确定企业主体地位的同时，发挥政府作为区域产业品牌发展的战略规划者、环境营造者和相关利益主体协调者的公共服务作用，同时突出行业协会的信息提供和监督协调功能（祝佳、唐松、汪前元，2012）。

（2）关于区域产业品牌形成过程中存在的问题研究

目前，围绕产业集群打造区域产业品牌遇到了不少问题。例如，广东省涌现了一些"专业镇"，这些具有高影响力、强知名度"专业镇"形成的区域产业品牌为广东省经济发展做出了巨大贡献，但是由于广东省培育的产业品牌面向的是产业市场，虽然赢得了较大的市场份额，但是与消费品市场中居民消费品牌的认知差距还比较大、产品的技术创新力度和品质距离同产业产品品牌还有很大差距，从而造成区域产业品牌的附加值不高，并面临产业可持续发展的挑战（祝佳、唐松、汪前元，2012）。在我国，当前围绕产业集群打造区域产业品牌面临着区域产业品牌建设理解简单化，出现建设混乱、缓慢的现象（马骑、肖阳，2008）。进入21世纪以来，产业集群已成为当今世界城市竞争的主要形式和手段，中国也是如此，产业集群更是上升到了产业集群品牌的高度，也就是形成了区域产业集群品牌。但是随着产业结构升级和产业竞争加剧，依托产业集群打造的区域产业品牌开始出现一些问题，如产业品牌的重复建设，产业内企业多，但是龙头企业偏小等问题突出（王东强、田书芹，2009）。

我国在围绕农副产品、中药材、陶瓷、民间工艺品等几大领域地理标志品牌打造产业品牌过程中遇到了一些突出问题：一是授权品牌虚无模糊；二是机会主义行为（搭便车效应）盛行；三是市场竞争导致利润空间微弱；四是共享品牌价值带来的创新惰性（牛永革、李蔚，2006）。一些传统地理标志产品在产业品牌管理上面临"公地悲剧"、在区外市场拓展上面临"水土不服"、在区域产业内部竞争上面临"窝里斗"等问题（李宁，2009）。

（3）关于区域产业品牌形成的策略探讨

第一，从消费者对品牌的需求角度探讨区域产业品牌培育的策略。品牌形象是消费者对品牌的总体感知和看法，也是品牌资产的关键驱动要素。基于此，区域产业品牌的培育需要注重产业品牌的形象识别，注重区域产业品牌形象建设，充分表达产业品牌形象的丰富内涵，全面、系统地反映区域产业品牌形象的具体特征（范秀成、陈洁，2002）。

第二，从社会各利益关联体的角度探讨区域产业品牌培育的策略。区域产业品牌的发展必须突破区域产业内的冲突性竞争，突出解决区域产业品牌外部性、路径依赖性等问题（李佛关、冉建，2009）。

从区域产业品牌培育的主体来看。打造区域产业品牌需要发挥行业协会的作用，通过行业协会实施区域产业品牌化战略来实现，行业协会应主动为区域内从事该产业的众多企业及其产品背书并进行专业化管理，共享产业链带来的价值，共同挖掘市场，以此推动区域产业向品牌产业转变（王超、李蔚、王虹，2013）。

（4）关于区域产业品牌培育的内容和手段研究

关于区域品牌营销的内容。区域产业品牌的定位要体现区域产业集群的特色（蓝光喜、侯可，2006），区域产业品牌的内容应该体现个性，精神气质，人格化表现（余伟萍，2007）。

关于区域产业品牌营销的手段和方式。加强特色产业园区和专业化产业基地，引导企业向园区集聚，发挥支柱产业、特色产业的群体优势，形成区域产业品牌（王建满，2006）。区域产业品牌首先需要品牌定位培育和品牌形象培育。比如政府、组织、专家等相关利益体的积极参与，媒体的广泛应用与宣传（王庆，2010）。还应该调整集群内企业关系，建立内部机制；创造品牌外部良好技术、政策等环境；增强技术、人文、提高品牌核心竞争力（陈北东，2008）。

（5）关于区域产业品牌形成的品牌效应分析

区域产业品牌形成的效应研究主要体现在三方面：

一是区域产业品牌促进了区域经济的发展。例如，武汉城市圈打造三大产业品牌为建设"两型社会"综合配套改革试验区提供了更大的契机，带动全区域的产业结构升级转型，社会经济得到全面的发展。

二是区域产业品牌促进了产品来源区域的形象形成与市场忠诚度（严亦斌、邱力生，2009）。

三是区域产业品牌形成对产业强有力的外部性影响。就产品来源地形象效应展开的分析发现，凡是来源地产业品牌形象较为鲜明的地区，特色表现较好的产业，其消费者越忠诚，反馈越好（吕魏等，2010）。

良好的区域产业品牌和企业品牌一样具有品牌附加价值，这种可以供区域企业共享的品牌附加值在促进区域内企业竞争力增强的同时，更能使区域内产业形成整合效应，产生更大的剩余价值，对推动区域经济发展的作用明显（刘娜、黄小葵、常伟，2012）。

（6）关于区域产业品牌形成过程的探讨

一种观点认为，区域产业品牌是产业专业化发展的结果。区域产业品牌是产业区专业化发展的结果，这种专业化一方面体现了专业性，另一方面也融入了产业区的特色，通过专业化与特色化培育形成区域特色产业发展的格局，进而推动市场声誉和影响力的形成，形成区域产业品牌之后，整个专业化产业区促成资源整合、规模经济、产业带动，并让产业区内的企业享受到品牌搭载效应、关联产业带动效应、价值信息传递效应（冷志明，2009）。另一种观点认为，区域产业品牌是产业群规模化发展的结果。区域产业品牌赖以形成的基础是产业群，依靠产业群的市场占有率扩大、知名度提高，进而促使产业优势得到充分发挥，形成一种强有力的外部吸引力和较高的美誉度，从而形成用区域和产业（或产品）命名的集体品牌或公共品牌（苏悦娟，2009）。因此，这种意义上的区域产业品牌可以用一个公式表示，即"地名+通用产品名"。

除此之外，还有观点认为，区域产业品牌的形成可以依赖地理标志产品或产业群。林升栋、黄合水（2011）提出了两条打造区域产业品牌的路径。第一条是通过区域内的传统地理标志产品来打造区域产业品牌，通过地理标志产品形成区域产业品牌需要借助对产品的地域保护，形成特色，做强原产地形象和市场规模；第二条是前述研究人员提出的通过改革开放后形成的为数众多的现代产业群落来打造区域产业品牌。

第三个研究的热点主题是区域品牌与区域经济的关系。

品牌的意义和价值在一定程度上体现在可以为其所属的主体带来多少直接或间接的经济价值，也就是说，优秀的品牌可以促使其主体在市场中获得经济效益，一个地区的优秀品牌越多，也就意味着这些品牌主体获得的经济利益越大，该地区的整体经济环境越好。区域品牌的建设可以壮大产业集群的发展，同时促进地区产品和服务文化理念的培育，进而为地区营造出一种良好的品牌经济氛围，使该地区在招商引资过程中产生优势，进而提高地方经济发展水平。为了进一步验证研究的可靠性，涂山峰（2005）还采用了基于索洛模型的有效分析，证明了区域品牌对增加该地区无形资产的重要意义。夏曾玉（2003）通过对温州地区的区域品牌建设的案例分析，验证了优秀区域品牌建设对区域经济发展的重要推动作用。郑琼娥（2011）以福建省石狮市为例，在已有理论的基础上，进一步认为单纯的代工或作坊式生产并不能打造强势的区域形象，提高区域经济的发展。正如罗云华（2011）认为，品牌是企业核心竞争力的市场体现，也是市场经济走向成熟的标志，培育优秀的品牌一方面可以引领区域经济的发展，另一方面也可以通过品牌整合地方资源，使资源配置趋于合理，产业布局逐渐成熟。区域品牌可以增强区域的核心竞争能力，是转变经济增长方式的有效途径，能够形成地域分工与产业分工的有效结合，是农村城镇化和城市形成的重要推动力量。区域品牌比单个品牌企业具有更持续的品牌效应、更强大的吸引力，在对外宣传和区域经济发展中能够发挥更积极的作用，可以促进区域经济的健康持续发展（吴程彧、张光宇，2004）。王哲（2007）认为，区域品牌是产业集群和区域经济的集中表现。依托产业集群优势，打造区域品牌，已经成为区域经济转型发展的战略性思路。打造区域品牌，应依托产业集群特色，科学地规划，明确区域定位，打造品牌集群，形成区域品牌经济。孙日瑶、刘呈庆（2007）认为在经济全球化和过剩经济条件下，区域可持续发展必须建立在个人与企业持久发展的基础之上。发达国家的发展现实说明，品牌企业具有强大的竞争力，以品牌经济为基础上的区域经济能够有效保障个人与企业的持久发展。品牌经济具有追求可持续性的内在动机，能够促进物种与环境保护，以及有效就业的稳定增长。实施品牌经济战略，不仅有利于实现当代人的发展，而且更有利于后人的发展。

除了案例研究和理论分析，为了更加准确地说明问题，也有学者选择采用定量的研究方法，对品牌发展促进区域经济这一问题进行实证。杨晓光（2005）将省份作为分析单位，采用空间分析法，对我国2004年的品牌500强数据进行分析，研究省份之间存在差异的基本原因和变化趋势，证明了品牌发展对区域经济的促进作用。夏骥（2007）基于对我国品牌的总体分布及各地区首位品牌进行分析的基础上，进一步证明了各地区所拥有的品牌数量及价值与该地区的整体经济水平及其地区竞争力具有相关性，且不同地区不同的品牌结构对区域经济的作用水平也存在区别。

李佛光（2012）进一步对我国地区品牌拥有数量及价值和区域经济实力之间的关系进行研究发现，二者互为因果关系，也就是说，一方面，培育优秀区域品牌，发展区域品牌建设促进区域经济水平的提高；另一方面，区域的经济实力反过来又能作用于品牌的建设与发展。这一研究结论为我们打开了新的研究视角，在品牌的发展可以促进区域经济水平提高的同时，经济发展水平高的地区由于具有良好的经济环境，反过来也对品牌的成长提供了便利。熊曦（2014）利用主成分分析法对2010年和2012年的数据进行分析，进一步证明了由于我国各省份之间经济水平差异较大，省份之间在品牌培育方面的意识也存在一定差距，造成了我国东部省份和西部省份品牌整体建设水平差距较大的现象。

3.3 本章小结

在宏观经济背景下，可以将品牌对经济发展的作用归结为3种形态。第一种形态是企业（产品）品牌，即品牌经济发展的基础形态。品牌代表的是一个企业的综合实力，它不仅仅是产品的物理属性，还包括产品内在的企业形象及企业的文化和价值。实际上，产品品牌是企业品牌发展的基础，一个没有名牌产品的企业品牌是不可想象的。例如，山东青岛、海尔、海信、澳柯玛等知名家电产品，同时也形成了家电企业品牌。

第一种形态是产品和企业品牌。产品和企业品牌是品牌经济中最为重要的组成部分。企业品牌强大，国家就会在世界经济中处于强势地位，这已经成为国际经济发展中的重要规律。根据世界品牌实验室（World Brand Lab）编制的2014年度世界品牌500强排行榜，入选国家共计27个。从品牌数量的国家分布来看，美国占据500强中的228席，继续保持品牌大国风范；英国以44个品牌入选，超越法国位居第二；法国以42个品牌入选屈居第三。日本、中国、德国、瑞士和意大利是品牌大国的第二阵营，分别有37个、31个、25个、22个和17个品牌入选。由此可见，即使欧洲经济低迷，欧美国家的超级品牌似乎依然坚挺。虽然中国有31个品牌入选，但相对于13亿人口大国和世界第二大经济体，中国品牌显然还处于"第三世界"。

2015年度世界品牌500强的企业品牌平均年龄达到100.71岁，其中，100岁以上的"老字号"达210个。最古老的品牌是英国皇室，迄今已经有1186年历史，牛津大学、剑桥大学以分别拥有919年和806年历史而分别居最古老品牌的第2位和第3位。中国入选的31个品牌中只有茅台（416岁）、青岛啤酒（112岁）和中国银行（103岁）超过百岁。从行业来看，教育类品牌最古老，平均年龄为341.63岁。科技品牌最年轻，如推特（Twitter）、连我（LINE）等品牌从建立至今不到10年的时间，却拥有几亿用户，成为世界级品牌。

从空间层次来看，企业品牌的优势往往显现为企业总部、研发机构、生产机构在大型城市的聚集。作为国际经济枢纽和关键性节点的全球城市，更是企业品牌大量积聚的区域。对于全球性城市而言，一方面，企业品牌为城市的发展带来了高质量的就业、商务人流、资金流、信息流，以及国际化发展所必需的全球性影响力；另一方面，企业品牌也成为城市品牌的重要组成部分，特别是跨国公司的企业品牌，更是体现了一个城市对国际经济要素的控制能力。欧美国家在全球性城市的发展战略中，往往将区域内的名牌企业视为优化地区产业结构，促进城市经济繁荣的重要推进力量，着力吸引或培育国际及本土的创新型企业，以提高其经济竞争能力和经济实力。对于全球性城市而言，企业品牌的聚集与辐射就意味着城市综合实力的成长。因此，可以说企业品牌与全球性城市的活力是息息相关的，对全球性城市的可持续发展起到了重要的支撑作用。

第二种形态是市场品牌，这是品牌经济的重要衍生产物。由于经济交流的日益频繁，在制度条件、空间条件、要素配置条件较为优越的区域内形成了商品服务市场、金融市场、劳务市场、技术市场、信息市场、房地产市场、文化市场等各类专业市场的固定集聚，从而形成了市场品牌。

市场品牌的建立与形成非常重要。全球性市场和高级专业化市场的本地化发展，能够有效集聚与配置全球生产要素，从而带来城市国际化发展必需的外部动力。另外，市场品牌具有一定的"黏滞性"特征，一旦在一定区域内形成，便有空间上稳定存在的趋势，除非该区域内部环境发生重大变化，否则市场品牌与城市发展之间的稳定互动将在较长时间内保持稳定。因此，全球性城市的市场品牌意味着长期、高效的要素控制能力和制度环境影响力。

从全球性城市的发展趋势来看，其市场品牌的集聚和塑造更多地体现在国际金融、证券、海事市场的高度集中。同时，信息时代的来临，也进一步增加了市场品牌对于全球性城市的重要性。由于全球性城市的"流动空间"特性，其自身也成为信息汇聚和传播的重要枢纽。在全球性城市中，集聚了大量的通信、互联网、广播、电视、出版运营部门，各类巨量信息在这些城市中创造、交会、处理，并发挥着影响全球经济、社会的重要作用。在当前全球重要经济交易日益信息化的趋势下,市场品牌的保持和优化,将使全球性城市进一步成为经济、商业信息的重要集散中心。这种经济信息无疑已成为新的全球性战略资源,从这个意义上说,全球性城市是通过品牌性国际市场交易平台控制这种全球战略资源的枢纽空间。在美国,学者通过对互联网通达性的研究发现,全球性城市纽约仍然领导着美国的"网络帝国"。

第三种形态是区域(城市)品牌,这是品牌经济发展的高级阶段。美国学者凯文·莱恩·凯勒指出,地理位置或空间区域可以成为品牌,即城市可以被品牌化。所谓城市品牌化,就是让人民知晓某一城市并将某种形象和联想与这座城市的存在自然地联系在一起,让其精神融入城市的每一座建筑。城市可以通过广告、互联网和其他传播方式积极地向外界推销自己,以提高当地的知名度,塑造积极的品牌形象,从而吸引个人或商业机构来此短期参观或长期移居。这些品牌的名称通常是当地的地名。显然,城市品牌与城市的内部要素之间的关系十分紧密,它不仅是城市形象等"软实力"的外部投射,更渗透到城市发展的方方面面,是城市竞争力的重要体现。

从某种意义上讲,城市品牌是城市最宝贵、最有价值的财富,能够为城市树立形象、信誉和声望,也有创造财富的巨大潜能。对于以全球经济影响力为立身之本的全球性城市,城市品牌不仅是城市识别意义上的战术性问题,也是关系城市吸引外部要素效率、形成核心竞争力的战略性议题。一些全球性城市均将城市品牌的建立与推介作为城市发展战略的核心部分。在战略设定过程中,城市品牌被视为以城市功能为前提的城市发展愿景,因此,品牌成为城市战略规划的一个重要出发点,

城市品牌已经成为全球性城市竞争力提升的重要手段。从某种程度上说,城市品牌就是全球性城市进一步发挥自身经济影响力的重要载体和手段。在信息技术和运输技术高度发展的今天,人才、商品、信息、资本等各类要素市场的流动都已大大突破了原有的物理空间和时间限制,呈现出高度的流动性态势。由于地理空间的限制,全球性城市之间无法进行直接的兼并、重组等经济互动行为,因此,城市在要素影响力上的"间接竞争"成为主要的博弈手段。在这种情况下,环境、秩序、

制度、综合配套水平优异，进而在此基础上形成优秀城市品牌的全球性城市，无疑具有较高的识别程度与吸引力，能够最大程度地吸引全球优质要素的集聚，使资本、技术、资源、人才、信息流向城市所在区域。这种流量平台的水平，恰恰决定了全球性城市的等级、地位和核心竞争力。

综合来讲，品牌经济是国民经济发展到一定阶段的产物，其本质是服务经济。因此，品牌经济是一种宏观意义上的经济发展现象，其载体是特定的地域空间，如城市或国家。当我们论及品牌经济时，绝不是单纯地追求某一区域品牌的发展，而是试图从城市整体层面寻求各类区域品牌的最优配置，并以此到达以品牌吸纳和整合经济资源，推动城市创新、实现经济转型的目的。

第二篇

品牌经济的政策研究

第4章 我国品牌经济的政策研究

制定品牌经济政策对于保护和支持品牌经济发展具有十分重要的意义。长久以来，我国领导人都非常重视品牌建设工作，习近平同志高度重视品牌建设，强调"推动中国制造向中国创造转变、中国速度向中国质量转变、中国产品向中国品牌转变"。我国的品牌经济政策是在改革开放之后逐步建立起来的，随着我国社会主义市场经济的发展不断完善和健全的，在此期间，我国各级政府围绕促进品牌经济发展制定并出台了相当数量的政策文件。近年来，结合国家新一轮的发展规划，我国品牌经济政策制定步伐明显加快，仅2016年4月到9月，国家各部委和各级地方政府密集发文，从创新、质量、消费、供给侧改革等多个层面引导中国全面进入品牌创新时代。从某种意义上而言，2016年已成为"品牌政策年"。经过多年的发展，我国品牌经济已经取得了一定的进步，形成了一批在世界上具有一定竞争力的品牌。但是与发达国家和地区相比仍然存在一定的差距，例如，福布斯评出的2016年全球最具价值的100个品牌分别来自全球16个国家，涉及19大行业，其中，美国有52个，德国有11个，日本有8个，法国有6个，作为全球第二大经济体的中国尚无品牌入选，品牌发展水平与我国经济实力不相匹配。

当前，市场经济的竞争重点已经从产品价格和产品质量的竞争转向包括产品价格、产品质量、后续服务、品牌文化等在内的综合性竞争。品牌对于我国增强自主创新能力和提高国际竞争力具有重要的意义，拥有知名品牌已经上升到了国家战略的高度。中国要走品牌发展之路，打造品牌强国，就必须形成统一有效的品牌战略工作机制和政策支持体系。本章将对我国最近一年来国家层面的品牌经济相关政策文件展开梳理，总结我国品牌经济政策的颁布情况，并对一些重要的政策文件展开详细解读。

4.1 品牌经济政策梳理

本章采用文献研究法，收集文献的数据源为"北大法宝—法律法规数据库"，检索主题词为"品牌"，限定条件为"中央法规司法解释"，发布日期为"2016-01-01"至"2016-12-05"，进行"精确"检索，共查询到中央法规司法解释571篇。检索时间为2016年12月5日。按照效力级别划分，法律有2篇、行政法规有52篇、司法解释有8篇、部门规章有457篇、团体规定有24篇和行业规定有28篇；按照发布部门划分，全国人民代表大会有2篇，最高人民法院有6篇，最高人民检察院有2篇，国务院有30篇，国务院各机构有429篇，中央其他机构有147篇。其中，2016年3月第十二届全国人民代表大会第四次会议通过了两份重要文件：①《关于2015年国民经济和社会发展计划执行情况与2016年国民经济和社会发展计划草案的报告》，前后5次提到"品牌"一词，从打造"双创"活动品牌、开展质量品牌提升行动和实施农产品品牌提升行动等几个方面提出了具体要求；②《中华人民共和国国民经济和社会发展第十三个五年规划纲要》，前后10次提到"品牌"一词，凸显了中央对品牌经济的重视。

通过对检索的571篇中央法规司法解释进行初步整理，本书将2016年以来颁布的品牌经济政策分为综合性政策和行业性政策两大类。综合性政策多为宏观政策，大多从整体层面对我国品牌经济的发展、支持和保护等方面提出了要求，如表4-1所示。

表4-1 2016年发布的品牌经济综合性政策举例

政策名称	发布单位	发布时间
消费品标准和质量提升规划（2016—2020年）	国务院办公厅	2016年9月
《国务院关于新形势下加快知识产权强国建设的若干意见》重点任务分工方案	国务院办公厅	2016年7月
国务院办公厅关于发挥品牌引领作用推动供需结构升级的意见	国务院办公厅	2016年6月

续表

政策名称	发布单位	发布时间
2016年全国打击侵犯知识产权和制售假冒伪劣商品工作要点	国务院办公厅	2016年4月
贯彻实施质量发展纲要2016年行动计划	国务院办公厅	2016年4月
国家工商行政管理总局关于大力推进商标注册便利化改革的意见	国家工商总局	2016年7月
关于设立注册商标专用权质权登记申请受理点的通知	国家工商总局	2016年6月
关于改变出具商标注册证明方式的公告	国家工商总局	2016年4月
工商总局关于完善商标审查机制、提高审查工作效率的意见	国家工商总局	2016年4月
流通领域商品质量监督管理办法	国家工商总局	2016年3月
国家质量监督检验检疫总局办公厅关于印发《贯彻实施质量发展纲要2016年行动计划任务分解表》的通知	国家质量监督检验检疫总局	2016年5月
国家质量监督检验检疫总局办公厅关于印发《消费品质量提升专项行动工作方案（2016）》的通知	国家质量监督检验检疫总局	2016年5月

行业性政策通常由具体分管部门制定，主要针对某一特定行业或领域的品牌经济发展情况制定。国务院、发展和改革委员会、农业部、中国人民银行等部门也先后出台了针对多个具体行业领域的品牌经济政策，如表4－2所示。

表4－2　2016年发布的品牌经济行业性政策举例

政策名称	发布单位	发布时间	规范行业
关于促进外贸回稳向好的若干意见	国务院	2016年5月	外贸业
海南省人民政府关于促进加工贸易创新发展的意见	海南省人民政府	2016年1月	加工贸易业
关于开展消费品工业"三品"专项行动营造良好市场环境的若干意见	国务院办公厅	2016年5月	消费品工业
关于促进建材工业稳增长调结构增效益的指导意见	国务院办公厅	2016年5月	建材工业

续表

政策名称	发布单位	发布时间	规范行业
关于促进兽药产业健康发展的指导意见	农业部	2016年4月	兽药业
关于金融支持工业稳增长调结构增效益的若干意见	中国人民银行、国家发改委等	2016年3月	金融业
中国质量检验协会关于推广运用全国"质量月"企业质量诚信倡议活动专用标识的通知	国家质量监督检验检疫总局	2016年1月	—

通过对571篇中央法规司法解释进一步的梳理和分析可知，2016年发布的各类品牌经济政策总体呈现出两大主线：既立足于品牌培育，促进品牌经济引领作用的发挥；又着力于推动政府、社会等各方面改革，解决制约品牌发展和供需结构升级的突出问题。围绕这两大主线，2016年我国品牌经济政策总体表现出了两大趋势：第一，强调以品牌作为保障，通过品牌建设助力经济转型。当前我国正面临着经济转型的巨大压力，利用品牌建设推进经济结构转型升级受到了越来越多的关注，相关政策也随即出台。第二，强调以品牌作为抓手，通过顶层设计强化品牌建设。中央已经把促进品牌经济发展提升到了国家战略的高度，密集的政策制定体现了高层的关注和重视。

4.1.1 品牌建设助力经济转型

中共中央第十八届五中全会明确提出深入实施创新驱动的发展战略和推进供给侧结构性改革的总体要求，国家层面的品牌经济政策在加快推动供给结构优化升级、适应引领需求结构优化升级、为经济发展提供持续动力等方面发挥了重要作用。"十三五"是我国经济发展方式转变的历史节点，当前国内外环境发生深刻变化，经济下行压力增大，主要矛盾在于调结构、转方式尚未取得突破性进展，相关品牌经济政策的发布，有利于推进我国经济结构升级和转换，起到保驾护航的作用。

2016年以来，一系列品牌经济政策的发布均体现出了"实施品牌战略，发展品牌经济，是新形势下推进供给侧结构性改革，推动大众创业、万众创新的重要抓手，是促进中国经济创新发展的重要途径，也是中国制造向中国创造转变、中国产品向中国品牌转变的重要方向"这一核心思想。其中，比较具有代表性的政策有《贯彻实施质量发展纲要2016年行动计划》（以下简称《2016年行动计划》）和《国务院办公厅关于发挥品牌引领作用推动供需结构升级的意见》（以下简称《意见》）。从国家层面来看，品牌战略与国家提高和监督产品质量密不可分，为贯彻落实《质量发展纲要（2011～2020年）》和实施《中国制造2025》，国务院办公厅于2016年4月正式印发《2016年行动计划》，明确了2016年工作重点，要求以提高发展质量和效益为中心，开展质量品牌提升行动，加强供给侧结构性改革，推动质量强国建设。该政策分别从增强质量和品牌提升的动力、优化质量和品牌提升的环境、培育质量和品牌竞争新优势、夯实质量和品牌提升的基础、实施质量和品牌提升工程5个方面对提升品牌质量做出具体部署，要求增品种、提品质、创品牌。

随后，国务院办公厅于2016年6月发布了《国务院办公厅关于发挥品牌引领作用推动供需结构升级的意见》，旨在更好地发挥品牌在推动供给侧结构性改革和需求侧结构升级中的引领作用，是贯彻落实创新、协调、绿色、开放、共享五大发展理念的重要体现，是培育经济发展新动能的重要途径，是今后一段时期加快经济发展方式由外延扩张型向内涵集约型转变、由规模速度型向质量效率型转变的重要举措。《意见》指出了发挥品牌引领作用的重要意义，体现为3个"有利于"：有利于激发企业创新创造活力，促进生产要素合理配置，提高全要素生产率，提升产品品质，实现价值链升级，增加有效供给，提高供给体系的质量和效率；有利于引领消费，创造新需求，树立自主品牌消费信心，挖掘消费潜力，更好发挥需求对经济增长的拉动作用，满足人们更高层次的物质文化需求；有利于促进企业诚实守信，强化企业环境保护、资源节约、公益慈善等社会责任，实现更加和谐、更加公平、更可持续的发展。

4.1.2 顶层设计强化品牌建设

品牌是企业乃至国家竞争力的综合体现，代表着供给结构和需求结构的升级方向。品牌发展涉及不同的领域，不同的管理部门，政策不能碎片化，要形成合力。当前，我国品牌发展管理机制不健全、政策碎片化，亟须搞好品牌发展顶层设计，建立完善的协调机制，采取统一的行动，合力推进自主品牌发展。政府在品牌发展过程中要承担更大的任务、发挥更重要的作用。

习近平总书记提出"推动中国制造向中国创造转变、中国速度向中国质量转变、中国产品向中国品牌转变"的战略思想为中国制造业的发展、中国品牌的建设提供了明确的指导方针，为中国品牌走向世界奠定了良好基础，为中国经济结构转型升级提供了明确的方向。李克强总理也曾多次做出关于品牌建设的重要指示，其在2014年中国质量（北京）大会上也指出，提升质量是中国发展之基、兴国之道、强国之策，并且在2016年的政府工作报告中，强调增品种、提品质、创品牌，努力改善产品和服务供给。2016年的国家品牌经济政策遵循强化品牌建设的理念，不断优化和完善品牌经济政策体系的顶层设计，分别从产业结构调整升级、行动计划、引领作用和知识产权等多方面进行了全面的规划和设计。

《关于加快发展生产性服务业促进产业结构调整升级的指导意见》《贯彻实施质量发展纲要2016年行动计划》《中国制造2025》《关于发挥品牌引领作用推动供需结构升级的意见》《〈国务院关于新形势下加快知识产权强国建设的若干意见〉重点任务分工方案》等国家政策文件的密集出台，强调"狠抓品牌建设"，坚持"以质量提升推动品牌建设"，"围绕研发创新、生产制造、质量管理和营销服务全过程，提升内在素质，夯实品牌发展基础"。其中，《关于加快发展生产性服务业促进产业结构调整升级的指导意见》鼓励具有自主知识产权的知识创新、技术创新和模式创新，积极创建知名品牌，增强独特文化特质，以品牌引领消费，带动生产制造，推动形成具有中国特色的品牌价值评价机制。

《中国制造2025》是我国制造强国战略第一个十年的行动纲领，力争通过"三步走"实现制造强国的战略目标。该行动纲领在"战略任务和重点"中明确提出了"加强质量品牌建设"的要求，指出要提升质量控制技术，完善质量管理机制，夯实质量发展基础，优化质量发展环境，努力实现制造业质量大幅提升。鼓励企业追求卓越品质，形成具有自主知识产权的名牌产品,不断提升企业品牌价值和中国制造整体形象。

《关于发挥品牌引领作用推动供需结构升级的意见》明确了以品牌促进供需结构升级的重要意义、基本思路与发展目标,提出了具体的工作、工程与保障,为今后一个时期我国品牌发展与供需结构升级转型提供了有效的指导。

《〈国务院关于新形势下加快知识产权强国建设的若干意见〉重点任务分工方案》明确了知识产权制度化法制化进程需要加快,知识产权保护法规要与国际接轨,要最大限度地激励打造具有自主知识产权的全球品牌。实施品牌战略是实现经济腾飞的必由之路,要把自主品牌建设上升到国家战略的高度。中国经济发展到当前阶段,在国家层面下决心培育一大批具有较强国际竞争力的自主品牌,不仅是迫切的,也是可能的。

4.2 重要品牌经济政策解读

本节选取了2016年我国颁布《国务院办公厅关于印发贯彻实施质量发展纲要2016年行动计划的通知》(国办发〔2016〕18号)、《关于发挥品牌引领作用推动供需结构升级的意见》(国办发〔2016〕44号)和《国务院关于新形势下加快知识产权强国建设的若干意见》(国办发〔2016〕66号)等文件与品牌经济直接相关的重点政策进行详细解读。

4.2.1 国办发〔2016〕18号文解读:质量是品牌发展的重要保障

国务院于1996年和2012年先后发布了《质量振兴纲要(1996—2010年)》和《质量发展纲要(2011—2020年)》(以下简称《发展纲要》)重要文件。《发展纲要》明确了我国中长期质量发展的总体目标、任务要求和政策措施,为全面建设小康社会提供质量保障,同时提出了到2015年培育形成一批凝聚民族文化特色的服务品牌和精品服务项目的要求。为贯彻落实《发展纲要》和实施《中国制造2025》，国务院办公厅于2016年4月印发《贯彻实施质量发展纲要2016年行动计划》（以下简称《2016年行动计划》），对2016年重点工作做出了明确部署，强调要以提高发展质量和效益为中心，开展质量品牌提升行动，加强供给侧结构性改革，推动建设质量强国。与往年的行动计划相比，《2016年行动计划》以品牌为核心，从5个方面形成了18条具体措施，体现了改革的主旋律。

大力开展改善消费品供给专项行动，组织实施消费品质量提升工程。实施国家高技能人才振兴计划，提高劳动者职业技能和质量素养，塑造精益求精、追求质量的工匠精神。广泛开展质量改进、质量攻关等多种形式的群众性创新活动，推广应用中国质量奖获奖者的质量管理方法和模式，推行企业产品和服务标准自我声明公开和监督制度，打造一批安全优质农产品品牌、食品品牌和检验检测认证知名品牌。加强质量整治淘汰落后产能和化解过剩产能。依法严厉打击质量违法和侵权盗版行为，加强农产品质量安全执法及成品油市场监管，深化食品药品重点领域专项整治。加快推进重要产品追溯体系建设，强化全过程质量安全管理与风险控制。建设完善全国信用信息共享平台，加快归集、整合包括产品质量、知识产权等在内的信用信息，实施信息信用共享交换。加快构建质量和品牌社会共治机制，深入开展省级人民政府质量工作考核，充分发挥新闻媒体的宣传监督作用。

降低企业进出口成本，加快通关速度，加快培育新型贸易方式，推动外贸优进优出。指导电子商务生产企业改进生产工艺，提高标准执行力，严查电商产品质量违法案件，促进电子商务产业提质升级。完善质量品牌的法律法规体系，充分发挥计量、标准、认证认可、检验检测等质量技术基础的支撑作用，加强质量品牌教育和文化建设。启动知名品牌创建示范、品牌价值评价，实施制造业创新中心建设、智能制造、工业强基等工程开展全国创建社会信用体系建设示范城市、质量强市示范城市、国家农产品质量安全县、质量安全示范区创建活动。

从《贯彻实施质量发展纲要2012年行动计划》到《2016年行动计划》，国务院已经连续5年印发质量发展纲要行动计划，充分体现了中央对产品质量和品牌工作的重视。在《2016年行动计划》的部署下，中央各部委和地方各级人民政府进一步加强对质量、品牌工作的组织领导和统筹协调，并结合本部门、本地实际，出台相关品牌战略政策。例如，国家质量监督检验检疫总局办公厅于2016年5月印发《贯彻实施质量发展纲要2016年行动计划任务分解表》，仔细落实《2016年行动计划》中的措施。农业部于2016年4月发布的《关于促进兽药产业健康发展的指导意见》，指出实施兽药品牌创新战略，引导兽药企业通过技术创新、服务创新和品质创新，培育一批拥有自主知识产权、市场竞争能力强、国际影响力大的兽药知名品牌、驰名商标。广西壮族自治区政府出台的《关于深入实施商标品牌战略意见》，提出要引导和鼓励各类市场主体实施品牌战略，到2020年，全区有效注册商标要达到12万件以上，形成制造业、农业、服务业品牌协同发展的品牌经济格局。

4.2.2 国办发〔2016〕44号文解读：品牌发展是供需结构升级的方向

国务院办公厅于2016年6月10日印发了《关于发挥品牌引领作用推动供需结构升级的意见》（以下简称《意见》），作为我国首份国家级关于品牌建设的文件，阐述了以品牌促进供需结构升级的重要意义，理清了基本思路，明确了主要任务，设置了重大工程，提出了保障措施，为今后一个时期我国品牌发展与供需结构升级提供了重要指导。

《意见》提出发挥品牌引领的三个"有利于"作用，根据我国现阶段发展中的实际问题，明确了"一个工作思路、三项重大工程、四条保障措施"，旨在对症下药，真抓实干。我国作为制造大国，在品牌建设问题上与国际发达国家存在一定的差距，品牌发展严重滞后于经济发展，产品质量不高、创新能力不强、企业诚信意识淡薄等问题比较突出，在产品质量评价、品牌国际化与企业信用数据应用等领域均处于起步阶段。首先，《意见》明确了"市场决定性作用、企业主体作用、政府推动作用和社会参与作用"这4个主体的功能定位，提出了开展品牌建设，发挥品牌引领作用的总体思路。这一思路以构建品牌发展环境为基础，强调品牌化的价值，从供给侧与需求侧两端结构升级的现实要求出发，将品牌建设与我国现阶段的主要工作任务相结合。其次，《意见》按照可操作、可实施、可落地的原则，明确了主要工作任务，提出了要实施"品牌基础建设工程""供给结构升级工程""需求结构升级工程"这三项重大工程，从多方面对发挥品牌引领作用的战略目标加以细化。最后，《意见》按照奖优罚劣的治理思想和管理逻辑确定了"净化市场环境""清除制约因素""制定激励政策""抓好组织实施"4项保障措施。一方面通过建立更加严格的市场监管体系，清理、废除制约自主品牌产品消费的各项规定或做法，形成有利于发挥品牌引领作用的体制机制；另一方面通过一系列的激励政策，积极发挥财政资金引导作用，支持自主品牌发展，保证《意见》的有效落地。

《意见》提出要创造新供给，满足新需求，打造新动力，实现"增品种、提品质、创品牌"，推动产业结构升级。当前，我国供给侧存在低端无效供给过多，传统产业产能过剩，中高端有效供给不足，主要依赖进口的产业结构性问题。只有在进一步优化资源配置的基础上，培育出一批有活力的地区、有竞争力的行业企业、有市场认可度的知名品牌，才能切实提高供给质量，满足市场需求。

增品种是供给结构升级的条件。丰富产品和服务品种能够增加供给结构的层次性，为供给结构的升级创造条件。因此，《意见》提出"鼓励有实力的企业针对工业消费品市场热点，加快研发、设计和制造，及时推出一批新产品"，"推进个性化定制、柔性化生产，满足消费者差异化需求"，"增加旅游产品供给，丰富旅游体验"，实现"增品种"的要求。

提品质是供给结构升级的关键。提高产品和服务的品质可以有效减少低端供给，扩大中高端供给，增强供给结构对需求变化的适应性和灵活性，是实现供给结构升级的关键环节。为此，《意见》提出要"建设一批优质农产品种植和生产基地，提高农产品质量和附加值"，"加强上下游企业合作，尽快推出一批质量好、附加值高的精品"，"采取市场化运作方式，提供高品质养老服务供给"，切实做到"提品质"。

创品牌是供给结构升级的体现。品牌经济是将品牌作为核心整合经济要素、带动经济发展的高级经济形态,是供给结构升级的重要体现。为此,《意见》指出要"扩大优质特色农产品销售范围,打造农产品品牌和地理标志品牌","提高服务质量和效率,打造生活服务企业品牌",实现"创品牌"的工作要求。在品牌培育问题上,三大产业都应不断提升品牌构建意识,发挥自身优势,培育出有影响力的产业品牌群。

《意见》指出需求侧的主要工作任务就是发挥品牌影响力,扩大自主品牌产品消费,让消费者能够"认品牌、用精品、爱国货"。现阶段我国的需求结构已经发生了明显的变化,以"住"和"行"为主导的消费需求进入低增长阶段,一方面城镇居民对产品品质的要求明显提高,出境旅游与海外代购成为新的消费增长点;另一方面农村消费市场中仍充斥大量假冒伪劣产品,商品种类缺乏多样化。

认品牌是需求结构升级的前提。扩大自主品牌的知名度,增加消费者对自主品牌的内涵及其文化的了解,是提升需求结构的重要前提。为此,《意见》提出"设立'中国品牌日',大力宣传知名自主品牌,讲好中国品牌故事,提高自主品牌影响力和认知度",通过鼓励安排自主品牌公益宣传、定期举办中国自主品牌博览会、巡展推介会等举措,扩大自主品牌的知名度,使得消费者能够"认品牌"。

用精品是需求结构升级的表现。在品牌引领的作用下,需求结构升级的必然表现是,消费者对"精品"的需求增加和消费使用的扩大。因此,《意见》提出要"整合现有信息资源,建立企业信用档案","为消费者判断产品质量高低提供真实可信的依据,便于选购优质产品","保障品牌产品渠道畅通,便捷农村消费品牌产品",鼓励自主品牌不断为消费者创造精致的生活方式,让消费者愿意"用精品"。

爱国货是需求结构升级的原则。以品牌发展来推动需求结构升级,其中的一项基本原则是要增强国民对本土品牌的认可,培养公众对自主品牌的情感,鼓励消费者使用自主品牌产品,从而使需求侧的结构升级真正转为国内消费市场的内生性扩张和国产品牌发展的历史性机遇。为此,《意见》提出要"培养消费者自主品牌情感,树立消费信心,扩大自主品牌消费",让消费者能够"爱国货"。

《意见》从"讲质量、重创新、促评价"三个层面出发,提出开展

"持续创新平台""产品质量信息平台""品牌专业化服务平台"三大平台的建设,力争夯实我国品牌经济发展的基础。

质量是实现品牌发展的基础。自主品牌美誉度与忠诚度的培育,需要以优良的产品质量为基础。因此,《意见》提出要"提高相关产品和服务领域标准水平,推动国际国内标准接轨","加强检验检测能力建设","提高企业改进质量的内生动力和外在压力";同时,还要"提高农村居民质量安全意识","建设有公信力的产品质量信息平台,全面、及时、准确发布产品质量信息"。

创新是促进品牌发展的动力。我国经济进行供需结构性改革,就必然要求企业避免盲目扩张,以实现"质量双升"为目标开展持续创新,不仅能够满足消费者已有的需求,更能够用新技术挖掘消费者的潜在需求。因此,《意见》指出一方面要"加快政府职能转变","增强科技创新支撑","支持企业加大品牌建设投入,增强自主创新能力";另一方面要"搭建持续创新平台","加强研发机构建设","加速创新成果转化成现实生产力,催生经济发展新动能"。

评价是衡量品牌发展的尺度。目前,国际上主流的品牌评价体系主要由发达国家相关组织制定,不仅与我国当前国情和发展阶段下不完全适用,还使得我国在品牌评价领域缺少国际话语权。因此,《意见》明确提出要"培育若干具有国际影响力的品牌评价理论研究机构和品牌评价机构",一方面要"支持高等院校开设品牌相关课程","培养专业人才","发布客观公正的品牌价值评价结果以及品牌发展指数";另一方面要"完善品牌评价相关国家标准",鼓励"发展一批品牌建设中介服务企业,建设一批品牌专业化服务平台"。

4.2.3 国办发〔2016〕66号文件解读:不断通过技术创新增强自身的竞争能力

2008年国家知识产权战略实施以来,我国发明专利申请量连续四年稳居世界首位,商标注册量保持世界第一,已成为知识产权大国。《意见》指出,实施创新驱动发展战略,保障和激励大众创业、万众创新,迫切需要加快知识产权强国建设。2015年12月，国务院印发《国务院关于新形势下加快知识产权强国建设的若干意见》（国发〔2015〕71号），该文件明确，深入实施国家知识产权战略，深化知识产权重点领域改革，实行更加严格的知识产权保护，促进新技术、新产业、新业态蓬勃发展，提升产业国际化发展水平，保障和激励大众创业、万众创新。到2020年，知识产权重要领域和关键环节改革上取得决定性成果，创新创业环境进一步优化，形成国际竞争的知识产权新优势，为建成中国特色、世界水平的知识产权强国奠定坚实基础。为落实《国务院关于新形势下加快知识产权强国建设的若干意见》，国务院办公厅于2016年7月印发《〈国务院关于新形势下加快知识产权强国建设的若干意见〉重点任务分工方案》（以下简称《分工方案》）。

《分工方案》将《国务院关于新形势下加快知识产权强国建设的若干意见》部署的推进知识产权管理体制机制改革、实行严格的知识产权保护、促进知识产权创造运用、加强重点产业知识产权海外布局和风险防控、提升知识产权对外合作水平、加强政策保障等6方面重点任务，细化为28个方面，共计106项具体工作措施，并为每一项工作措施明确了牵头部门和参与部门。

《分工方案》要求，各有关部门要按照分工方案要求，进一步分解细化涉及本部门的工作，抓紧制定具体措施。涉及多个部门的工作，牵头部门要加强协调，相关部门要密切配合。各省、区、市人民政府要加强组织领导，落实责任，结合实际制定实施方案和配套政策。要求积极研究探索知识产权管理体制机制改革，由中央编制办、国家知识产权局、国家工商总局、国家版权局负责。《分工方案》授权地方开展知识产权改革试验，鼓励有条件的地方开展知识产权综合管理改革试点，由国家知识产权局、中央编制办、国家工商总局、国家版权局负责。

《分工方案》提出，要充分发挥全国打击侵犯知识产权和制售假冒伪劣商品工作领导小组作用，加强知识产权保护，调动各方积极性，形成工作合力。国务院知识产权战略实施工作部际联席会议办公室要加强工作统筹，协调解决重大问题，加强对有关政策措施落实工作的指导、督促、检查，切实推动各项措施落实。

在《分工方案》的部署下，中央各部委又进一步结合本部门和本地实际细化和落实，并出台相关品牌战略政策。例如，国家知识产权局于 2016 年 8 月印发《国家知识产权局实施〈国务院关于新形势下加快知识产权强国建设的若干意见〉重点任务分工方案》（以下简称《知识产权局分工方案》）。《知识产权局分工方案》按照《分工方案》部署，对涉及国家知识产权局工作的 93 项重点任务，明确责任，细化分工。《知识产权局分工方案》包括推进知识产权管理体制机制改革、实行严格的知识产权保护、促进知识产权创造运用、加强重点产业知识产权海外布局和风险防控、提升知识产权对外合作水平、加强政策保障等 6 大方面内容，共涉及 32 个部门，其中牵头部门包括国家知识产权局机关 7 个职能部门、专利局人事教育部和审查业务管理部。后续，国家知识产权局各部门按照《知识产权局分工方案》要求，进一步分解细化各项相关工作，制定具体实施方案，明确阶段性目标成效、时间节点、具体措施，形成国家知识产权局推进《国务院关于新形势下加快知识产权强国建设的若干意见》任务的总体方案，明确时间表和路线图。

4.3 我国品牌经济政策展望

我国品牌经济发展要密切关注顶层设计，健全而合理的顶层制度设计是保障品牌经济发展的保障。完善的制度可以防止市场经济背景下不同利益主体出现利益冲突时导致持续失衡和矛盾激化；有效的制度可以合理界定品牌经济发展过程中政府和企业的职责边界并有效控制政府过度管理的行为；合理的制度可以有效减缓经济社会发展过程中遇到的暂时难以解决的问题。政府出台品牌经济政策从宏观层面出发，合理规划，有效控制，正确引导，保障市场经济下企业元素的健康发展。世界级的品牌是国家形象的延伸，是民族精神的诠释，对提升国际影响力具有非常重要的作用。

我国政府积极引导品牌国际化，鼓励国内品牌主动参与世界范围的品牌竞争，打造中国品牌，讲好品牌故事。当前，我国品牌经济发展恰逢"十三五"发展关键期,品牌经济政策的制定应与政府制定的"十三五"发展规划相匹配,与国家宏观规划相结合。"十三五"期间,国家鼓励发展创意产业,鼓励推进"互联网+"建设,鼓励打造绿色产业等,各级政府出台的品牌经济政策应在此整体思路下进行制度建设,把握经济转型升级的关键期,建设符合我国特色的品牌经济体系与格局。政府制定品牌经济政策还可重点关注以下两个方面:

第一,结合"中国制造2025"战略,重点发展核心制造业品牌。通过政策引导积极拓展服务业在GDP中的占比,争取到2020年服务业占GDP比重达到55%,而生产性服务业在GDP中的占比提高到30%。推广中国制造的关键是形成一批具有国际竞争力的生产性服务业品牌,通过政策引导争取到2025年,我国的生产性服务业占GDP比重接近发达国家的水平,通过生产性服务业带动我国制造业品牌建设,从而进一步促进中国制造的发展,实现战略目标。

第二,利用"互联网+"战略,主动打造和发展创新品牌。借助移动互联网技术、人工智能、区块链、云计算和大数据等先进科技发展,国内的一大批科技企业(例如支付宝、滴滴打车和摩拜单车等)在很短时间内迅速成长并形成了良好的品牌效应。互联网极大地方便了人们的生活,而移动互联网进一步消除了不同人群间信息获取能力的差异,我国的人口红利巨大,互联网普及率也在逐年升高,通过"互联网+"打造企业品牌的潜力巨大。借助"互联网+"的发展机遇,我国企业可以形成一批能够与品牌发达国家进行竞争的企业,真正地实现弯道超车。

4.4 本章小结

本章针对国家层面的政策文件进行研究,采用文献研究法,设定检索数据库为"北大法宝—法律法规数据库",检索主题词为"品牌",通过对检索出的572篇中央法规司法解释进行初步整理,将2016年至今为止发布的品牌经济政策分为综合性政策和行业性政策两大类。在总结政策的基础上，认识到我国品牌建设相对于发达国家和地区存在三大问题：第一，品牌总量偏低，以数量而非品质取胜的状况未根本改变；第二，现有品牌中具有自主知识产权的比重偏低；第三，品牌的国际影响力不够，缺乏如美国苹果公司等具有广泛国际影响力的知名品牌。

第5章 我国各地区品牌经济政策研究

区域经济的发展产生了区域品牌，而区域品牌又进一步促进了区域经济发展。人们通常对区域具有特定的印象，例如代表政治中心的北京，代表经济中心的上海等。区域品牌代表了区域特征和形象，也是对所在区域的最好诠释。仅靠企业自身发展很难形成区域品牌效益，因此需要地方政府在区域品牌发展中发挥引导作用，变被动监督为主动推进，真正成为企业强有力的后盾。

5.1 各地区品牌经济政策分析

本章拟采用文献调查法，选择"北大法宝—法律法规数据库"为调查对象，检索词为"品牌"，限定条件为"地方法规规章"，发布日期为"2016-01-01"至"2016-12-31"，进行"精确"检索，共查询到5289篇地方法规规章。按照效力级别划分，地方性法规有21篇，地方政府规章有14篇，地方规范性文件有5243篇，地方司法文件有11篇。按照发布部门划分，发布相关法规规章最多的区域依次为河南、江苏和广东，而发布法规规章最少的区域依次为西藏、天津和新疆，如图5-1所示。按照时效性划分，现行有效文件有5275篇，尚未生效文件有13篇，部分失效文件有1篇。

鉴于检索出的文献数量较多，为了进行更加有效的梳理，拟将不同效力级别的地方法规规章进行分类分析。依据政策指定目标，将地方法规规章分为：（1）落实中央相关品牌经济政策类地方法规规章；（2）省级区域品牌经济政策，包括专门品牌经济政策和关联品牌经济政策两类；

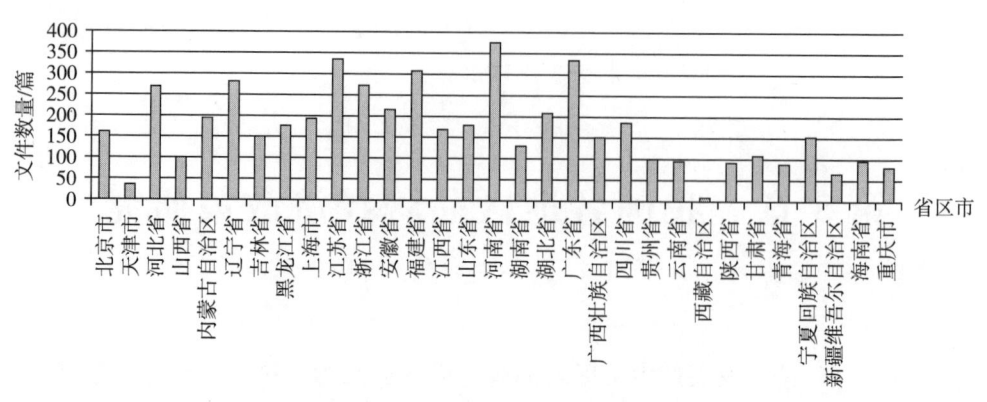

图 5-1 全国各省区市品牌经济法规规章公布情况

（3）地市级区域品牌经济政策，包括专门品牌经济政策和关联品牌经济政策两类；（4）案例展示等地方司法文件。选用关键词"品牌"命中次数作为关联性衡量指标，关键词命中次数排名靠前的不同效力级别的典型地方法规规章如表 5-1 所示。

表 5-1 地方品牌经济相关法规规章按效力级别划分情况

序号	地方法规规章	命中次数	效力级别	发布时间
1	广东省岭南中药材保护条例	命中16次	地方性法规	2016.12.01
2	山东省旅游条例（2016）	命中6次		2016.11.26
3	广东省自主创新促进条例（2016修正）	命中5次		2016.03.31
4	镇江香醋保护条例	命中4次		2016.07.29
5	福建省人大常委会关于颁布施行《中国（福建）自由贸易试验区条例》的公告	命中3次		2016.04.01
6	黑龙江省非物质文化遗产条例	命中2次		2016.08.19
7	重庆市促进企业技术创新办法	命中2次	地方政府规章	2016.01.05
8	黑龙江省人民政府办公厅关于发挥品牌引领作用推动供需结构升级的实施意见	命中98次	地方规范性文件	2016.12.05
9	上海市经济信息化委关于印发《上海市工业区转型升级"十三五"规划》的通知	命中21次		2016.12.05
10	上海法院发布2015年知识产权司法保护十大案例	命中28次	地方司法文件	2016.04.22

通过对地方法规规章进行归纳分析，我国地方法规规章的内容主要围绕4个方面制定：（1）协调区域品牌经济发展平台建设；（2）制定区域品牌经济发展战略；（3）推动区域品牌经济共享整合；（4）支持区域品牌经济行业协会发展。

区域品牌的快速发展需要政府的参与和扶持。打造区域知名品牌，加快区域产业集聚、培育发展区域产业集群的步伐，需由政府主导，推动行业组织、企业广泛参与，整合并协调企业、行业、各区域的各类优势营销资源，构筑企业品牌营销联盟平台，同时转变企业品牌观念，推动企业从单一产品品牌营销或单一企业品牌营销向区域整体品牌营销和行业品牌营销转变，从而有力推动本地企业和产品市场竞争力的提高。

5.1.1 协调区域品牌经济平台建设

形成区域产业集群是发展区域品牌的基石，对地方政府培育地方经济产业集群具有规范性的战略意义。地方政府是创建区域品牌的重要力量，其应依据当地产业集群和区域的自身条件制定适当的战略规划。在区域品牌的形成过程中，政府的政策引导效果会明显强于市场自发振荡，地方政府的区域品牌偏好和区域政策在很大程度上将引导区域品牌发展方向和可持续发展的水平。政府制定的区域品牌的引导作用体现在区域的战略发展规划、财政支持以及区域品牌发展环境优化等。在广东、江苏和浙江等区域品牌发展较为成熟的地区，地方政府均制定了发展规划，并建立了专门的机构，来引导和支持区域品牌的建设。

以浙江省温州市为例，改革开放后，温州市逐步形成了以制鞋、制革、服装等为代表的轻工业产业集群。产业集聚的优势使温州成为"中国鞋都""中国服装城"和"中国火机基地"等，并形成了区域品牌，其产品市场占有率占据行业领先地位。温州市在早期通过制定《关于建立温州实验区有关问题的报告》（温州市委〔1986〕98号文件）等地方性行政法规，为个体经济的发展创造了较为宽松的制度环境，化解了外部环境压力对企业成长的影响，进而为产业集群的形成和后来的名牌创建奠定了基础。早期，在温州市的产业集群积累阶段，温州市政府通过规范政策引导，确保产业集群内部通过有序的竞争，系统地推进工程质量和产品品质，使产业集群的整体水平不断提升，进而使得温州的产业优势和企业声誉得以积累。后期，温州市政府提出了二次创业的发展战略，支持集群内部的优势企业，创立区域品牌，通过"358质量工程"战略引导质量提升，通过"名牌兴业"战略引导企业形成"中国名牌"，通过一系列措施鼓励重品牌企业奖。同时，温州市政府在全国率先提出建设"信用经济"、通过品质和品牌，发展各种带有明显地区特色的区域品牌，将温州的信用经济与国内外的信用体系挂钩，起到了宣传推广作用。

5.1.2　制定区域品牌经济发展战略

区域品牌经济的发展需要良好的政策环境，为此地方政府需要营造一个稳定的发展平台。地方政府通过制定区域品牌经济政策引导地方品牌企业之间进行交流，通过完善服务保障体系为各类企业牵线搭台，通过引进高校等外部力量，创造区域品牌经济发展所需要的技术、市场以及专业咨询的综合资源平台，建立起特色鲜明的区域品牌经济。建立区域品牌经济发展平台还需要高度重视创新，通过财政支持等各类手段，推动区域产业集群的创新和有效资源的共享。区域品牌具有一定的生命周期，为了尽可能延长区域品牌的生命周期，从品牌的培育到推动发展，需要不断地创新才能让品牌永葆活力，焕发生机。地方政府通过区域品牌经济发展平台来引导和督促企业重视创新和实施创新。

以天津市为例，天津市在协调区域品牌经济发展平台建设上取得了良好效果。天津市以国家开发滨海新区为契机，不断提升天津市的区域品牌知名度。本市采用文献调查研究法，设定研究数据范围为"北大法宝—法律法规数据库"，检索主题词为"滨海新区"，条件为"地方法规规章"，进行"精确"检索，共查询到天津地方法规规章487篇，其中，涉及品牌的地方法规规章共42篇。天津市政府高度重视区域品牌经济发展平台的建设，在制定滨海新区开发等各类重大区域性发展战略上，把实施区域品牌战略，培育区域品牌，发展区域品牌经济作为重要的工作来抓，先后制定并印发了《天津市工商局关于推进我市民营企业商标品牌战略的实施意见》等一系列完善品牌经济投资发展环境的政策措施。

为支持天津空港经济区保险产业的发展，进一步推动空港经济区保险产业园形成，天津市滨海新区、天津市金融工作局、中国保监会天津监管局联合印发了《关于推动天津空港经济区保险产业园创新发展的实施意见》（津滨政发〔2016〕48号）。通过不断完善区域品牌经济发展的综合服务体系，创造有利于区域品牌经济发展的体制环境、文化氛围和人才储备。采用多种形式宣传贯彻实施品牌经济战略的重大意义，同时以市场为导向，加大自主创新力度，发展生物基因药物、信息安全、民航机电、电动汽车等具有自主产权的高新技术产品，强化"滨海新区是最适宜品牌成长的城市"概念，打造"品牌新区"形象。

5.1.3 推动区域品牌经济共享整合

区域品牌经济要想做大做强，需要地方政府整合产业集群内部的企业信息，互通有无。作为政府和企业间的桥梁和纽带，地方政府设立的相关品牌管理机构和组织利用政府给予的相关管理权力，更好地服务于区域内的产业集群企业。地方政府应集中协调区域品牌产业集群内部以及对外的利益关系。

以浙江省为例，浙江省政府通过"名牌战略推进委员会"的战略和措施，统一区域品牌的形象识别（UI）以打造品牌识别、品牌文化、品牌延伸和品牌保护等，进一步提升品牌竞争力。通过制定区域品牌信息共享目录，加快推动产业集群内部不同企业之间信息的互联和公共数据的共享。利用政府的公信力，产业集群内不断提高效率，充分发挥区域品牌资源共享在转变战略、深化改革和创新管理中的重要作用。

区域品牌经济信息共享在浙江省的农业品牌建设上表现较为突出：浙江省通过打造区域品牌以实施整体的品牌保护，在区域品牌之下，企业品牌具有了更多的内涵与意义，品牌形象也得以丰富。浙江省的西湖龙井闻名天下，在西湖龙井这个区域品牌下，还有"西湖"、"贡"牌、"狮"和"御"等众多企业子品牌。众多的子品牌在西湖龙井这个区域品牌范围内，提供了不同档次、不同品质和面向不同消费者的众多选择，既共同组建了西湖龙井这个区域品牌，又借助区域品牌内的各类资源促进了自身品牌的发展。

以绍兴市为例，绍兴市先后出台《绍兴市人民政府关于加快发展茶叶产业建设茶业强市的意见》（绍政发〔2009〕53号）、《绍兴市人民政府办公室关于印发中国（新昌）国际茶业博览会暨"中国茶文化之乡"授牌典礼总体方案的通知》（绍政办发〔2010〕27号）和《绍兴市人民政府办公室关于加快发展品质茶业促进茶产业传承发展的若干意见》（绍政办发〔2016〕60号）等地方法规规章培育绍兴地方茶叶产业集群，支持绍兴的茶叶品牌经济信息共享，不断强化区域茶叶产业的区域品牌优势，为绍兴茶叶品牌的构建奠定了坚实的基础。绍兴茶叶企业在绍兴市的政策扶持下，发挥各自力量，合力打造绍兴茶叶品牌的无形资产，提升绍兴茶叶品牌的整体形象，使绍兴茶叶企业和其产品在激烈的市场竞争中脱颖而出并反哺地方经济的快速发展，带动就业和增收。

5.2 各地区品牌经济政策内容解读

本节将对北京市、广东省和贵州省3个具有代表性的地区发布的相关品牌经济政策进行解读。上述三地在国内具有一定的代表性，北京市是我国的政治中心、文化中心和科技中心，作为一线城市具有相当的国际影响力，其区域性品牌经济建设有强大的竞争优势；广东省比邻香港特别行政区，是国内最早进行改革开放的地区之一，经过多年的积累，其区域品牌经济发展非常成熟，国内生产总值在全国各地区中名列前茅，经济总量占比较大；贵州作为偏居中国西南部、位居云贵高原的省份，受地理环境、交通、人力等各种资源因素制约，经济水平发展相对靠后，总体发展水平落后于全国，人均收入水平仍然较低。

5.2.1 北京：健全制度

北京市政府的区域品牌经济发展政策为北京市的区域品牌发展起到了引领作用。相对国内其他地区而言，北京市在区域品牌经济发展上，具备更为优化的外部环境、更为完善的保障机制和更为有效的工作措施。作为我国的政治中心，北京市在相关政策的制定、出台和施行等方面具备前瞻性、计划性和可操作性。无论是新政策的出台，还是对现行政策的改进，抑或是推进政策的落实，北京市都具有一定的优势。北京市通过出台一系列支持区域品牌经济发展的政策来引导北京市的企业建立著名品牌。通过扶持政策来激励企业的创新能力，提升企业的核心竞争力，推动区域品牌建设，打造全国著名品牌。北京市政府为地区企业推进品牌建设提供多方位和各领域的政策支持和技术扶持，其在商标注册数量、著名品牌数量、品牌资产价值、区域品牌经济效益等方面取得了丰硕的成果。北京市政府为区域品牌的发展提供了多种支持，包括但不限于财政扶持、宣传推广、国际交流等。在发扬民族文化，传播民族精神和弘扬民族品牌上，北京市政府对同仁堂、全聚德和瑞蚨祥等百年老字号品牌重点进行政策支持，使得这些百年老字号企业品牌不仅在国内具有一定的声誉，而且在国际上也受到了相当的关注。

(1) 北京市品牌相关政策发布统计

北京市在品牌经济相关政策的制定和实施方面一直处于全国的前列，拥有较为完善的商标保护办法、奖励措施以及战略性方案。北京市品牌经济相关政策颁布情况如表5-2所示。

表5-2 2002~2015年北京市部分品牌政策

政策名称	颁布时间	颁布单位
北京市人民政府关于深入实施商标战略，推动品牌经济发展的意见	2013年	北京市政府
北京市著名品牌商标认定和保护办法	2002年	北京市工商局
关于支持文化产业创新发展的23条工作意见	2012年	北京市工商局
北京市著名商标认定和保护办法	2015年	北京市工商行政管理局
加强北京工业品牌建设措施	2006年	北京市国资委
北京市西城区保护和促进老字号发展的若干意见	2011年	北京市西城区政府
通州区对著名商标和驰名商标权利人奖励办法	2009年	北京市通州区政府
怀柔区深入推荐商标战略促进怀柔品牌经济发展的实施意见	2013年	北京市怀柔区政府
区域性年度品牌创建工作指导意见	每年	北京市顺义区工商分局

北京市政府在区域品牌的政策支持一直处于国内领先水平，拥有非常健全的品牌保护、著名品牌奖励措施以及战略性方案。北京市的品牌战略能够顺利实施和推进，与其出台的多项相关政策是分不开的。北京市政府高度重视区域品牌建设，将产业结构优化与区域经济发展相联系，将区域品牌建设与地区经济建设联系在一起。

（2）北京市主要品牌经济政策简析

2006年，北京市工业促进会联合包括北京市发改委在内的多家机关印发了《加强北京工业品牌建设的措施》（京工促发〔2006〕9号），重点围绕建立推进北京工业品牌建设的协调机制；制定培育品牌发展规划，实施分类服务，多层次指导；加强政策引导，支持企业创建中国和世界著名品牌；加大保护力度，为北京品牌发展营造良好环境和做好协调服务，加大北京品牌的宣传和市场推广等五个方面进行部署。同年，为促进本市商业服务业老字号发展，继承和弘扬中华民族优秀传统文化，提升老字号企业整体水平，根据《北京市商业流通发展资金使用管理办法》（京财经〔2005〕448号）、《北京市支持中小企业发展专项资金管理暂行办法》（京财经〔2005〕412号）的有关规定，市财政局、市商务局联合制定了《促进北京市商业服务业老字号发展专项资金使用管理办法》。该政策的颁布对引导北京市从财政层面对区域品牌进行扶持产生了推动作用。

2012年，北京市工商局印发了《关于支持文化产业创新发展的23条工作意见》，明确支持企业的商标品牌建设工作，鼓励企业积极申请驰名商标认定，并计划对认定为驰名品牌的企业给予相应奖励，并提供相应的商标保护。根据该意见，经市级以上文化部门确认的名家名人可以申请对其姓名予以保护，文化企业集团的设立条件也有所放宽。该政策的颁布对引导北京市文化品牌的发展产生了积极影响。

2013年，北京市政府出台了《北京市人民政府关于深入实施商标战略，推动品牌经济发展的意见》（京政发〔2013〕11号）。该政策要求充分认识商标战略对促进首都品牌经济发展的重要意义，明确北京市实施商标战略的总体要求与目标。该政策就商标战略的深入实施要完成带动产业结构升级、打造自主创新品牌、积极培育文化品牌、带动农业产业结构调整、融入区域经济发展大局5项主要任务进行了深入阐述,并提出了充分体现企业主体作用、发挥政府行政服务职能、广泛策动社会组织的作用、打造商标运行服务平台、提升商标监管与执法效能等五项主要措施。该项政策还从完善组织保障、建立激励机制、加强交流合作、强化城市品牌宣传等方面对加快首都商标品牌建设工作进行了部署和要求。该项政策正式确立了以企业为主体、以市场为导向、以政府为推动、社会支持的商标发展机制,设立北京市商标战略推进工作办公室,实现了商标战略工作由以工商部门为主向市委市政府全面支持、相关部门共同发力的重大转变,该政策也标志着北京市商标战略的实施工作进入全新的发展阶段。

2015年,为积极培育"北京服务""北京创造"品牌,形成一批代表首都产业和区域优势、代表北京企业形象和竞争力的著名商标,规范北京市著名商标认定工作,保护著名商标注册人的合法权益,促进经济发展,北京市政府印发了《北京市著名商标认定和保护办法》。该政策明确了著名商标的认定条件,申报流程和使用办法。该政策为保护著名商标注册人的合法权益,促进经济发展提供了有力的政策保障。

5.2.2 广东:有效激励

广东省对培育品牌最主要的形式是采用奖励方式。2006年,广东省政府印发了《关于表彰奖励广东省获得中国世界名牌产品、中国名牌产品和中国驰名商标称号企业的决定》,对以中国国际海运集装箱(集团)股份有限公司为代表的,获得"中国世界名牌产品"称号的企业予以表彰,并给予300万元的奖励;对广州双桥股份有限公司为代表获得"中国名牌产品"和"中国驰名商标"称号的企业予以表彰,并给予100万元的奖励;2007年,广东省政府印发了《广东省知识产权战略纲要(2007—2020年)》,深入实施名牌带动战略,继续落实"千百亿名牌培育工程",推进产业集群区域品牌创建,扶持企业做大做强,并继续开展广东专利奖评奖工作以及重奖获得中国专利奖的单位;鼓励各地级以上城市制订适合本地特点的知识产权奖励制度。除了省级政府外,各地市级政府积极对获得"中国名牌产品"或"中国驰名商标"称号,以及获得"广东省名牌产品"或"广东省著名商标"称号的企业给予奖励。

（1）广东省品牌相关政策发布统计

广东省作为全国最早实行对外开放的省份之一，率先改革开放的政策扶持使得广东省从最初的以纺织、服装、玩具、日用品等轻工业生产为主的出口加工区，发展成为珠三角经济圈的核心区域。广东省在发展地区经济、调整经济结构、建立地方经济体系上取得了相当突出的成绩。其中，广东省自实施品牌战略以来，在品牌创建、培育、管理和保护等阶段，注重树立区域品牌形象，并借以带动产业结构调整，出台了一系列政策及文件进行规范。在品牌发展问题上，从宏观层面上对区域品牌的发展进行战略指导，提出了远期规划和目标，并在实际工作过程中，对配套措施作出了清晰的界定。广东省一系列举措收获了丰硕的成果，2016年广东省商标申请量为689434件，居全国首位。

2008年6月，广东省经济贸易委员会发布了《广东省名牌带动战略实施方案》，对全省实施名牌带动战略作出了政策规定，提出了明确的战略目标，并且完善了相关配套工作的部署方案；2010年，广东省再次对名牌带动战略实施方案进行修改；2012年，广东省政府印发了《关于实施商标品牌战略的指导意见》，提出要在3年内，初步形成以自主品牌建设为主的商标品牌战略体系。对商标品牌战略的重点发展领域作出规划，明确了各项工作措施和保障措施，促进商标品牌战略的稳定实施。同时，为了保证品牌战略的有效实施以及评价工作的有序进行，广东省又相继出台了一系列涉及品牌评价的政策，例如《广东省名牌产品（工业类）管理办法》《广东省名牌产品（农业类）管理办法》《广东省名牌产品评价工作实施细则》《广东省名牌产品评价体系》《广东省名牌战略推进委员会议事规则》《广东省名牌战略推进委员会专业委员会工作规则》以及2002～2016年的年度广东省名牌产品评价实施细则和方案等规范性文件。广东省对培育品牌最突出的方式是采用奖励方式，部分地区奖励情况如表5-3所示。

表 5-3　2009~2016 年广东省部分地方政府奖励政策表

发布时间	地区	发文字号	奖励内容
2016 年	肇庆市	肇府函〔2016〕110 号	对 2015 年度新获"广东省名牌产品"称号的企业予以通报表扬,并给予每家企业一次性 15 万元的奖励
2013 年	东莞市	东府办〔2013〕127 号	对以行政认定方式获得中国驰名商标称号的企业,按企业当年实际缴纳企业所得税的 30% 计算,一次性给予最高不超过 100 万元、最低不少于 50 万元的奖励;对新获得广东省著名商标、广东省名牌产品的企业,按企业当年实际缴纳企业所得税的 30% 计算,一次性给予不超过 30 万元、最低不少于 15 万元的奖励
2013 年	韶关市	韶府〔2013〕16 号	对韶关市 2012 年获得广东省名牌产品、著名商标称号的企业予以通报表彰,并给予每项 20 万元的奖励
2009 年	惠州市	惠府办〔2009〕87 号	中国名牌产品、中国驰名商标各一次性奖励 100 万元;广东省名牌产品、广东省著名商标各一次性奖励 15 万元
2009 年	东莞	东府办〔2009〕161 号	对新获得"中国名牌产品"、中国驰名商标称号的企业,给予一次性 100 万元奖励;对新获得的"商务部重点培育和发展的出口品牌"称号的企业,给予一次性 50 万元奖励;对新获得"广东省名牌产品""广东省著名商标"称号的企业,给予一次性 30 万元奖励

（2）广东省主要品牌经济政策简析

2008 年 6 月,广东省经济贸易委员会发布了《广东省名牌带动战略实施方案》对原有 2003 年出台的名牌带动战略实施方案做出修订。该方案的主要内容包括五个方面:①实施名牌带动战略的重要意义、基本目标和指导思想;②加强对实施名牌带动战略的领导与协调;③做好对名牌的评价认定和管理工作;④加强政府的引导和培育工作;⑤充分发挥名牌带动效应，提高产业和地区竞争力。并且在方案后附录了《广东省名牌产品（工业类）管理办法》《广东省名牌产品（农业类）管理办法》以及《广东省名牌服务机构（商贸流通类）管理办法》等文件。该方案指出在品牌创建、培育、管理和保护等阶段，注重树立区域品牌形象，借以带动产业结构调整，并出台一系列政策及文件进行规范。实施名牌带动战略，有助于提高广东省产品质量总体水平、企业开拓市场能力和产业整体素质，提高产业国际竞争力，有助于优化产业结构和企业组织结构，优化社会资源配置。《广东省名牌带动战略实施方案》对实施名牌带动战略提出了具体目标，即要在 2010 年形成一批具有自主创新能力、行业主导能力和市场竞争优势的广东名牌，全省的名牌产品总销售额占全省工业产品销售收入的四成，还要创建 30 个在国内外具有一定影响力的品牌，5 个在国内外具有较大影响力的品牌。方案同时还提出相关部门要制定相关扶持政策要扶持名牌企业做大做强，不断加大对名牌企业的扶持培育工作力度。方案提出要通过区域品牌建设加快全省产业结构优化升级，发挥好名牌企业在产业链中的核心作用。

2012 年，广东省政府印发了《关于实施商标品牌战略的指导意见》（以下简称《意见》），对实施商标品牌战略提出了发展目标：到 2015 年，初步形成以促进自主品牌建设为主要内容的商标品牌战略实施体系。在先进制造业、高新技术产业、现代服务业、战略性新兴产业和现代农业等领域培育一批具有国际竞争力的品牌。《意见》对商标品牌战略的重点发展领域作出了规划：努力打造文化产业品牌，着力配合现代产业品牌，扶持发展特色农业品牌，做大做强传统优势产业品牌。另外，广东省从优化商标注册，提升企业品牌竞争力，提高品牌管理水平，实施品牌国际化，营造品牌战略实施政策环境，健全品牌保护体系六大方面采取措施，培育著名品牌。《意见》对于实施品牌战略的主要保障措施也提出了相关指导：要加强商标品牌战略实施的组织领导，引导行业协会、中介组织参与商标工作和品牌建设，加强对商标品牌战略实施的资金投入，加强商标品牌知识的宣传教育；强化商标品牌战略实施的考核评估五个方面入手对商标品牌进行全方位保障。

2016 年，广东省委、省政府发布了《中共广东省委、广东省人民政府关于实施质量强省战略的决定》（以下简称《决定》），明确提出要着力推动质量创新，全面提升产品、工程、服务、环境质量水平和全要素生产率，增加中高端产品和优质服务供给，加快广东制造向广东创造转变、广东速度向广东质量转变、广东产品向广东品牌转变，推动广东省成为全国质量发展的排头兵、质量创新的先行地、质量探索的实验区。《决定》指出，要从企业、产业、区域3个层面部署品牌建设，鼓励中小企业培育和优化商标品牌，支持大型骨干企业创建具有国际影响力的知名品牌；实施"十百千"品牌培育工程；提出构建区域认证制度，形成市场与社会公认的区域综合品牌，推动粤港优质名牌产品互认。

5.2.3 贵州：创新发展

2015年5月26日至29日，首届"贵阳国际大数据产业博览会暨全球大数据时代贵阳峰会"在贵州省贵阳市召开。根据官方统计，此次数博会共有来自全球大数据领域的380余家领军企业亮相，展会面积约6万平方米，开展以来观展人数已突破6.4万人次。此次数博会还吸引了中央电视台、路透社、华尔街日报等65家国内外知名媒体参与报道，相关新闻网络点击量超过4.55亿人次。仅开幕前两天，共签约了58个代表性项目，涉及金额240余亿元。作为不靠海、不沿边的内陆城市，贵州优化发展思路，顺应产业发展趋势，抢抓发展大数据的历史机遇，于2014年5月率先出台《贵阳大数据产业行动计划》，明确提出将大数据产业打造成经济发展的重要增长极。这种超前谋划的战略思维，使贵州牢牢抢占了未来发展的制高点，为打造"中国数谷"绘出了清晰蓝图。在不到一年的时间里，贵州奇迹般地创造出五个"中国第一"——中国首个大数据战略重点实验室、中国首个全域公共免费Wi-Fi城市、中国首个"块"上集聚的大数据公共平台、中国首个政府数据开放示范城市和中国首个大数据交易所。贵州破解了信息时代的"结"、抓住了互联网时代的"数"，"中国数谷"正在崛起。

（1）贵州省品牌相关政策发布统计

继"物联网""云计算"和"移动互联网"之后，大数据成为又一个对人类的生活、工作和思维方式产生深刻影响的技术变革。贵州省领导敏锐意识到大数据对于贵州省而言，正是一个弯道超车的机会。数据中心建议对电力和温度相对要求较高，而贵州则在这两方面具有优势。为了配合强力推进大数据战略行动，该省颁布大数据发展应用促进条例，出台大数据战略行动建设国家大数据（贵州）试验区"1+8"系列文件，发布实施全国首个大数据产业发展引导目录，一大批国内外大数据优质企业落户贵州。政府数据"聚通用""20朵云"329个应用系统迁入"云上贵州"。电子商务交易额增长26.9%，电子商务成长指数居全国第1位。

　　围绕打造大数据品牌，贵州省和贵阳市先后出台了多项相关地方法律法规政策，以确保从制度上推进大数据品牌建设。例如，在《贵州省大数据产业发展应用规划纲要（2014—2020年）》中特别提到，贵州地理位置属亚热带季风湿润气候，夏季平均气温低于25℃；电力价格具有竞争优势，贵州省工业用电平均价格明显低于国内其他地区。中央政府也正在把北京的资源带到贵州：中国首个大数据交易所和中国首个众筹金融交易所——贵阳大数据交易所和贵阳众筹金融交易所分别于2015年4月和5月成立，从金融层面给予大数据产业支持。上述交易所沿用了政府搭台、企业唱戏的模式。其大股东均来自国有企业，贵阳大数据交易所还有九次方大数据、富士康等参投，贵阳众筹金融交易所有北京特许经营权交易所、领筹网等参投。参投的公司大多不是贵州企业，但它们其实是绝对主角。

　　贵州发展最大的优势还是在于政府的政策，推动力比较大，相关大数据品牌政策统计如表5-4所示。为支持大数据产业发展，贵州省另一项制度创新是力图打造众筹金融生态圈。同时，贵阳大数据交易所把大数据转换为资产，在全球进行"买卖"。交易所作为中介，负责对数据进行保密清洗、分析、建模，把底层数据变成可视化数据，解决数据如何保护隐私、数据所有权等问题。

第5章 我国各地区品牌经济政策研究

表5-4 2016年贵州省部分大数据品牌政策表

发布时间	政策名称
2016.11.11	贵阳市人民政府办公厅关于印发《贵阳市大数据及网络情况摸排暨信息系统等级保护工作推进方案》的通知
2016.11.01	贵州省人民政府办公厅关于印发贵州省政务数据资源管理暂行办法的通知
2016.10.11	贵阳市人民政府办公厅关于印发《运用大数据管控、考核违法建筑的专项行动计划》的通知
2016.07.11	中共贵阳市委关于以大数据为引领加快打造创新型中心城市的意见
2016.05.20	贵阳国家高新区管委会关于印发《贵阳国家高新区促进大数据技术创新十条政策措施（试行）》的通知
2016.05.06	贵州省人民政府办公厅关于印发贵州省运用大数据加强对市场主体服务和监管的实施方案的通知
2016.04.27	贵阳市人民政府办公厅关于印发贵阳市大数据相关产业统计监测指标体系实施方案的通知
2016.03.10	贵阳市人民政府关于印发《贵阳市人民政府与北京市科学技术委员会共建大数据战略重点实验室工作方案》的通知
2016.01.15	贵州省大数据发展应用促进条例
2016.01.08	贵阳国家高新区加快推进大数据"1+N"产业发展实施意见

采用文献研究法，设定数据范围为"北大法宝—法律法规数据库"，检索标题为"大数据"，条件为"地方法规规章"，进行"精确"检索，共查询到29篇贵州省地方法规规章，政策总量排名全国第1位，足见贵州省对发展大数据品牌的重视。

（2）贵州省主要品牌经济政策简析

贵阳市发展大数据产业，建设大数据基地，推进大数据应用，是贯彻落实国务院《"宽带中国"战略及实施方案》《关于促进信息消费扩大内需的若干意见》《关于进一步促进贵州经济社会又好又快发展的若干意见》以及贵州省委、省政府《关于加快信息产业跨越发展的意见》等重要举措，是以科技创新为引领，大力发展高新技术产业和现代制造业的具体抓手，是依托中关村贵阳科技园和贵安新区大数据基地，发挥区位和环境等特色优势的选择。

2014年2月，贵州省政府颁布《关于加快大数据产业发展应用若干政策的意见》（以下简称《意见》）、《贵州省大数据产业发展应用规划纲要（2014—2020年）》，旨在系统研究贵阳大数据产业的规划、布局、政策和落地的相关支持文件，为加快贵阳市大数据产业发展提供指导，计划期为2014~2016年。《意见》从加快大数据基地建设、创新机制培育市场、支持大数据科技创新、加快信息基础设施建设、建立大数据产业投融资体系、建立大数据产业投融资体系、强化组织领导八个方面给予指导，提出到2017年，形成1~2个大数据产业示范园区，引进和培育30家大数据龙头企业，聚集500家创新型大数据相关企业，通过大数据带动相关产业规模达3000亿元，引进大数据领军人才100名，引进和培养高端人才5000名，建成全国领先的大数据资源中心和大数据应用服务示范基地。该纲要提出贵州将以三个阶段推动大数据产业稳步快速发展，到2020年成为全国有影响力的战略性新兴产业基地。

2015年3月，贵阳市政府发布了《贵安新区推进大数据产业发展三年计划（2015—2017）》。按照该计划，贵阳市贵安新区三年内将培育10家核心龙头企业、500家大数据应用和服务企业，引进和培养2000名大数据产业人才梯队，建成国内重要的大数据产业示范区；建设6个以上行业资源云平台，支持6类以上大数据商业应用系统的研制，支撑智慧城市建设；创新投融资方式，力争大数据发展基金、大数据创业投资基金等资金规模达到20亿元，通过大数据带动相关产业规模达到1500亿元。贵阳市贵安新区将实施完善"贵安云谷"基础设施、建立大数据资源平台、搭建公共服务平台、加速产业集聚示范等重点工程和项目。贵阳市贵安新区将以"贵安云谷"为载体，承接数据存储、分析应用、配套服务等项目的落地建设，重点加强信息基础设施建设，全面推进园区综合信息设施管网及大容量光纤骨干网建设，争取与贵阳市共同申报国家级互联网骨干直联点及开展综合保税区国际互联网直连通道工程，确保两地通信网络出口带宽提升一个数量级。2016年实现云谷宽带全覆盖，2017年将贵安新区建设成为区域性关键网络节点。同时，通过支持建立和引进大数据研发中心、工程技术（研究）中心等技术创新和产业化机构，开展大数据分析关键算法与业务模型研究以及关键技术产品攻关，支持大数据企业、高校院所设立博士后科研流动站（工作站）、工程（技术）研发中心、重点实验室等人才发展平台等措施，优化技术创新支撑环境。在大数据资源平台搭建方面，贵安新区计划搭建贵州省、中央政府部门、行业企业、大数据资源交易等大数据资源平台，建立健全各类别、各行业数据资源服务及交易体系，深化园区信息服务能力。同时，加强与贵阳市数据资源平台、公共服务平台等互联、互通、共享，引导贵阳市各数据资源平台后台及运营中心落户新区三大运营商数据中心。

2015年7月，贵阳市发布了《贵阳市大数据综合治税推进工作方案》（以下简称《方案》），其中，明确贵阳市将利用大数据、云计算、块数据等最新的技术搭建综合治税平台，以提升贵阳市财税管理能力和水平。根据《方案》，贵阳市将搭建涉税法人基础信息库、涉税个人基本信息库、涉税行业信息库等，接收来自政府数据交换共享平台的"块数据"，为综合治税应用提供可靠、安全的数据支撑，同时完成原综合治税系统历史数据迁移工作，形成大数据综合治税主题库。

5.3 本章小结

区域品牌集群要快速发展需要政府的参与和扶持。在优化区域品牌发展环境上，政府要做到注重营造舆论环境，增强区域品牌的影响力；注重改善创业环境，增强区域品牌的成长力；注重完善市场环境，增强区域品牌的竞争力；注重优化服务环境，增强区域品牌的保障力注重创造文化环境，增强区域品牌的创新力。

政策是代表国家前进的方向和政府的意志，在推进我国政策组织与体系的协同发展过程中，首先要对我国品牌政策进行基础的梳理。在我国品牌政策中，品牌政策发布的主体主要有商务部、工业和信息化部、国家工商行政管理总局、国家质量监督检验检疫总局、国家发展和改革委员会等政府部门。同时，各个地方政府部门也会出台有关于本地区的品牌发展政策。从我国品牌建设的历程来看，我国政府所颁布的关于国家品牌建设的政策明显以改革开放为分界点，改革开放后，我国品牌经济步入快速发展阶段。从品牌政策分布而言，在产业方面，以农业品牌政策作为基础，以工业为支撑支柱，服务业则是未来的发展方向。同时，面对大数据，云计算等新技术的发展，又新增了对于新兴产业的品牌政策。在地区品牌政策分布而言，整体呈现政策数量东多西少的格局，中西部地区品牌政策数量较少，使我国地区性品牌政策不协调，从侧面反映出我国区域性经济发展的不协调性。

第三篇

品牌经济的战略思辨

第6章 品牌经济与创新发展战略

18世纪蒸汽机的发明和应用促进了社会生产力的巨大进步，第一次凸显了科学创新的生产力功能；19世纪70年代的电气化时代掀起了第二次技术革命，促使产业结构发生了质的改变，带动了一大批技术密集型产业的兴起；20世纪50年代以来，微电子技术的发明和应用所带来的信息革命，推动了世界范围内社会生产关系的变化，给各国经济的发展带来了崭新的挑战与机遇。技术革命是历史发展的助推剂，而创新正是其中最为关键的燃料，正是因为在科学技术、政治体制、经济结构中的不断创新，才使得人类社会不断地前进。进入21世纪以来，随着经济全球化与信息时代的来临，在竞争越发激烈的国际市场上，创新成为至关重要的发展手段。美国管理学大师托马斯·彼得斯曾经说过，对于现代企业来说，距离已经消失，要么创新，要么死亡。同样的，创新发展战略的规划与实施对品牌经济的发展起到了重要的推动作用。

6.1 创新发展战略的内涵与意义

在中共第十八届五中全会上，习近平总书记强调，要实现"十三五"时期的发展目标，破解发展难题，厚植发展优势，就必须牢固树立并切实贯彻创新、协调、绿色、开放、共享的发展理念。在五大发展理念之中，创新是一个贯穿一切工作的重要理念，特别是对于经济领域的发展来说，更是非常关键的指导思想。习近平总书记在党的十八届五中全会中提出："坚持创新发展，必须把创新摆在国家发展全局的核心位置，不断推进理论创新、制度创新、科技创新、文化创新等各方面创新，让创新贯穿党和国家一切工作，让创新在全社会蔚然成风。"这段表述非常清晰地揭示了我国当前创新发展战略的基本蓝图。

对于现阶段的中国，创新发展战略提出的重要意义在于强调了创新是一切发展的基础。首先，从国家发展的角度来看，作为全球第二大经济体与最大发展中国家的中国目前正处于经济转型升级过程中的关键节点，国内国际环境较为复杂，且没有现成的转型经验可以参照和仿效，需要根据中国的具体国情来摸索，从各方面开展全面创新，也就是说，在这一过程中所走出来的具有中国特色的发展路径，是需要依靠创新获得的。其次，从经济发展的角度来看，在现阶段的经济发展过程中，要培育发展新动力，优化资源要素配置，保持经济稳定持续增长，就必须激发创新创业活力，释放新需求，创造新供给，推动新技术、新产业、新业态蓬勃发展。我国在国际分工中长期处于微笑曲线的底端，承担了大量廉价的人工劳动，整体效益较低。随着新一代信息技术的迅猛发展，移动互联网、物联网、云计算陆续诞生，为我国实现弯道超越提供了有利的环境，创新可以不断催生新业态、新产品、新市场，在这些新生领域我国可以掌握核心科技与知识产权，保持经济活力，提升在国际分工中的地位，扩大在国际市场中的影响力。最后，从市场环境角度来看，创新发展战略的提出，使我国政府着力构建有利于创新发展的市场环境，通过创新政府管理手段，减少政府对微观经济活动的干预，实现行政审批与市场监管的分离，充分释放市场活力。在这一大背景下，市场主体在经营发展过程中面对的是更加有保障的制度，更加自由的环境，更加公平的平台，在其知识产权和创新成果可以得到有力保障的情况下，企业更倾向于挖掘新的消费增长点，除了在传统的"分蛋糕"过程中不断竞争，还乐于做大"蛋糕"，因为每一个产品的创新，都会为公司带来新的市场，提升公司的影响力，从过去的模仿者逐渐转变成引领者。

事实上，无论是在推进改革中强调"把科技创新摆在国家发展全局的核心位置"，还是在经济转型中提出"科技发展的方向就是创新、创新、再创新"，创新发展都是习近平总书记重要的执政思路。在天津视察时习近平总书记就指出"科技创新是提高社会生产力的战略支撑，必须摆在发展全局的核心位置"；在湖南视察时又说"我国经济发展要突破瓶颈、解决深层次矛盾和问题，根本出路在于创新，关键是要靠科技力量"。2016年，在杭州举行的G20峰会上，习近平总书记更是通过钥匙与锁的妙喻指出"创新是从根本上打开增长之锁的钥匙"。

由此可以看出，创新发展战略的实施意味着未来中国的发展将从传统的依靠劳动力驱动与资源驱动模式转变为依靠科技创新驱动，创新发展战略是实现可持续发展的可靠路径，是现阶段供给侧结构改革的必然选择，是实现我国经济平稳快速增长的有力保障。

6.2 品牌经济与创新发展战略的关系

长期以来，我国经济高速增长，科技发展取得了很大成绩，但是仍存在创新能力、自主技术和知名品牌缺乏，科技成果转化率、科技进步贡献率与发达国家仍有不小差距的现实困境。同时，在我国的巨量出口产品中，大多数仍然是初级产品，中国的品牌产品在国际品牌的竞争中并不占据优势。比如，在2016年Interbrand发布的全球品牌百强榜中，仅有华为和联想两家中国企业上榜，说明我国虽然是一个制造大国，却不是一个品牌强国。大部分出品产品在中国的生产是以贴牌的方式进行，自主品牌缺乏竞争力，所以现阶段要实现"中国制造"要转变为"中国创造"，"中国产品"要转变为"中国品牌"，还有相当长的路要走，可以说创新不足仍然是制约我国经济社会可持续发展的基本因素。为此，"十三五"规划将创新摆在国家发展全局的核心位置，致力于有效避免"中等收入陷阱"，实现中国经济社会的可持续发展。可见，创新发展战略与品牌经济的发展之间存在紧密的联系，创新发展战略在为品牌经济提供良好发展机遇的同时，品牌经济也成为创新发展战略价值体现之所在。

从创新发展战略为品牌经济提供良好发展机遇的角度来看，创新驱动这一发展模式，将会提升中国企业的技术水平，在生产的关键环节掌握核心科技，提升产品的质量与竞争力，有利于品牌经济的发展。在国务院印发的《中国制造2050》中指出，要"坚持把创新摆在制造业发展全局的核心位置,完善有利于创新的制度环境,推动跨领域跨行业协同创新,突破一批重点领域关键共性技术,促进制造业数字化网络化、智能化,走创新驱动的发展道路。完善以企业为主体、市场为导向,'政产学研用'相结合的制造业创新体系。围绕产业链部署创新链,围绕创新链配置资源链,加强关键核心技术攻关,加速科技成果产业化,提高关键环节和重点领域的创新能力"。同时也强调"引导企业制定品牌管理体系,围绕研发创新、生产制造、质量管理和营销服务全过程,提升内在素质,夯实品牌发展基础。扶持一批品牌培育和运营专业服务机构,开展品牌管理咨询、市场推广等服务。健全集体商标、证明商标注册管理制度。打造一批特色鲜明、竞争力强、市场信誉好的产业集群区域品牌。建设品牌文化,引导企业增强以质量和信誉为核心的品牌意识,树立品牌消费理念,提升品牌附加值和软实力。加速我国品牌价值评价国际化进程,充分发挥各类媒体作用,加大中国品牌宣传推广力度,树立中国制造品牌良好形象"。从中我们可以看出,创新是推动产业发展的基础要素,而创新驱动战略的实施为品牌经济的发展提供了非常好的基础条件。

创新是品牌发展的基础,或者说,创新为品牌演化提供了原材料,通过创新研发出新的产品、设计出新的外观、提供新的服务,这些都为构建品牌打下了坚实的基础。以苹果公司为例,在产品的设计与推出上并不是依靠模仿和追赶潮流,而是基于创新进行研发,将消费者需要的产品推荐给消费者,让消费者跟着公司的研发创新不断开辟出新的市场。从 1977 年苹果公司发售个人电脑以来,苹果公司陆续推出了 iPod、iPhone、iPad、iWatch 等产品,几乎每款产品都具有划时代的意义。可以说,苹果公司是将技术创新与品牌构建结合最完美的公司之一,它通过技术创新设计出全新的产品,产品线之间又保持着苹果公司共同的外观设计特点,营造出独特的品牌标志与特点,其先进的技术与独特的产品体验感使得消费者趋之若鹜,在苹果公司发售手机之前,市面上流行的是以塞班系统为主的诺基亚手机,但是苹果公司在手机的设计上坚持了苹果系列产品的生态圈闭环构建,使自身的 iOS 系统在手机上的创新完美落地,使得产品具有独特性,不仅在使用感和方便程度上给消费者在带来新的体验，也利用其独特的品牌文化和特点吸引了更多消费者，从而获得了巨大成功，市场占有率不断提升。可以说，苹果公司的成功除了其优秀的营销策略、服务标准、产品质量等重要因素外，其创新性也是重要的原因，只有不断创新，研发出具有创新性的产品，制造新的蓝海市场，不仅可以使自己始终处于行业领先地位，也大大增强了竞争壁垒，使其先驱者的形象深深印刻在消费者的意识中，也使其追随者的宣传与模仿都间接地为自己的产品做广告。与之相对的就是，曾经盛极一时的柯达公司，因为在数码相机诞生后没有及时创新转型，不但由于胶卷行业没落而逐渐式微，更是错失了最佳的转型时机。

　　从品牌经济作为创新发展战略价值体现这一角度来看，品牌经济的发展是创新科技成果转化的有力保障条件，也是创新发展战略在企业中推进实施的激励因素，是创新理念有效推广的价值依托。在国务院印发的《关于发挥品牌引领作用推动供需结构升级》中强调，"发挥品牌引领作用，推动供给结构和需求结构升级，是深入贯彻落实创新、协调、绿色、开放、共享发展理念的必然要求，是今后一段时期加快经济发展方式由外延扩张型向内涵集约型转变、由规模速度型向质量效率型转变的重要举措。发挥品牌引领作用，推动供给结构和需求结构升级，有利于激发企业创新创造活力，促进生产要素合理配置，提高全要素生产率，提升产品品质，实现价值链升级，增加有效供给，提高供给体系的质量和效率；有利于引领消费，创造新需求，树立自主品牌消费信心，挖掘消费潜力，更好发挥需求对经济增长的拉动作用，满足人们更高层次的物质文化需求；有利于促进企业诚实守信，强化企业环境保护、资源节约、公益慈善等社会责任，实现更加和谐、更加公平、更可持续的发展。"由此我们可以看出，品牌经济的发展反过来也可以促进我国创新发展战略的有效实施与深入推广。

　　科技成果转化一直是创新战略的重中之重，如果没有一个合适的方式使创新科技成果得以进入市场，那么该成果就不具备实际价值。每年都有大量的专利闲置在专利库中，无法有效地变现，造成了资源的浪费。举一个简单的例子，早在"二战"时期，迪士尼先生就成功地推出了一系列动画短片并获得了成功，但没有在全球范围内造成巨大的影响，甚至一度因为动画片的管理和内容受到多方挤压，公司一度濒临破产。随后，美国政府主动承担了迪士尼公司的部分推广费用，要求迪士尼公司做一系列动画片来进行宣传，扩大影响力，自此，迪士尼先生就以迪士尼为名创建了公司，并且以这个品牌为基础，设计了大量的动画片与动漫人物，通过对品牌的打造与推广，使得迪士尼成为当今世上首屈一指的娱乐王国，对于迪士尼公司来说，打造品牌至关重要，不仅把原有的动漫、影视等进行整合，还通过营销推广迅速提升了其在全球的影响力。也就是说，品牌的打造与构建也可以为创新发展提供一条具有保障的落地途径。

6.3 品牌经济与创新发展战略的作用机理

创新发展战略与品牌经济之间有着紧密的关系，二者相互影响，相辅相成，互相促进。创新发展战略是品牌经济得以发展的内在需求与动力，也能为品牌经济营造良好的基础环境，同样，品牌经济也能为创新战略的落实提供保障与实现途径。为了进一步分析二者的作用机理，下面将从不同层面对品牌经济与创新发展战略进行分析。

6.3.1 创新是品牌经济发展的内在需求与驱动力

品牌经济是一种以品牌为核心，整合各种经济要素，带动经济整体运营的市场经济高级形态。在发展品牌经济的过程中，需要重视对品牌的培育与推广，其中，质量、诚信与创新是缺一不可的关键要素。质量是品牌的生命，确保质量水平，是培育和创造品牌的前提；诚信是品牌的保障，只有形成良好信誉，才能培育品牌的忠诚度、树立品牌的美誉度；创新是品牌发展的动力，只有不断创新，才能使产品和服务不断满足市场需求。由此可见，创新对于品牌而言是非常重要的内驱力，可以保障企业长久活力。

品牌经济的发展本身就需要创新，不论是开拓新的市场需求，还是在成熟的市场中增加自身的竞争优势，或是在夕阳产业中及时升级转型，都离不开创新。第一,创新发展战略可以通过挖掘消费需求来促进品牌经济的发展。所谓创新,最明显的特征就是打破常规,提出新的思路与新的路径,同样,在消费市场中,创新最重要的价值不在于分"蛋糕"的过程,而在于做大"蛋糕"的能力。创新有助于在市场中为消费者挖掘出新的消费需求,创造新的市场,在这个市场中,创新的引领者自然就成为一个优秀的品牌。举例来说,创新产品可以带来新的市场,比如索尼公司率先设计的随身听,标志着便携式音乐理念的诞生,在此之前,需要将磁带放入笨重的录音机中,索尼公司创新地提出了随身听的概念,从最初的播放磁带的卡带式随身听到磁盘式随身听,再到升级版的MP3,索尼公司在便携式音乐的道路上可谓是一骑绝尘,从而奠定了其在消费者心目中的地位。利用创新产品的发售,索尼公司打造了自身的品牌形象,提升了品牌价值,扩宽了新的市场。同样的,创新服务也能为企业的品牌带来重要意义,比如最近非常火爆的共享单车,摩拜单车创新性地提出了单车共享的服务理念,不仅使消费者对摩拜这个品牌有了认知,也使得消费者在想到共享单车这一项全新的服务模式时,首先会联想到摩拜单车。

第二,创新发展战略可以使处于竞争激烈行业的企业获得竞争优势,并不是所有的创新成果都能开拓一个全新的市场,但是创新可以优化现有市场产品中的品质,使品牌企业打造出自己独特的竞争优势,进而吸引消费者。比如大疆的无人机,该公司并不是全球最早进入无人机市场的公司,但是截至2016年,大疆创新在全球已经提交的专利申请超过1500件,获得专利授权400余件,着力于无人飞行器控制系统及无人机解决方案,并不断创新,在电路系统、无线通信、农业无人机等领域不断前进,成为全球继谷歌和特斯拉之后的第3位电子产品创新型公司,在全球无人机领域取得了强有力的优势。由此可以看出,对于已经有其他公司进入的市场,后发未必是劣势,只要保持企业自身的创新水平,就可以迅速实现赶超,同时对于大疆来说,创新还在于不断拓宽无人机应用领域,除了传统的航拍、遥感测绘、搜索救援等领域,大疆还结合自身的积累与优势,不断开发新的无人机类型,使得无人机消费者的范围不断扩大,并最终在全球市场构建起强势的大疆无人机品牌,成为我国在全球创新型企业竞争中的优胜者。

第三，创新发展战略还可以使品牌及时升级转型，避免衰落。每一个品牌在培育建设的过程中，都会着力于构建其独一无二的品牌形象与个性认知。品牌认知的稳定性是品牌形象一致性的基本要求，一致性高的品牌更容易获得消费者的情感连接，增强消费者对品牌声誉的认可度。但是，这并不意味着品牌在发展的过程中可以墨守成规，停滞创新的脚步。随着全球经济、政治、社会环境的不断变化，整个市场也在不断发展，在层出不穷的新技术的推动下，人类社会也在不断前进，消费者的需求也随之不断升级，因此，要想持续满足消费者的需求，就需要始终坚持创新驱动的发展理念。IBM 公司作为全球知名的信息技术公司，不断坚持创新，紧扣时代发展潮流，主要业务从最初的商业打字机，到文字处理机、计算机，再到目前的软件应用，IBM 公司始终坚持创新。截至 2016 年 6 月，IBM 公司在美国共有 8088 项专利，连续 24 年高居美国企业专利数量榜首，不断的创新使得 IBM 公司敏锐地发现已有市场中存在的衰落风险，并及时将夕阳产业打包出售，投入新的研发浪潮中，成立超过百年时间却依然充满活力，2017 年，IBM 公司入选全球 50 大最聪明公司榜单。创新发展战略作为企业内部的内在驱动力时，可以使企业始终充满活力并及时针对现有结构进行升级重组，这也使得其品牌始终不被时代所淘汰，在继承了旧日的历史与记忆之外，能够一直获得消费者的信赖与青睐，不断发展。

6.3.2 创新为品牌经济发展营造良好的基础环境

品牌经济是生产力与市场经济发展到一定阶段的产物，是企业经营的高级形态，代表着一种新高度的经济文明。品牌经济不仅具有市场经济的基本要素，同时也具备市场经济初级阶段不具备的新经济要素乃至新文化要素，具有一系列新的结构、规范、秩序。简单来说，只有当市场经济发展到一定程度，才能有效地发展品牌经济。当整体经济水平较为薄弱时，发展品牌的投入和产出会比经济发达地区的投入产出低，因为其面对的是不规范的市场监管环境，需要在维权和自我保护领域加大投入成本。现阶段，中国经济平稳增长，居民收入快速增加，中等收入群体持续扩大，消费结构不断升级，国内生产总值同比稳定上升，恩格尔系数持续下降，整体经济已经发展到一个良好的阶段，非常适合发展品牌经济。为此，我国企业应该抓住国际分工结构调整、资本跨境重新配置的机会，争取更加有力的分工地位，从以低端供给为主的生产端解放出来，扩大中高端供给，占据高附加值的分工环节。在这一过程中，创新驱动的发展模式不仅为品牌经济提供了由中国产品向中国品牌转变的技术支持，更重要的是，为品牌发展提供了良好的基础经济环境。

通过实施创新发展战略，不仅能够促进经济增长质量的提升，改善经济增长的结构，提高经济增长的效率，降低资源和环境代价，改变过去经济增长对于环境的破坏和资源的消耗，还能够改善经济增长的供给面，提升经济增长的潜力，实现从依靠资源扩张为主的规模优势到依靠科技进步的竞争优势转变，促进经济增长新动力的形成。通过对创新发展战略的落实，会带来创新投入的增加，自主创新水平的提高和创新环境的构建，对品牌经济的发展起到促进作用。

首先，从增加创新投入的角度来看，推进创新发展战略就要加大对科技创新的投入，使得资源向创新领域流动和集聚，优化整体的投资结构。在这一过程中，不仅涉及对物质资本的投入，还涉及对人力资本的投入，这就要求提高劳动者的整体素质，同时也为重点研发和孵化环节提供必要的资金支持，有效促进新技术的成果转化率。无论是科技成果的有效转化还是优秀创新人才的培养，都是品牌经济发展过程中必不可少的环节，前者可以为品牌产品的创新提供技术支持，后者则是品牌培育推广中得以获得成功的有力保障。

其次，从提升自主创新能力的角度来看，我国过去的生产方式主要是以模仿为主，使得我国面临着边际收益递减和技术水平始终处于落后阶段的严重问题，造成了我国产品原创性的不足。大量贴牌产品和代工产品使得我国的制造业始终处于微笑曲线的中部，不掌握核心科技，就无法凸显产品的独特性，从而也就无法为产品的品牌培育提供土壤。当自主创新水平提升后，先进的技术将会带来优秀的新产品，在市场上获得消费者的关注，为品牌经济的发展提供更好的基础条件。比如苹果公司，正是由于其不断地推陈出新，引导消费者的消费需求，通过技术的

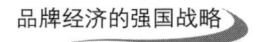

提升重新定义了家用电脑、手机、平板电脑和智能穿戴的产品价值，不仅开拓出崭新的市场，更是极大地提升了自身的品牌价值，获得了消费者的认可与追捧。

最后，从优化创新环境的角度来看，在传统的创新环境中，创新活动往往是在产业升级和产业转移的背景下，以适应工业化和城市化要求的"倒逼机制"原理而形成的。在这种背景下，企业进行创新活动的成本和收益并不一致，容易导致企业创新缺乏内生动力，只有通过良好的制度使企业内部自发、自觉进行创新，变被动创新为主动创新，优化创新整体环境，进而提升区域整体经济发展水平。

以北京市为例，在2011~2015年，规模以上工业企业的研发投入与地区生产总值之间呈相同的变化趋势，虽然还有其他影响因素，但是科研经费的投入却在很大程度上促进了地区生产总值的提升。同时，从第一、第二、第三产业的增加值可以看出，这五年间，第一、第二产业的增长值基本上保持在一个稳定的水平上，但是第三产业却呈现出不断上涨的态势，这也说明科研经费的投入在一定程度上会促进第三产业的发展，从而有助于促进经济结构升级转型。同时，如果以商标注册数量作为品牌发展的指标来看，科研经费的投入与商标注册数量是呈正相关的，以上数据可以在一定程度上说明创新发展战略为品牌经济的发展提供了一个良好的发展环境与契机（见图6-1~图6-3）。

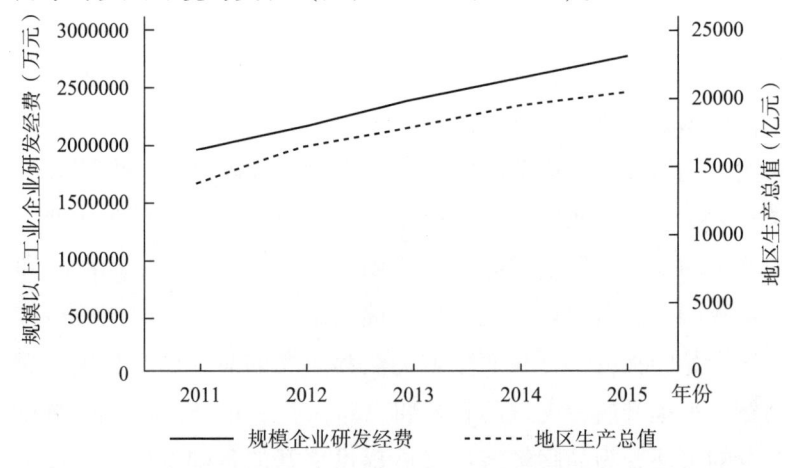

图6-1　2011~2015年北京市工业企业科研经费投入与地区生产总值的关系

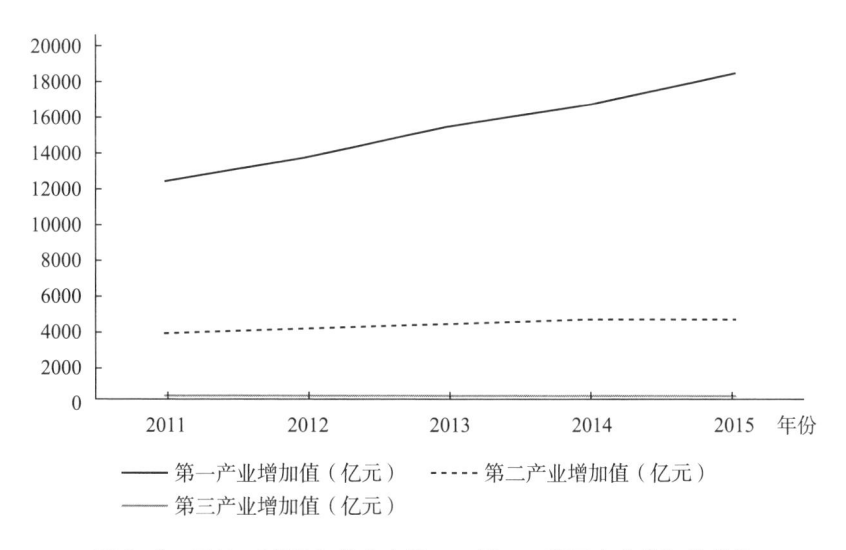

图 6-2　2011~2015 年北京市第一、第二、第三产业增加值趋势

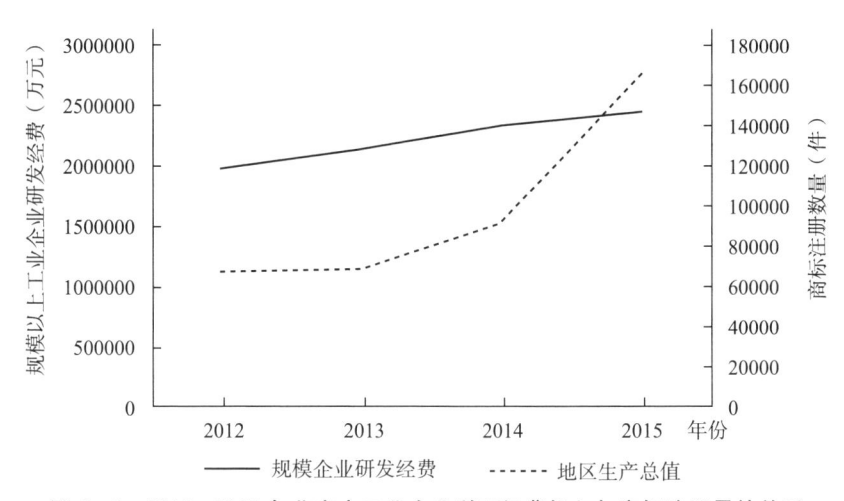

图 6-3　2012~2015 年北京市工业企业科研经费投入与商标注册量的关系

6.3.3　品牌经济为创新发展战略的落实提供保障

创新发展战略无论是直接驱动品牌经济的发展，还是通过为品牌培育提供良好的基础环境来间接促进品牌经济的建设，都是一种正向的作用机制。反过来，品牌经济的发展也是对落实创新发展战略的保障和促进。发挥品牌经济的调节功能，就是要发挥企业主体作用，切实增强品

牌意识，苦练内功，改善供给，适应需求，做大做强品牌。在这个过程中，也为大量的创新研究成果提供了市场。从这个角度看，品牌经济的发展无疑也为创新发展战略的实现提供了一条有效的路径。

在品牌培育的过程中，创新有着天然的竞争优势，这是因为在现代经济社会背景下，产品之间的同质性逐渐提升，如果想要在同类产品中凭借质量或其他营销手段来打造品牌，存在一定的难度。在这种情况下，如果想要使自身的品牌脱颖而出，就必须去开拓新的市场或是创造新的消费需求，这种现实的要求无疑就会激励企业的创新意识。也就是说，品牌经济的相关理念会激发创新发展战略的有效落实，这是因为在品牌价值中很关键的一部分来源于品牌在该产品目标市场中的进入时间与领导地位，如果企业基于创新发展战略，开发出了新的产品，打造出了新的市场，吸引了新的消费群体，那么，这个产品所对应的品牌在这一目标市场就具有了天然的优势。同时，在这种情况下，也会使许多优秀的研究成果得以进入市场，为创新的可持续发展提供经济保障。以目前比较热门的家用电器扫地机器人为例，其实扫地机器人的前身是真空吸尘器，发明于1901年，但是当时这项科技创新并没有得到广泛的关注，直到2002年，美国iRobot公司发现了这个创新成果，并将其利用起来，设计出了扫地机器人，使该产品迅速成为备受欢迎的家用电器，不仅进一步扩大了公司品牌的知名度和影响力，更是为这项创新成果提供了进入市场的途径，使得同类型的创新受到重视，不断发展。

品牌经济的蓬勃发展也有助于使企业的无形资产得到保护，促进科技创新成果有效落地和应用。2016年，我国共受理发明专利申请133.9万件，同比增长21.5%，连续6年居世界首位，授权发明专利40.4万件，其中，国内发明专利授权30.2万件，较2015年增长了3.9万件，同比增长14.5%，表明我国已成为专利申请的大国。但是，我国的科技成果整体转化率却始终较低，仅在企业中的专利应用成果转化率较高，换句话说，大量未转化科技成果主要是来源于高等院校和科研机构。这意味着，企业是提升科技成果转化率的重要组织，由于受到市场需求的影响，企业会积极利用所掌握的各种科技资源提升自身在市场中的竞争力，获得可以持续盈利的能力。那么，从这个角度看，优秀的企业不仅会自发地将科技创新成果用于生产实践，还能够消化其他机构的科研成果。一个企业如果想长期在市场中获得消费者的认可，并在国际市场上具备较强的竞争实力，那么培育自身强势品牌就是一种必然选择。

通过对优秀品牌的培育与发展，促进品牌经济的繁荣，提高企业的竞争力，增加科技成果转化的渠道，使我国大量的创新成果获得落地的现实渠道，这就是品牌经济对创新发展战略的重要保障作用。同时，在培育品牌的过程中，利用的创新研究成果，也可以转化为有保障的显性收益，进一步促进企业创新发展战略的热情。

6.3.4 品牌经济与创新发展战略作用机理构建

如图6-4所示，通过分析可以看出，创新发展战略和品牌经济之间存在明显的相互作用关系：一方面，创新发展战略可以直接影响品牌经济的发展，创新是品牌经济的内在驱动力，通过挖掘消费需求、获得竞争优势和促进升级转型等方式对处于不同阶段和不同市场环境的品牌发展产生促进作用。同时，创新发展战略也能间接促进品牌经济的发展，通过为品牌经济营造良好的经济、政治和社会环境等基础发展条件，增加创新投入，提升全社会创新能力，优化社会创新环境，保障了品牌经

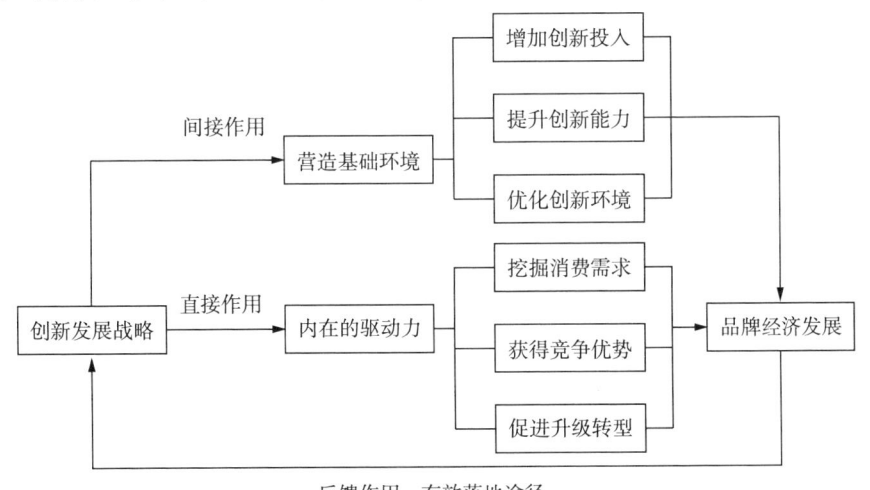

反馈作用：有效落地途径

图6-4 创新发展战略与品牌经济发展作用机理构建

济的健康成长；另一方面，品牌经济的发展也能反过来作用于创新发展战略，可以为创新发展战略提供落地的基础和保障，使得创新成果能够有效地转化成企业经营实践中的竞争力。

所以，从创新发展战略与品牌经济发展的内在作用逻辑来看，二者是密不可分的，这是因为创新的发展理念与品牌经济的发展需求与方向是一致的，二者相互影响，互相促进，为解决我国现阶段存在的品牌发展严重滞后于经济发展，产品质量不高、创新能力不强、企业诚信意识淡薄等问题提供了良好的解决渠道。

6.4　基于创新发展战略的品牌经济建设策略

根据上述创新发展战略与品牌经济发展之间的作用关系，我们可以看出来，创新发展战略可以直接和间接地促进品牌经济的发展，由此我们可以提出基于创新发展战略的品牌经济建设策略。

第一，鼓励企业自主创新，加速产品升级转型。创新发展战略对企业品牌的构建促进最直接的方式就是鼓励企业自身重视研发创新，将创新作为企业发展的必要手段，通过创新创造新的消费需求，扩大消费市场。同时，企业自身的创新研发也可以使企业在现有市场的竞争中脱颖而出，掌握核心技术，获得技术壁垒，构建品牌的独特价值。对于处在行业转型过程中的企业来说，创新可以帮助企业加快产品升级转型，紧扣时代需求变化，满足消费者的需求，保持品牌的新鲜度，营造良好的品牌形象，以创新型企业要求规划自身发展，促进品牌的健康发展。政府可以对企业的创新行为进行考核奖励，对重视创新或创新成果较多的企业进行扶持，使企业的创新行为受到正向激励。

第二，构建创新交流平台，促进创新成果转化。创新除了企业内部，更重要的是要在全社会营造出一种创新的氛围，将企业与高校、研究所、专利持有人等相关主体联系起来，在全社会大众创新思想的引领下，构建一个信息交流平台，为创新成果的转化提供有效的途径。品牌经济的发展与创新发展战略的实施二者是相辅相成的，一方面交流平台的构建可以为企业在发展品牌的同时,节省一定的资源,提升整体效益,另一方面,也为创新成果提供了落地的途径,进一步鼓励社会创新氛围的构建,是一个正向的循环过程。

第三,建立健全监管制度,保障企业知识产权。不论是企业发展自身品牌,促进区域品牌经济发展,还是实施创新发展战略,都需要在现有基础上建立健全监管保障制度,对企业的创新成果加以保护,对市场上存在的侵权案件进行打击,维护创新市场的良好秩序,保障企业的知识产权。如果一个企业在培育品牌的过程中,市场上有大量山寨产品出现,就会在一定程度上影响企业的品牌形象,也会使企业的创新成果得不到相应的收益,在降低创新热情的同时,也使品牌的构建面临问题,对于有诸多仿冒品的品牌,消费者往往不愿意支付更高的价格,这就使得品牌的形象受到了损害。因此,建立健全现有知识产权监管制度,是促进品牌经济发展的重要保障。

6.5 本章小结

本章内容在明确了我国创新发展战略内涵与意义的基础上,对创新发展战略与品牌经济的关系进行了探索,明确了二者之间相互影响、相互作用的关系,并给出了基于创新发展战略的品牌经济建设策略。

首先,对我国创新发展战略进行了分析,从国家、企业、市场环境等角度分析了对于现阶段的中国,创新发展战略提出的重要意义在于强调了创新是一切发展的基础这一观点,创新发展战略是实现可持续发展的可靠路径,是现阶段供给侧结构改革的必然选择,是实现我国经济平稳快速增长的有力保障。

其次,对我国创新发展战略和品牌经济发展之间的关系进行了梳理,通过对企业案例的具体分析,发现创新发展战略是品牌经济发展的内在驱动力,同时也为品牌经济的发展营造了良好的环境,反过来,品牌经济的发展也为创新发展战略提供了落地的基础和保障,使创新的成果可以有效地转化成企业的竞争力,为创新驱动发展战略提供了一条可以实践的有效路径。

再次，深入分析了我国品牌经济发展与创新发展战略之间的作用机理，认为创新发展战略作为品牌经济发展的内在驱动力，是通过挖掘消费需求，获得竞争优势，促进升级转型三方面展开的，对品牌的构建、培育与优化等不同的阶段有着不同的作用。间接的影响则是通过增加创新投入、提升创新能力、优化创新环境三方面展开的。

最后，总结了基于创新发展战略的品牌经济发展构建策略，基于本章前面的研究内容，提出应该鼓励企业自主创新，加速产品升级转型；构建创新交流平台，促进创新成果转化；建立健全监管制度，保障企业知识产权几点建议，既有促进品牌经济发展的直接发展建议，也间接地满足了品牌经济发展的促进与保障要求。

第 7 章　品牌经济与协调发展战略

在中共十八届五中全会通过的《中共中央关于制定国民经济和社会发展第十三个五年规划的建议》中提出的五大发展理念，正成为学界研究的热点话题。在五大发展理念中，协调主要是解决我国经济发展不平衡问题，这不仅关系到我国特色社会主义制度的长远发展，也是达成小康社会的重要因素之一。

我国地域辽阔，经济发展严重不均衡。东部地区经济发达，物质基础优厚，科技先进；中部地区农业基础雄厚，水电矿产资源丰富；西部地区经济文化落后，但是资源丰富，潜力无限。在这种情况下，协调发展的意义尤为突出。只有协调好各地区的自然资源、技术、人才等要素，结合各地区的优势和特点，才能最终完成地区经济的飞速增长，促进整个国民经济的发展。

7.1　协调发展战略的内涵和意义

协调发展战略早就不是新鲜的话题。早在 1978 年的党的十一届三中全会上，我国就开始探讨区域经济发展的战略走向，并确定应坚定不移地实行由计划经济向市场经济转变的发展方向，这意味着我国新的经济发展理论和实施方式的探索正式开始。随着区域非均衡发展战略的实行，我国区域经济发展差距逐步扩大，在 20 世纪末已制约了我国经济的发展。为解决这一问题，党的十四届五中全会提出解决地区发展差距，协调区域经济，是今后改革和发展的战略重点任务之一。进入 21 世纪后，为建立区域统筹协调发展的格局，党中央先后提出了"西部大开发"战略、"振兴东北地区老工业基地"战略、"中部地区崛起"战略以及鼓励东部地区率先发展战略等,这意味着,区域协调发展战略正式成为我国促进国民经济发展的核心战略之一。

中共十八届五中全会对协调发展战略的内涵进一步深化的明确,强调应重点促进城乡协调发展,促进经济与社会协调发展,促进新"四化"同步发展,实现国家硬实力与软实力的同步提升,不断增强我国社会发展的整体性。

"十三五"协调发展理念的具体要求主要有:①协调推进"四个全面"战略布局,推动改革开放与社会主义建设。即全面建成小康社会、全面深化改革、全面依法治国、全面从严治党,"四个全面"应相辅相成、相互促进、缺一不可。②统筹规划协调发展,如期建成小康社会。即统筹规划好城乡协调发展、经济与社会协调发展、新"四化"同步发展、人与自然和谐发展、软硬实力同步发展、政府与市场协调发展、经济建设与国防建设协调发展。③促进区域城乡协调发展,促进经济快速健康发展。即重视欠发达地区、重要区域的协调发展,推进"一带一路"建设,推进东西双向开放并深化内地与港澳台地区的合作发展。④促进经济与社会协调发展,实现治理现代化。即重视基础服务建设与公共服务建设,促进科学就业,提供完善的社会保障与人才发展机制,依法治国,构建全民共建共享的社会格局。⑤促进新"四化"同步协调发展,实现资源节约型产业框架。即促进新型工业化、信息化、城镇化、农业现代化同步发展,构建以现代服务业和先进制造业为主体的资源节约型产业框架,实现产业间优势互补、资源协调利用。⑥促进人与自然的和谐共生,走生态文明发展道路。即实现经济发展和人口、资源、环境相协调,建立绿色低碳循环发展的产业体系。⑦促进硬实力和软实力协调发展,使物质文明与精神文明和谐共存统一。即重视物质文明与精神文明的协调发展,不可有失偏颇,要加强社会主义精神明建设、思想道德建设和社会诚信建设,倡导科学精神,弘扬中华传统美德,建设社会主义文化强国。⑧用好"两种资源"促进"两个市场"的协调发展,开创对外开放新局面。即重视开放发展,协调好国内国外两种资源、两种市场与两类规则的综合利用,打造开放型经济。⑨促进投资与消费的协调发展，拉动消费经济增长。即基于产业结构特点，引导产业投资使之契合消费需求，改变消费滞后的现状，形成协调、均衡的消费投资比例。⑩处理好"两只手"的关系，市场与政府相互协调促进。即在市场作用下，更大化发挥政府的推动调节作用，努力形成"市场作用和政府作用有机统一、相互补充、相互协调、相互促进的格局"，推动社会经济健康和谐有序发展。⑪推进经济建设与国防建设融合发展，军民深度融合维护国家安全。即注重发展和安全兼顾，在复杂的国际形势下，形成军民深度融合的格局，从政治、经济、社会、文化等方面维护国家安全。⑫完善"总揽全局，协调各方"的体制机制，确保协调发展战略有序如期进行。即完善党组织工作体制，加强各级党委对发展工作的认识，建立工作监督机制，按照"总揽全局，协调各方"的工作原则，依法行政，全力向建成小康社会目标冲刺。

协调发展战略不仅是促进我国经济社会行稳致远的重要部署，更是必须坚持贯彻的理念遵循。首先，协调发展战略是我国全面推进各领域发展的理论指引，不仅可以推动城乡融合发展，形成产业间资源融合、要素集中、效率高速的深度融合发展格局，还可以推进物质文明与精神文明、经济建设和国防建设的同步工作，不断增强发展的整体效能；其次，协调发展战略还是对马克思主义协调发展理论的历史继承，是我们党对经济社会发展规律认识的深化升华；最后，协调发展战略有利于我国在国际社会积极地参与国际竞争与全球经济治理，掌握更多地话语权、主动权。

7.2 品牌经济与协调发展战略的关系

品牌是企业在市场中区分其他竞争对手的独特标志。毋庸置疑，品牌与经济活动密切相关，品牌的资本增值效用越大，其实现的规模效用也越大，从而对相关产业的带动效用也越大。区域经济的发展离不开区域内产业的发展，产业的发展又离不开企业的壮大，归根结底，区域经济需要靠区域内品牌企业的关联带动作用逐步提升，尤其是名牌企业的带动作用，同时，区域经济的提升反过来又带动了品牌企业的资本升值，这一正向循环反映了品牌经济在我国经济社会中的重要性。

　　简而言之，品牌经济与区域经济相互促进，互补互助。区域内与区域间的协调发展可以促进品牌的发展，品牌的发展反过来也促进了区域经济的协调。根据我国学者的研究，特别是品牌经济中的区域品牌，对区域经济与区域内资源的带动有着非常重要的影响。有学者认为区域品牌代表着一个区域内产业及产品的主体和形象，其特征之一就是能够带动一个产业群、带动周边地区的发展。也有学者认为区域品牌可以增强区域的核心竞争能力，是转变经济增长方式的有效途径，能够形成地域分工与产业分工的有效结合，是城镇化建设的重要推动力量。区域品牌比单个品牌企业具有更持续的品牌效应、更强大的吸引力，能够在对外宣传和区域经济发展中发挥积极的作用，吸引优质项目、技术和人才，最大化地提升区域经济，使资源有效互动。除此之外，还有一些学者认为在经济全球化和产能过剩经济条件下，区域可持续发展必须建立在个人与企业持久发展的基础之上。品牌经济具有追求可持续性的内在动机，能够促进环境保护，以及有效就业的稳定增长。实施品牌经济战略，不仅有利于实现当代人的发展，而且为后人发展奠定良好基础。

　　基于目前的理论研究，本书对于品牌经济与协调发展战略之间的关系提出以下观点：

（1）品牌经济加快资本积累，优化产业结构，促进区域协调发展

　　近年来，随着产业集群不断发展，其对区域经济的作用越来越明显，在分析品牌经济与区域内产业结构及产业资本的关系时，需要从单个品牌企业和区域品牌两方面进行讨论。

　　首先，对于单个品牌企业来说，它可以有效提升区域内资本的积累，推动区域经济的加速发展。企业在建立品牌时，需要投入大量的人力、财力与物力，树立自身品牌在市场中的独特形象，以其独有性建立与消费者之间的品牌关系，并通过消费者对品牌的忠诚度、美誉度等来提升品牌价值。所以，品牌自身就是企业的无形资产，这种无形资产在发展的过程中可以无限增值与积累，从而提升区域内资本的积累，推动人均

消费的升级与人均产出，最终使区域经济得以飞速发展。

其次，单个品牌企业还可以优化区域内的产业结构。当区域内名牌企业的知名度越广，影响力越强，就越容易产生企业聚集性，从而使区域内产业集群的规模得到发展与壮大，产业集群得以发挥更大的作用，优化产业结构。例如熟知的宁波服装产业集群，其产业结构的优化与产业效用的升级离不开培罗成、雅戈尔等知名品牌企业的推动。

除此之外，单个品牌企业也促进了区域内经济增长方式的正向转变。在提倡"双创"的大环境下，品牌为创新提供了资金基础与经济动力，同时，作为企业的核心竞争力，品牌也需要创新扩大市场占有率，提高消费者忠诚度。可以说，技术创新的过程也是品牌不断壮大、品牌经济不断发展的过程。当品牌的创造力不断提升消费者的忠诚度，消费者的消费需求就会从商品转移到品牌，从而逐渐影响区域内的消费习惯，因此，大力培养自主品牌可以有效地促进国内消费增长，使品牌消费成为扩大内需的重要途径之一。

最后，对于区域品牌来说，它可以有效地促进区域产业分工专业化，优化区域产业结构。区域品牌加深了地域分工与产业分工的结合，在区域间形成产业链与企业网络，强大的区域品牌还会吸引国内外的投资资金、技术人才与合作项目，提高产业内的专业化程度，加深企业间的协作能力，促进产业分工专业化。同时，区域品牌还提升了区域经济的发展质量，通过强化品牌质量来增强区域整体竞争力与竞争优势，从而更好地发展区域经济。

（2）品牌经济推动城乡结合，促进城乡协调发展

品牌经济的发展离不开品牌产业的推动，地区若要发展品牌经济，就会吸引与该品牌产业相关的各类生产服务企业向区域聚集，从而形成一条完善的品牌产业链，最大化地吸引资金与技术、人才与信息，促进区域内的企业合作，推动城乡结合，提升区域经济发展水平。

随着品牌经济得到发展，企业与人才的数量不断增多，政府部门就需要发展与完善基础设施建设，扩大城镇规模，同时要建立和完善区域内的社会保障体系、教育体系、文化机制、科技创新、金融商贸等要素，使区域各方面得到全面均衡的发展，最终推动城乡的协调发展。

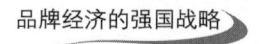

(3) 品牌经济维护环境保护，促进人与自然的和谐共生

随着消费经济的不断转型与升级，我国消费者的偏好已经逐渐从商品转移到了品牌，如果消费者认准某一品牌，就会给该品牌带来巨大的经济收益。在可持续发展的大环境下，品牌经济正成为促进经济与社会协调发展的动力之一。

在一定程度上，品牌经济对自然环境有着巨大的保护作用。在品牌舆论大幅度影响消费者忠诚度的大前提下，品牌企业需要在消费者心中树立良好的品牌形象。如果品牌企业大肆破坏环境，在网络舆论的揭发和引导下，将会在短时间内大幅度降低消费者期望，丢失品牌市场，这对企业来说，是非常致命的。很多品牌企业为了留住消费者，提高了产品生产的透明度，让消费者看到品牌企业在环境保护中的力度，提升消费者好感，从而扩大消费者群体，虽然企业需要投入大量环境保护的资金，但是随之带来的品牌经济收益是最重要的。

(4) 协调发展推动区域协同，促进品牌经济发展

区域间的协调发展可以从市场方向，促进生产要素的自由流通，加速区域间资本、技术、人才和项目的流动，消除市场障碍与体制障碍，打破地区壁垒，避免地区垄断，使区域间交流更加频繁，优化产业布局，从而促进品牌经济的发展。

除此之外，协调发展战略提倡发挥政府的协调作用，政府部门通过建立与完善市场经济体制、政策法规与监管机制，从政策扶持的角度，引导产业布局优化和协作分工，使品牌经济得到飞速发展。

7.3 品牌经济与协调发展战略的作用机理

在经济全球化的背景下，协调发展战略建立的基础之一就是企业的持久发展。如果品牌企业具有强大的竞争力，以品牌经济为基础的区域经济才能有效保障个人与企业的持久发展，带动区域经济各要素协调发展。同时，协调发展战略强调政府的扶持作用，这将促进品牌经济的发展，二者相辅相成。

品牌经济可以促进经济与社会的协调发展。大力发展品牌经济的企业和地区，会不断扩大市场空间和市场规模，从而发展成为行业领导者，带动就业，推动转型。以四川的"郫县绣娘"品牌为例，郫县为保护和传承蜀绣艺术，全力打造"郫县绣娘"品牌，积极探索蜀绣产业与富民工程、文化产业、旅游产业相结合的发展模式，通过产业化运作，推动蜀绣产业的发展与相关附加产业的发展，解决了上万人的就业问题。甘肃临泽县为了提高就业率，加大对农民的劳动技能培训力度，打造了"金枣乡巧手""昭武汉子"等一系列代表性劳务输出品牌，吸引了众多待业人群，其中，"金枣乡巧手"品牌，每年培训500人，实现就业300人，极大地带动了区域就业。

品牌经济可以促进"四化"同步协调发展。在产业结构方面，企业品牌是推动区域产业集群发展的关键引擎，也是产业关联效用有效发挥的重要因素。以成都市为例，商标品牌战略有效推动"成都制造"向"成都创造"方向转型升级，使成都市快速聚集一批知名度高、竞争力强的优势产业品牌，形成品牌集群，助力产业向高端化、品牌化转型升级。新一代电子信息技术、生物医药、新材料及精密加工等新兴行业品牌快速增长，产业集中区已经成为成都市高端制造业、战略新兴产业自主优势品牌的重要聚集区。其中，高新软件园、新都家具产业园、郫县川菜产业园、武侯中国女鞋之都等区域产业品牌集群，在吸引投资、聚集产业项目、带动上下游产业链发展、推动区域经济发展等方面的作用越发明显。简而言之，品牌经济依靠其强大的吸引力，实现产业之间优势互补，相互促进，促使区域经济协调发展。

品牌经济可以促进投资与消费的协调发展。品牌投资是指在整个品牌塑造的过程中，为了塑造企业积极正向的品牌形象，提升企业品牌价值，针对未来潜在消费者的心智进行的资本、概念投资，这也是当前企业管理者关注的热点话题。对于企业管理者而言，品牌投资是巩固与提升品牌市场地位的有效手段，也是带动消费的有力途径。品牌消费日渐崛起，早在2015年，对品牌品质表示"关注"的消费者占网购消费者的比重就已经高达56.40%。随着经济的发展与科技的提高，消费者的文化层次、收入水平以及消费观念正在不断提升，消费者的品牌意识也在不断增强，尤其是对知名品牌的热爱极其明显。同时，引领消费者消费热潮的新品牌与龙头品牌将持续不断地带来新一轮的投资与消费升级，最终达成投资与消费的协调发展。

协调发展也可以促进品牌对外合作建设。协调发展战略强调开放发展，即更高层次的开放型经济，开放的政策可以促进品牌对外合作，开拓国际市场，提升品牌经济。山东省临沂经济技术开发区就响应国家号召，积极整合社会各方力量，吸引品牌企业，建设品牌市场基础，做大品牌效应，引导企业走"商标兴企、名牌兴企"之路，构建"政府推动、部门联动、企业主动、社会互动"的格局，积极推动各类品牌企业参与国家"一带一路"倡议，增加企业对外合作的机会，提高区域企业品牌拓展国际市场与消费者的能力，使品牌经济得到飞速提升。

协调发展也可以促进企业与政府双向合作。协调发展战略强调市场与政府需建立有机统一、相互补充、相互协调、相互促进的关系。在发展品牌经济的过程中，政府的引领作用尤为重要。政府和企业需要齐心协力，加强合作，共同打造一批竞争力强、附加值高、基础性好的优质品牌。政府部门对政策法规的不断完善，将为品牌经济营造一个良好的发展环境，破除自主品牌建设中的障碍，为产业升级提供更加专业有效的服务。

7.4 基于协调发展战略的品牌经济建设策略

协调发展战略是"十三五"时期发展的重要举措，是解决经济与社会发展中存在的不平衡问题的有效手段，是增强发展整体性和全面性的有效途径，最终使我国经济行稳致远。在协调发展战略下，我国品牌经济建设需要从以下几个方面入手：

（1）促进区域合作，推动品牌联合。我国当前经济带、城市群经济支撑力较往年有明显提高，但是区域间生产要素的流动仍存在较大障碍。具体而言，我国沿海地区的经济比较发达，形成了京津冀、长江三角洲、珠江三角洲三大城市经济群，"一带一路""长江经济带""京津冀协同发展"等国家重点发展项目也正以良好的趋势发展。但是区域间合作项目比较少,人才、资本和技术等生产要素在区域间仍不能形成自由流动,存在较大的障碍,产权保护、市场体系、市场准入、信用体系、市场监管等政府制度还有待健全。政府部门应积极促进区域间合作、品牌联动,借助区域丰富的开发经验、过硬的品牌优势以及优越的资源和团队优势,吸引更多的高新技术产业落户,实现生产要素的流通,使区域产业园区更市场化、专业化。通过建立与完善品牌经济政策法规,完善品牌市场机制,鼓励区域合作,实现产业升级。

习近平总书记指出:"区域协调发展是统筹发展的重要内容,与城乡协调发展紧密相关。区域发展不平衡有经济规律作用的因素,但是区域差距过大也是个需要重视的政治问题。区域协调发展不是平均发展、同构发展,而是优势互补的差别化协调发展。"区域间协调发展可以最大化发挥区域特色和产业特色,建设区域联合品牌,从而提高品牌经济。

(2)提高人才待遇,留住品牌人才。政府部门及企业管理者应积极营造良好的人才发展环境,留住人才。打造区域品牌时,应注意基础设施建设,如公寓、教育、医疗、文化、休闲等生活配套设施的完善,使园区最终成为以产业为主、产城融合的产业新园区。除此之外,还应建立人才激励政策、人才引进政策、人才住房政策等,从政府到企业,为人才提供最有吸引力的工作与居住环境,聚集优秀人才,提升品牌经济。

人才可以体现一个地区的竞争力与发展潜力,人才工作在经济工作与品牌工作中,越来越起到基础性、战略性、关键性的作用。协调发展战略,就是经济与社会的协调发展,需要高度重视人才工作,增强为人才服务意识与能力,完善人才服务政策与人才评价激励体系,吸引外来人才,尤其是高端人才的选拔管理、福利津贴、住房补助等措施,使人才感受到关怀与温暖。同时也要注重打造人才服务、创业及发展的平台。习近平总书记指出:"环境好,则人才聚、事业兴;环境不好,则人才散、事业衰。"吸引更多的优秀人才,才能促进品牌经济的更好发展。

(3)城乡统筹发展,注重农业品牌。协调发展战略强调城市与农村的紧密结合,全面发展。在城镇化发展的同时,也需要注意农业现代化和新农村的建设,使城乡同步发展,避免城市化发展过快,拉大城乡差距现象的发生。农业品牌化是发展现代农业、打造区域经济、扶贫富农的有效手段之一，需要不断在规划计划、补贴奖励、宣传推广、品牌打造等方面积极推动。我国农业品牌的发展必须以贯彻落实五大发展理念、围绕农业供给侧结构性改革为主线，树立品牌战略思想；以集中力量打造一批农业区域公用品牌、企业品牌和产品品牌，提升农业品牌影响力为目标；以加强统筹协调和分类指导、把握好政府与市场关系、引领全社会共同参与为发展原则。

政府部门应重视建立与完善农业品牌化工作管理协调监管机制，制定农业品牌化综合规划，明确发展目标与发展特色，使农业品牌化发展工作专业科学有序地进行。同时，做好农产品质量安全认证工作，建立农产品标准化体系，完善质量安全检测体系并加大对农业品牌的工作扶持力度，对农业重点单位给予不同程度的资金扶持与推广平台的支持。同时还应注重市场监管，强烈打击名称滥用、假冒伪劣等不良现象。

7.5　本章小结

本章主要探讨了品牌经济与协调发展战略之间的关系。首先从历史发展的角度，陈述了协调发展战略的内涵及重要性，确认当前协调发展战略主要解决的是发展的不平衡问题，需要重点促进城乡协调发展，促进经济与社会协调发展，促进新"四化"同步发展，实现国家硬实力与软实力的同步提升，不断增强我国社会发展的整体性。通过引述习近平总书记的要求，提出"十三五"时期的协调发展战略十二点具体要求与意义。

其次，著者认为，品牌与经济活动密切相关，品牌经济的发展可以带动区域资本的积累，推动生产要素的流通，促进区域经济的协调。通过分析单个品牌企业与区域品牌，著者认为品牌经济与协调发展战略之间的关系具体体现在：①品牌经济加快资本积累，优化产业结构，促进区域协调发展；②品牌经济推动城乡结合，促进城乡协调发展；③品牌经济建立地方保护，促进经济与社会的协调发展；④协调发展推动区域协同,促进品牌经济发展。

再次,本章提出了品牌经济与协调发展战略的作用机理,著者认为,品牌经济可以促进经济与社会的协调发展;促进"四化"同步协调发展;促进投资与消费的协调发展。反过来,协调发展战略亦可促进品牌对外合作建设、品牌企业与政府的双向合作。品牌经济与协调发展战略相辅相成。

最后,本章提出了基于协调发展战略的品牌经济建设策略,著者认为,新形势下的品牌经济应注重以下三点的建设:①促进区域合作,推动品牌联合;②提高人才待遇,留住品牌人才;③城乡统筹发展,注重农业品牌。

品牌经济与区域经济互相促进,相辅相成。协调发展促进了品牌的发展,品牌的发展反过来促进了区域经济的均衡。随着市场经济的快速发展,协调发展战略已成为品牌经济建设的重要因素之一。

第 8 章 品牌经济与绿色发展战略

当前,实现绿色发展已成为人类共同的愿景,习近平总书记强调"既要绿水青山,也要金山银山。绿水青山就是金山银山。"生态环境的优势可以转化为生态农业、生态工业和生态旅游等生态经济的优势,实现绿色发展,就是实现高级的经济发展。品牌经济作为市场经济发展的高级经济形态,是一个国家或地区综合实力和竞争力的重要体现。要实现品牌经济,必须加快经济发展方式转变,采取内涵式发展、集约式发展的绿色发展方式,在文化引领、品牌支撑发展的时代,要按照绿色发展理念,把生态文明建设融入各方面建设的全过程,充分理解绿色发展战略的基本内涵和战略意义,把握品牌经济与绿色发展战略的关系,在深入认识品牌经济与绿色发展战略作用机理的基础上,建设基于绿色发展战略的品牌经济,实现企业品牌、产业品牌、城市品牌的长远发展,实现低消耗、低排放、低污染和高效率、高效益、可循环的经济发展,进而实现全社会的可持续发展。

8.1 绿色发展战略的内涵和意义

近几十年来,国际社会对经济发展方式的认识经历了一系列的演变,1946 年,英国经济学家希克斯(John Hicks)提出"绿色 GDP"思想;20 世纪 60 年代,美国经济学家波尔丁(Kenneth Boulding)提出"循环经济"(Circular Economy)概念;1987 年,世界环境与发展委员会(World Commission on Environment and Development,WCED)在"我们共同的未来"(*Our Common Future*)中提出"可持续发展"概念;1989 年,英国环境经济学家皮尔斯（David Pearce）在"绿色经济蓝图"（*Blueprint of a Green Economy*）中提出"绿色经济"。经济活动与自然资源相互协调的重要性不断提升，发展能够使人与自然和谐相处的绿色经济成为世界各国的美好愿景。在我国，绿色经济进一步发展成为具有中国特色的"绿色发展"概念，并从宏观政策到实践探索等多个层级逐步实现了绿色经济中国化的发展。

8.1.1 绿色发展战略的基本内涵

绿色发展是在生态环境容量和资源承载力的约束条件下，以效率、和谐、持续为目标的经济增长和社会发展方式。绿色发展的内涵不仅包括传统可持续发展中所关注的人口和经济增长与粮食和资源供给之间的矛盾，同时也强调气候变化对人类社会的整体性危机。

绿色发展具备以下几个特点，第一，绿色发展以实现当代人和后代人的绿色福利为目标，以涵盖自然资本、实体资本、人力资本、社会资本的绿色财富为基础，强调经济系统、社会系统与自然系统的共生性。第二，绿色发展以绿色低碳的经济增长模式为核心，强调经济增长与资源消耗、污染排放脱钩，通过绿色科技、绿色能源和绿色资本带动低能耗、适应人类健康、环境友好的相关产业在 GDP 比重的不断提高，实现绿色经济在整个国民经济的比重不断提高，即绿色增长。第三，绿色发展基于全球治理，世界各国应当建立基于本国国情的绿色发展战略，重视绿色发展的技术创新和资金援助，通过有效的政策工具落实绿色发展。

绿色发展战略是指"在生态（环境）容量和资源承载能力的制约下，通过保护自然环境实现可持续发展的新型发展模式和生态发展战略"。绿色发展战略的具体内涵包括以下内容，一是将环境资源作为社会经济发展的内在因素，重视绿色财富的保护；二是将实现经济、社会和环境的可持续发展作为绿色发展的目标，认为生态环境的优势可以转化为经济社会优势；三是将经济活动过程和结果的"绿色化""生态化"作为绿色发展的主要内容和途径，不仅强调发展结果的节能低碳，更加重视发展过程当中的节能低碳。绿色发展战略在我国经过了 50 年左右的演变与发展，20 世纪 80 年代，我国将"环境保护"确立为基本国策；

20世纪90年代，我国逐步形成了强调环境与经济同步、协调的可持续发展战略；2000~2005年，我国进行了以西部大开发为重点的生态环境建设，提出科学发展观；2005年，党的十六届五中全会提出要建设"资源节约型、环境友好型"社会；在"十二五"期间，提出了包括积极应对全球气候变化、加强资源节约和管理、促进生态保护和修复等内容的绿色发展政策；2015年，党的十八届五中全会将绿色发展作为关系我国发展全局的基本理念确定下来，提出要推进美丽中国建设，为全球生态安全做出新贡献。

目前，中国绿色发展政策体系已基本覆盖绿色发展领域，主要包括国际环境保护、国内环境保护、节能能效提高、循环经济与资源再利用以及新能源产业发展等方面的内容。第一，在国际环境保护方面，我国签署了多条国际气候与环境保护条约，并积极参与诸如联合国环境大会、联合国可持续发展大会，以及《人类环境宣言》《21世纪议程》等与气候应对、绿色发展等相关的国际大会与国际文件，并逐渐扮演越来越重要的角色。第二，在国内环境保护方面，我国从环境污染防治与自然资源保护两个层面出发，形成了较完善的政策法律体系。保护环境是我国的基本国策，我国目前已形成了以《宪法》为总则，以《环境保护法》和各有关环境污染防治单行法律为主体，以环境法规和地方性规章为补充的环境保护政策体系；在自然资源保护层面，根据不同自然资源的类别与属性，我国制订了一批相关的单行法和专门法，基本覆盖了自然资源的各方面，包括《土地管理法》《水法》《森林法》《草原法》《野生动物保护法》等。第三，在节能与能效提高方面，《节约能源法》和《循环经济促进法》是两部主要法律，为推动社会各领域节约能源、提高能源的利用效率，实现经济增长与能源消耗的"脱钩"提供了法律基础。第四，在循环经济与资源再利用方面，《循环经济促进法》以减量化、再利用和资源化为核心，着力解决能耗高、污染重、影响我国循环经济发展的重大问题，以试点开展示范工作。第五，在新能源产业发展方面，形成了以《可再生能源法》为基础，并有一系列行政规制与制度规范与之配套的可再生能源产业发展政策体系。此外，绿色发展政策体系的利益相关者涉及不同层级的政府、行业相关部门、生产性企业、社会中介组织、一般社会公众等，我国现有对微观主体绿色发展的相关政策包括绿色投融资政策、绿色财税政策、绿色价格政策、绿色产业发展政策以及公众参与支持政策和奖励与惩罚政策等。

8.1.2 绿色发展战略的重要意义

坚持绿色发展战略具有重要的战略价值。从国际层面来看，为应对国际金融危机和气候变化的巨大挑战，世界主要国家都将转变发展方式、调整经济结构、发展绿色经济，作为抢占未来科技和产业竞争高点的重要手段。从国内层面来看，当前我国正处于全面建成小康社会的决胜阶段，坚持绿色发展，走生产发展、生活富裕、生态良好的文明发展道路，是有效破解全面建成小康社会道路上面临的资源环境硬约束的重要手段，能够为实现中华民族伟大复兴和中国梦奠定坚实的生态根基。具体来说，绿色发展对我国经济社会发展的重要战略意义有以下几点。

第一，绿色发展是实现经济发展与环境保护相协调的基本途径。首先，绿色发展将保护环境作为经济发展的前提，打破了环境保护末端治理的单一模式，通过实施前端保护、过程严控、污染严惩的治理模式，跳出了"先污染、后治理"的怪圈。同时，绿色发展把保护环境作为经济发展的前提，从本质上讲就是将资源消耗强度、生态系统状态等环境要素作为评价经济发展的内在因素，将二者看作互为关联的整体，确保绿色发展的可持续性。此外，绿色发展立足经济发展新常态，通过科技创新、制度创新，生产绿色产品、推动绿色消费、营造绿色文化，能够实现经济发展与环境保护双赢。

第二，绿色发展是深化供给侧结构性改革、加快经济发展方式转变的重要举措。坚持绿色发展战略，大力发展低碳循环经济，持续推广绿色智慧技术，是走新型工业化道路、调整优化经济结构、转变经济发展方式的重要动力，有利于加快从低成本要素投入、高生态环境代价的粗放发展模式向创新发展、绿色发展双轮驱动模式转变，实现从低效率、高排放向高效、绿色、安全转型，是推动中国走向富强的强有力支撑。

第三，绿色发展是抢占技术高点、提高国家竞争力的有效方式。新能源、新材料、生物医药、节能环保等产业作为新一轮发展的重点，是抢占未来经济发展制高点的关键环节。与传统产业相比，我国在若干新技术领域与发达国家的差距较小，比如我国现已初步形成规模较大、体系相对完善的新能源产业，有望形成与发达国家相比具有成本优势、与发展中国家相比具有技术优势的独特竞争力。大力发展绿色经济，推动产业结构优化升级、形成新的经济增长点，可作为我国在国际经济技术竞争中赢得主动的重要手段。

第四，绿色发展是转变政府职能、加强改善民生的有效抓手。当前，环境问题日益成为重要的民生问题，坚持绿色发展要求政府积极转变职能，依法严格保护生态环境，提高社会组织和公众在生态文明建设中的地位和作用，依法依规落实公众的环境知情权、参与权、表达权和监督权，加强绿色技能培训，为社会创造更多绿色就业机会，为广大人民群众提供更多优质生态产品，深入改善人民生产生活，建立新型的政府人民合作关系。

第五，绿色发展是培育生态文化、实现绿色生活的重要保障。坚持绿色发展战略，提升生态文明教育在素质教育当中的重要性，将生态文明教育纳入国民教育体系和干部教育培训体系，有利于让绿色发展理念深入人心，培育实现绿色发展所需人才和干部；增强全社会生态文明意识，将生态文化作为现代公共文化服务体系建设的重要内容，有利于挖掘优秀传统生态文化思想和资源，满足广大人民群众对生态文化的需求；倡导勤俭节约、绿色低碳、文明健康的生活方式和消费模式，提升绿色生活幸福感，有利于人民主动选择绿色生活方式，实现全民绿色发展。

8.2　品牌经济与绿色发展战略的关系

我国经济正在向形态更高级、分工更复杂、结构更合理的阶段演化，经济发展进入新常态。品牌经济作为新常态发展的重要支撑和进取方向，与绿色发展战略有着密切的关系。一方面，绿色发展战略是品牌经济的内生需求。强调低资源消耗、低污染排放的绿色经济增长模式是绿色发展的基础，这种增长模式以绿色经济比重的不断提高为显著特征，强调绿色科技、绿色能源和绿色资本带动的低能耗、适应人类健康、环境友好的相关产业占GDP比重的不断提高，以实现经济增长与资源消耗、污染排放脱钩为基本目标，这与品牌经济所要求的集约式发展、高质量发展相辅相成。另一方面，品牌经济是实现绿色发展的重要途径。追求可持续发展是品牌经济的内在动机，发展品牌经济能够促进物种保护、环境保护和有效就业的稳定增长，此外，品牌经济可以破解绿色发展的高成本问题，通过品牌经济所创造的社会剩余来补偿绿色发展战略实施过程中的转换成本。

8.2.1 绿色发展战略是品牌经济的内生需求

品牌经济是以品牌为核心，整合各种经济要素，带动经济整体运营的一种经济形态，是市场经济发展到一定阶段的高级经济形态，是一个国家或地区综合实力和竞争力的重要体现。要达到品牌经济，必须进一步提升质量效益，加快经济发展方式转变，采取内涵式发展、集约式发展的绿色发展方式；与此相对，高污染、高能耗的外延式发展将会被逐渐摒弃。绿色发展与品牌经济相辅相成，在发展方式、要素驱动、战略目标等方面是一致的，可以说，绿色发展战略是品牌经济的内生需求。

一方面，打造品牌经济，要求深刻把握经济发展新常态，坚决克服传统思维定式和粗放式发展惯性，把经济发展转到提高质量和效益上来，进一步提升绿色发展理念。打造品牌经济，要求充分提升自然资本的环境效益与物质资本的经济效益，加快褐色经济发展模式向绿色经济增长模式的转变，这一点与绿色发展的基本目标不约而同；打造品牌经济，要求坚持创新驱动，持续推进技术创新、产品创新和商业模式创新，而绿色发展作为创新发展的一个重要方向，就成为品牌经济发展的内在要求；打造品牌经济，要求加快发展新兴产业的品牌发展，而环保产业、清洁生产产业、绿色服务业等绿色产业作为我国实力较强的新兴产业，是大力发展品牌经济的重要切入点，实现绿色产业的高端化发展，也是实现品牌经济的重要手段。

另一方面，打造品牌经济，要求摒弃褐色经济增长模式，坚持绿色经济增长模式。高投入、高消耗、高污染的褐色经济作为市场经济初级阶段的发展方式，不利于推进品牌经济建设。褐色经济不同于绿色经济，它的增长建立在大量资源消耗、环境污染的基础上，不但使我国能源、资源不堪重负，而且造成大范围雾霾、水体污染、土壤重金属超标等环境问题。绿色发展战略以人与自然和谐为价值取向，以绿色低碳循环为基本原则，以生态文明建设为基本抓手，是突破资源环境瓶颈制约的必然要求和实现高级经济形态的必然选择，也是调整经济结构、转变发展方式、打造品牌经济的必经之路。

8.2.2 品牌经济是实现绿色发展的重要途径

绿色发展的本质是发展模式的转换，其核心在于提高生产率，关键在于从生产源头防治污染、破解生态环境约束，具体体现在实现经济发展的低消耗、低排放、低污染和高效率、高效益、可循环，实现经济社会的可持续发展。品牌经济具有追求可持续性的内在动机，能够促进物种保护、环境保护和有效就业的稳定增长。实施品牌经济战略，不仅实现当代人的发展，而且更有利于后代人的发展，是实现绿色发展的重要途径。

从宏观角度来看，品牌经济可以破解绿色发展的高成本问题，通过品牌经济所创造的社会剩余来补偿绿色发展战略实施过程中的转换成本。当前，我国推进绿色发展面临着两大困难，一是经济发展模式的难题，工业领域中一些高污染、高耗能的产业仍然增加，产业结构重型化的格局短期内难以取得根本性转变；二是科技创新落后的局面，尚未建立起有利于绿色技术创新推广的市场机制，缺乏对新兴产业和产品创新的支持，以及在提高能效和可再生能源开发方面的投资力度。大力发展品牌经济，通过创造超额利润来补偿绿色发展转换成本，是转变产业结构重型化、科技创新落后局面的重要举措，是实现绿色发展的重要途径。

从微观角度来看，品牌经济是尊重消费者的经济，在有效保障个人和企业持久发展的同时，将绿色环保意识深入渗透文明生活当中。品牌的重要性在于它能够为企业带来品牌资产，如实体资产价值的溢价优势与品牌个性化的延伸等。品牌通过作用于消费者的认知心理，获取消费者的信任，提高消费者对该品牌的忠诚度。实施品牌战略的企业必然奉行以下基本行为模式：一是在经营上采取长期导向，维护和培育品牌形象；二是追求企业价值，采取明确且一致的品牌识别，维持品牌识别的连续性、一致性和可信赖性；三是强调品牌信任的脆弱性，关注自身在顾客和社会公众中的声誉。因此，在消费者绿色环保意识日益提高的前提下，企业注重品牌绿色化，是将生产者和消费者联系起来共同促进可持续发展的有效途径。

8.3 品牌经济与绿色发展战略的作用机理

根据品牌经济学的选择成本分析范式，著者认为，品牌通过降低消费者的选择成本提高了选择效率，而企业外部顾客的选择效率决定了处于过剩阶段企业的内部价值的实现和内部效率的高低。刘华军等（2011）从企业和消费者的微观视角研究了碳排放强度降低的品牌经济机制，认为企业的技术进步和品牌竞争力的提高有助于碳排放强度降低，消费者对具有低碳标识品牌符号产品的选购有助于加快碳排放强度的降低。从绿色发展与品牌经济的宏观角度看，品牌经济与绿色发展战略的作用机理在于三种不同形态的品牌经济对于绿色发展"三圈模型"中绿色增长、绿色财富和绿色福利的增进与提升，其中，建设企业品牌是实现绿色增长的关键手段，集聚产业品牌是积累绿色财富的有效方式，打造城市品牌是提升绿色福利的外部表现。

8.3.1 绿色发展的三圈模型

胡鞍钢、周绍杰（2014）对绿色发展的功能界定、机制分析与发展战略进行了研究，构建了绿色发展的"三圈模型"，该模型以经济系统、社会系统和自然系统三大系统的共生性和交互机制为基础，形成了绿色增长（Green Growth）、绿色财富（Green Wealth）和绿色福利（Green Welfare）三者的耦合关系。

绿色福利不仅涉及当代人的福利，也与后代人的福利有关，是绿色发展的目标，包括人类生活的安全性福利、适宜性福利和可持续性福利。

绿色财富是绿色福利的载体和绿色增长的基础，其内涵丰富，包括有助于绿色增长并实现绿色福利增进的各类资本，是自然资本、实体资本、人力资本、社会资本的有机结合。绿色增长的内涵包括两个方面，一是经济活动显著具有低能耗、低物耗、低排放的特征，实现经济增长与能源和资源的消耗趋向"脱钩"；二是绿色增长促进绿色财富的累积和绿色福利的提升，降低当代人和后代人在资源消耗上的冲突，并实现绿色福利的可持续性。实现绿色发展的关键是通过进步性的制度安排提升社会资本，鼓励绿色技术创新和制度创新，降低自然资本的消耗，提升人力资本，进而提升实体资本的生产率。绿色财富是绿色福利和绿色增长的基础，绿色增长是绿色财富累积和绿色福利增进的手段，三者共同进步，推进绿色发展。

从机制上讲，绿色增长作为绿色经济发展的核心，有赖于有效的绿色增长管理。绿色增长管理本质上是社会资本的一部分，是指通过技术创新和制度创新实现绿色生产、绿色消费以及所对应的外部性管理。其中，绿色生产是指生产部门的生产活动实现低能耗、低物耗、低排放。绿色消费是指人类的消费活动产生较低的能源消耗、资源需求和环境压力。外部性管理是指对生产活动和消费活动产生的排放进行有效管理，以降低对生态环境的负外部性并促进资源使用的减量化。总体而言，绿色发展就是在充分认识"经济—自然—社会"三者交互机制的基础上，通过机制设计实现三大体系间的正向交互机制，极力避免负向交互机制，进而实现绿色发展。其中，经济系统实现从"黑色增长"转向"绿色增长"；自然系统实现由"生态赤字"转向"生态盈余"，积累绿色财富；社会系统实现人民健康、社会和谐，提升绿色福利。

8.3.2 品牌经济的 3 种形态

在宏观经济背景下，品牌经济可以归结为企业品牌、产业集群品牌和城市品牌三种形态。企业品牌是品牌经济发展的基础形态，产业集群品牌是品牌经济的重要衍生产物，城市品牌则是品牌经济发展的高级阶段。

企业品牌是品牌经济中最重要的组成部分。在企业品牌经济阶段，往往企业品牌越强大，国家在世界经济中的地位便越强势。这是由于企业品牌能够创造更多的品牌资产与品牌溢价，从而为企业创造更多的超额利润。企业品牌的优势落实到空间层面，往往显现为企业总部、研发机构、生产机构在大型城市的集聚。在表现形式上，企业品牌对城市的支撑作用突出体现在跨国企业总部在城市中的集聚程度。

产业集群品牌是企业品牌发展到一定阶段的产物，是进一步实现城市品牌的外部动力。产业集群品牌具有一定的"黏滞性"特征，一旦在一定区域内形成，便具有空间上稳定存在的趋势，除非该区域内部发生环境的重大变化，否则产业品牌与城市发展之间的稳定互动将在一个较长时间内存在。因此，国际性市场和高等级专业化市场的本地化发展能够有效地集聚与配置全球生产要素，带来长期、高效的要素控制能力以及制度环境影响力，从而实现产业集群品牌高效发展。

城市品牌是一个城市在推广自身城市形象的过程中，根据城市的发展战略定位所传递给社会大众的核心概念，并得到社会的认可。城市品牌化就是让人们了解和知晓某一城市并将某种形象与这座城市的存在自然联系在一起，让其精神融入城市的每一座建筑之中。城市可以通过各种宣传方式积极地向外界推销自己，以提高当地的知名度，塑造积极的品牌形象，从而吸引个人或商业机构进行短期参观或长期移居。城市品牌已经成为全球城市竞争力提升的重要手段。从某种程度上说，城市品牌就是国际各界对于全球性城市基本地位的共同认知，同时也是全球性城市进一步发挥自身经济影响力的重要载体和手段。

综合来讲，品牌经济是国民经济发展到一定阶段的产物，其本质是服务经济。因此品牌经济是一种宏观意义上的经济发展现象，其载体是特定的地域空间如城市或国家。当我们论及发展品牌经济时，绝不是单纯地追求某一区域品牌的发展，而是试图从城市整体层面寻求各类区域品牌的最优配置，并以此达到以品牌吸纳和整合经济资源，推动城市创新、实现经济转型的目的。

8.3.3 品牌经济与绿色发展战略作用机理构建

以品牌经济学的选择成本分析范式为基础，结合绿色发展的"三圈模型"和品牌经济的三种形态,构建了品牌经济与绿色发展战略作用机理。其中,建设企业品牌是实现绿色增长的关键手段,集聚产业品牌是积累绿色财富的有效方式,打造城市品牌是提升绿色福利的外部表现。

企业品牌建设能够提高产品附加值和企业品牌竞争力,有效降低消费者的选择成本,进而通过议价能力的提升获取额外的利润,从而有较大余力应对全球金融危机、环境恶化、原材料价格上涨、劳动力成本上升等多重外部压力对企业成本的挑战,更多地进行显著具有低能耗、低物耗、低排放特征的生产活动,在实现企业绿色生产的同时,实现消费者的绿色消费,实现经济增长与能源和资源的消耗趋向"脱钩"。因此,建设企业品牌是实现绿色增长的关键手段,可以促进绿色财富的累积和绿色福利的提升,降低当代人和后代人在资源消耗上的冲突,实现绿色福利的可持续性。

产业品牌在集聚过程中,首先依靠企业集聚形成的区位优势,提供具有竞争力的产品,从而扩大市场份额,当具备规模优势时,在政府的扶持下,建立产业链,进而形成产业集群品牌。产业集群品牌建设的过程中,高效利用了土地资源、矿产资源、水资源等自然资本,改造升级了污水排放与处理系统、垃圾收集与处理系统、城市绿地基础设施等实体资本,积累提升了教育水平、工作技能、健康状况等人力资本,建设完善了制度、社会规范、伦理道德、文化习俗等社会资本,积累了大量的绿色财富。因此,建设产业品牌,全面提升产业集群的竞争力,实现区域产业集群的转型发展,是积累绿色财富的有效方式。

城市管理者打造城市品牌、提升城市品牌知名度的过程中,利用城市的地理环境、历史文化、风俗习惯、产业集群等诸多方面的条件,逐步塑造城市的形象和个性化的特征,并在此基础上进行城市品牌的培育和传播,使城市居民和其他消费者不断对城市的形象和核心价值产生心理认同和情感共鸣,从而购买城市品牌所创造的附加值。在这一过程中,政府的管理水平、执行能力、服务能力和公正廉洁度等得到有效提升,创造了优越人文环境和良好的生活空间,城市的自然地理环境得到了有效改善,经济实力得到增强,居民生活的安全性福利、适宜性福利和可持续性福利得到了提升,因此,城市品牌的打造是提升绿色福利的外部表现。

8.4 基于绿色发展战略的品牌经济建设策略

当前,中国实现基于绿色发展的品牌经济面临着巨大的挑战。中国绿色经济的转型虽然已经取得了积极进展,但是与绿色经济发展的最终目标还有很大的差距。应当清醒地认识到中国发展绿色经济在资源环境、行政体制、管理机制、法律法规与政策、科技创新能力、社会绿色道德体系等方面均面临着诸多挑战和难题。下面依据前文构建的品牌经济与绿色发展战略作用机理,从产品绿色品牌营销、企业绿色品牌识别、绿色发展政策法规的建设三个方面提出了基于绿色发展战略的品牌经济建设策略。

8.4.1 提倡产品绿色品牌营销,拉动消费需求增长

绿色营销强调企业应该以及如何适应消费者日益增长的对环境友好产品的需求,即绿色需求。绿色营销的概念有广义和狭义之分。从广义上讲,绿色营销是指企业在营销活动中体现的社会价值观、伦理道德观,充分考虑社会效益,在自觉维护自然生态平衡的同时自觉抵制各种有害营销;从狭义上讲,绿色营销是指企业在营销活动中谋求消费者利益,企业利益和环境利益的均衡,既要充分考虑消费者的需求,实现企业利润的目标,也要充分考虑保持生态平衡。实施绿色营销的企业,要以保持生态环境为前提,力求减少和避免环境污染,保护和节约自然资源,维护人类长远利益,实现经济与环境的可持续发展。绿色需求是消费者具有绿色消费意愿且对绿色产品和劳务有支付能力的需求。绿色需要转化为绿色需求会受到货币收入和购买力等因素的制约,随着消费者环保意识的觉醒与增强,其消费观念逐步受到绿色消费需求的影响,实践表明,企业引进绿色产品会对消费者的品牌态度产生正面影响。

品牌绿色营销意味着,对于企业来说绿色市场的存在和不断扩大既是一种采取环境友好行为的压力,又是一种可以开发和利用的市场机会,绿色营销在兼顾企业环境责任与社会环境压力的同时,注重于从中寻找

市场机会；在手段上，绿色营销更倾向于用市场压力替代行政压力。现在，越来越多的企业已开始通过"绿色产品""绿色价格""绿色分销""绿色广告"等绿色营销措施适应和满足市场日益增长的"绿色需求"和"绿色消费"，从而推动了环境保护，在延缓环境衰退方面发挥了积极作用。此外，企业承担社会责任可以提升企业的品牌形象，对公众品牌态度和购买意向产生积极影响，企业绿色责任作为企业应承担社会责任的一部分，在法律方面规定了企业必须承担相应的保护环境、绿色生产的责任；在道德方面要求企业履行维护生态、绿色经营的义务，消费者对于企业履行绿色责任行为的感知对产品购买意愿具有直接的正向影响。

8.4.2 塑造企业绿色品牌识别，促进产业低碳发展

绿色经济以传统产业升级改造为支撑，以发展绿色新兴产业为导向，在保持经济稳定增长的同时，促进技术创新，创造就业机会，降低了经济发展对资源能源的消耗及对生态环境的负面影响。品牌经济的绿色发展已成为组织创新和技术创新的源泉，既能通过环保增效提高企业利润，提高投资回报率，又可以通过绿色创新塑造环境保护竞争力，获得政府和社会支持，发挥市场导向作用，提高企业品牌形象。在全球绿色发展的大趋势下，各行各业理应实现战略演变，在绿色发展理念下塑造环境竞争力，发展绿色经济和品牌经济，实现绿色增长。

企业应把节约资源、保护环境、实现可持续发展作为企业效益增长的核心问题来考虑，把绿色品牌塑造作为今后工作的首要问题与基本思想。第一，要稳定提高绿色品牌的美誉度与忠诚度，提供高品质的绿色产品，通过整合营销策略等方式来提高绿色品牌忠诚度。第二，要注重绿色品牌形象传播，在产品品质管理和创新、市场经营和管理中积累品牌形象，并不断依据市场反馈进行修正，进行绿色品牌定位，并用文化、特色、品质、价格、渠道和服务等与消费者保持互动，有步骤、有计划地根据企业自身特点及可利用的资源优势提高成功的概率。第三，要主动放弃先污染后被动治理的模式，可以通过污染治理技术创新来提高单位治污支出的效益或者通过生产技术创新，尤其是绿色工艺技术创新，

以期达到减少污染物的产生并提高生产率的效果。

对于产业发展来说，一是要实现传统产业升级改造，加强资源节约、环境保护技术的研发和引进消化，对重点行业、重点企业、重点项目以及重点工艺流程进行技术改造，提高资源生产效率，控制污染物和温室气体排放；二是要发展节能产业，加大节能关键和共性技术研发，采取财政、税收等措施，促进成熟的技术、装备和产品的推广应用；三是要发展资源综合利用产业，组织开展循环经济重点工程，大力推动制造产业发展，加强再生资源回收体系建设，推动再生资源国际大循环，增强国际再生资源的获取能力；此外，要大力发展新能源产业与环保产业等多种新兴绿色产业，促进产业低碳发展，加强环境保护，占领绿色产业发展制高点。

8.4.3 完善绿色发展政策法规，加强政府部门管理

绿色财政是绿色发展的直接政策工具，是指通过财政收支的杠杆作用促进绿色发展。从税收手段来看，可以通过征收和调整排污费等手段加大排放成本来抑制污染环境的行为，并把排污收费转化为绿色发展的专项基金；对于碳基能源部门，征收碳排放税，并把相关税收列入绿色技术的开发和应用、生态保护等方面的专项基金；对于循环经济项目实施增值税抵扣政策，降低相关企业税负，大力促进生产或生活废弃物的回收和再利用，实现资源使用的减量化。从财政支出手段来看，对各类具有重大生态效应的工程以及跨区域重大环境治理项目，中央财政通过专项基金给予充分的投入保障，严格监控财政投入的使用流向和项目资金的执行效果；鼓励企业采用绿色环保设备，对企业购置绿色环保设备给予补贴或税收抵扣；积极引入绿色政府采购（Green Public Procurement），制定绿色采购标准，逐步提升绿色采购支出占政府总体采购支出的比重，支持绿色产业的发展；补贴绿色消费，推广绿色标志家电产品，促进公民的绿色消费意识。

绿色金融是绿色发展的间接政策工具，是指通过金融手段促进资本流向绿色经济部门，提高资源利用效率，减少经济活动的生态成本，控制投资项目的环境风险。例如，通过利率优惠政策引导金融资本流向环

保产业、高效节能技术领域和循环经济领域；通过信贷配额限制金融资本流向产能过剩、高耗能、高排放的产业部门；发挥政策性金融手段的"开发性金融"职能，对投资规模大、资本回收周期长、具有显著生态效益的投资项目进行信贷支持。

具体来说，政府部门应采取以下几点做法。第一，应加快推动和实施绿色核算，将自然资源和环境损耗纳入国民经济核算，为 GDP 做减法，体现经济增长质量，用真实的国民财富指标衡量经济发展，从根本上革除以追求低质量的 GDP 为目标的经济发展观，使我国经济社会真正实现可持续发展。第二，要增加对绿色产业等部门的投资和政策支持，注重培育以低碳排放为特征的新的增长点，调整传统产业，改造和发展新能源节能环保等新兴产业，推动生产流通分配消费以及建筑等环节的节能增效，保护和建设生态环境。第三，制定鼓励政策，推动绿色就业，研究绿色就业范围规模和增长潜力，从公共财政支出、税收、信贷等多方面鼓励绿色就业，逐步形成以绿色就业替代褐色就业的良性就业增长机制。第四，加强对政府部门绿色发展硬约束，使绿色发展成为各级政府的自觉行动。

8.5 本章小结

面对巨大的资源环境压力和艰巨的经济转型，坚持绿色发展理念，实施品牌强国战略，着力建设品牌经济，成为当务之急。本章从绿色发展战略的基本内涵和重要意义出发，重点探索了品牌经济与绿色发展战略的关系，基于"三圈模型"和品牌经济发展形态构建了品牌经济与绿色发展的作用机理，并提出了基于绿色发展战略的品牌经济建设策略，为发展绿色品牌经济提供了参考与借鉴。

绿色发展战略是强调保护自然环境实现可持续发展的新型发展模式与生态发展战略，它将环境资源作为社会经济发展的内在因素，将经济活动过程和结果的"绿色化""生态化"作为社会经济发展的主要内容和途径，是应对当前生态容量和资源承载能力制约的必然选择，对我国经济社会的发展具有重要意义。首先，绿色发展把保护环境作为经济发展的前提，是实现经济发展与环境保护相协调的基本途径；其次，绿色发展是深化供给侧结构性改革、加快经济发展方式转变的重要举措；再次，绿色发展是抢占技术高点、提高国家竞争力的有效方式；再次，绿色发展是转变政府职能、加强改善民生的有效抓手；最后，绿色发展是培育生态文化、实现绿色生活的重要保障。

品牌经济与绿色发展战略具有密切联系，其中，绿色发展战略是品牌经济的内生需求，品牌经济是实现绿色发展的重要途径。实现绿色发展的基础是绿色经济增长模式，这种增长模式的显著特征是绿色经济比重的不断提高，强调低资源消耗、低污染排放，实现经济增长与资源消耗、污染排放脱钩，这与品牌经济所要求的集约式发展、高质量发展相辅相成。品牌经济具有追求可持续性的内在动机，能够促进物种保护、环境保护和有效就业的稳定增长。品牌经济可以破解绿色发展的高成本问题，通过品牌经济所创造的社会剩余来补偿绿色发展战略实施过程中的转换成本，实施品牌经济战略，不仅实现能当代人的发展，而且更有利于后代人的发展，是实现绿色发展的重要途径。

品牌经济与绿色发展战略的作用机理体现在三种不同形态的品牌经济对于绿色发展"三圈模型"中绿色增长、绿色财富和绿色福利的增进与提升，其中，建设企业品牌是实现绿色增长的关键手段，集聚产业品牌是积累绿色财富的有效方式，打造城市品牌是提升绿色福利的外部表现。从产品绿色品牌营销、企业绿色品牌识别、绿色发展政策法规的建设三个方面，提出了基于绿色发展战略的品牌经济建设策略。第一，要提倡产品绿色品牌营销，拉动消费需求增长；第二，塑造企业绿色品牌识别，促进产业低碳发展；第三，完善绿色发展政策法规，加强政府部门管理。

第9章 品牌经济与开放发展战略

在传统的品牌估价的衡量因素中，市场情况、品牌实力、品牌忠诚度、全球化潜能、品牌投资等方面均与品牌开放发展有着密不可分的联系。坚持品牌开放，有助于企业在国内外市场提高品牌知名度；坚持品牌开放，有助于企业间加强合作，提升品牌创新能力及弹性；坚持品牌开放，有助于企业打破故步自封状态，立足根本、着眼全球，从更高的角度去规划企业发展、调整品牌战略；总的来说，坚持品牌开放有助于企业创造强大国际化的品牌，有可能带来公司长期的繁荣和巨大回报。结合国家"一带一路"倡议，着手探讨、制定我国"走出去"企业品牌发展战略，对企业来说有着至关重要的意义。

故步自封带来落后，开放才可能有所发展。"五大发展理念"中所提出的开放发展，是基于"中国品牌走出去""一带一路"等一系列新思想、新举措，结合国内外当前形势，立足国内外两个市场，提倡通过开放促进发展和创新。

9.1 开放发展战略的内涵与意义

开放发展理念的核心是解决发展内外联动问题，目标是提高对外开放质量、发展更高层次的开放型经济。世界经济一体化的今天，以高水平、高层次为目标的开放发展战略大势所趋，通过加强与各国贸易伙伴联系及产业链发展，构建利益共同体，推动"一带一路"倡议发展，加深与主要贸易伙伴的紧密程度；在战略互信、经贸合作、人文交流等各个方面，推动深层次、多领域、全方位的开放型格局基本形成。

从整体来看，目前中国从经济、科技、资源、技术以及人文交流等各个方面加强与全球各大经济体的主流与合作，从多角度推动自身经济发展，并与创新、绿色等战略，共同构成我国经济发展的基本动力与源泉。

中国开放型经济的模式不断形成，其主要体现在：①双向投资额均不断提高；②国际地位不断提高；③开放发展战略的政策与措施不断出台与实施。

9.1.1 开放发展战略有效推动经济发展要素水平不断提高

开放发展战略的实施，已从境内外投资等多角度显现作用，其带动经济发展的同时，促进了品牌经济发展。

根据商务部相关公报显示[1]，2014年，中国投资流量首次与吸收外资相近；2015年，中国对外直接投资流量创下1456.7亿美元的历史新高，超过同期吸收外资规模，实现资本净输出；中国已经超过日本，成为全球第二大对外投资国。2015年，在海外直接投资净额1456.7亿美元，较上年增长11.8%；而投资累计净额方面，中国在全球排名居第8位，境外企业资产总额超过4万亿美元。截至2015年底，中国2.02万家境内投资者在国（境）外设立3.08万家对外直接投资企业，分布在全球188个国家（地区）；中国对外直接投资累计净额达10978.6亿美元，境外企业资产总额达4.37万亿美元。

如图9-1和图9-2所示，2011年中国境内1.3万多家投资者，在全球177个国家（地区）设立对外直接投资企业1.8万家，对外直接投资累计净额4247.8亿美元。2012年中国成为全球第三大对外投资国，1.6万多家投资者在全球179个国家（地区）设立对外直接投资企业2.2万家，对外直接投资累计净额5319.4亿美元。2013年，中国作为全球第三大对外投资国，对外直接投资流量突破千亿美元大关；境内1.53万多家投资者在全球184个国家（地区）设立对外直接投资企业2.54万家，

---

[1] 商务部对外投资和经济合作司，商务部、国家统计局、国家外汇管理局联合发布《2015年度中国对外直接投资统计公报》[EB/OL]. [2016-12-08]. http://hzs.mofcom.gov.cn/article/date/201612/20161202103624.shtml.

对外直接投资累计净额6604.8亿美元。2014年末，中国对外直接投资累计净额首次步入全球前十，居第8位，达到8826.4亿美元；与2013年末比，中国对外投资累计净额增加了2221.6亿美元，其份额已达到全球外国直接投资净额的3.4%，同时，吸引外资量与对外直接投资量差仅为53.8亿美元，双向投资首次接近平衡。

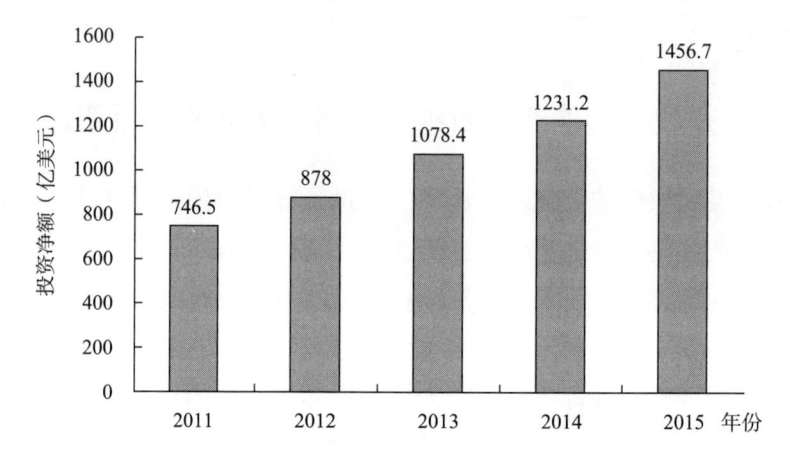

图 9-1　2011~2015年中国对外直接投资净额趋势

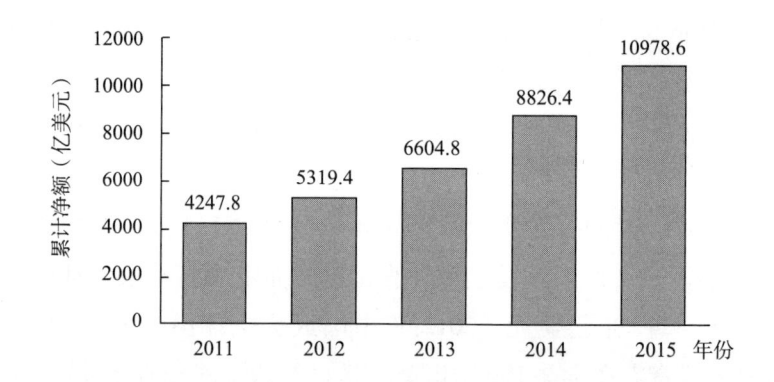

图 9-2　2011~2015年中国对外直接投资净累计净额

开放发展战略不单体现在对外投资，众所周知，商标服务于品牌经济，企业在海外商标注册数量，从另一个侧面体现了品牌经济的发展情况。企业是国家经济开放发展的一个重要的基础单元，企业海外商标注册等业务的开展，更是企业软实力的提升。根据国家工商总局发布的2013~2015年度中国商标战略年度发展报告，我们可以了解，近年来，我国国际商标注册申请不断增加：2013年，国内申请人提交马德里商标国际申请2273件（一标多类），同比增长8.2%，居马德里体系第6位；国外申请人指定我国的马德里商标申请量为20275件，连续保持马德里联盟第1位。2014年，国内申请人提交马德里商标国际注册申请2140件（一标多类），居马德里体系第7位，累计达1.86万件；外国申请人指定我国的马德里商标国际注册申请2.03万件，继续居马德里体系第1位，累计达20.89万件。2015年国内申请人提交马德里商标国际注册申请2321件（一件商标到多个国家申请），同比增长8.5%，外国申请人指定我国的马德里商标国际注册申请24849件（一标多类），继续居马德里体系第1位。

9.1.2 我国经济的国际地位不断提高

随着全球经济一体化趋势的不断发展，世界各国（地区）之间的联系更加紧密，各国（地区）之间互相开放的程度日益深化，互相依存的程度也日益增强。事实上，我国长期以来也一直坚持实施"引进来"和"走出去"相结合的对外开放战略。1984年10月，邓小平明确指出"关起门来搞建设是不能成功的，中国的发展离不开世界"，并强调"对内经济搞活，对外经济开放，不是短期的政策，而是长期的政策，即使是变，也只能变得更加开放"。

对外开放是我国的基本国策，是实现社会主义现代化的基础，是科学总结我国经济建设的经验教训。放眼世界，对外开放也是各国经济发展过程中的必然选择。对于国家来讲，坚持对外开放发展的战略，为企业、行业、品牌与国家经济都带来了深远的影响。通过坚持国家的一系列经济发展战略，通过坚持开放发展，我国经济长期保持快速、稳定发展，经济总量已稳居世界第2位，经济体制持续完善，经济结构不断调整、优化。当前，我国已成为全球货物贸易第一大国和对外投资第二大国。

9.1.3 开放发展战略的相关经济政策

在开放发展战略这一指导思想的影响下，我国陆续提出"一带一路"倡议、推进国际产能和装备制造合作、加快实施自由贸易试验区战略等一系列重要战略与举措；为进一步加快培育外贸竞争新优势、构建开放型经济新体制，全方位地将我国建设成为开放型经济强国，中央政府出台了一系列政策与措施。

第一是加快实施"走出去"战略。党中央、国务院根据经济全球化新形势和我国经济发展的内在需要，提出了"走出去"这一重大战略决策。"走出去"是立足于现在，着眼我国经济与社会长远发展、推动全球经济一体化发展、全面提高对外开放水平的重大举措。从1980年经济特区的建立到2015年5月《中共中央国务院关于构建开放型经济新体制的若干意见》（以下简称《意见》）提出，三十多年，我国一直坚持"走出去"的开放发展战略。《意见》要求根据国民经济和社会发展总体规划以及对外开放总体战略，完善境外投资中长期发展规划，加强对"走出去"的统筹谋划和指导，提供政策支持和投资促进。鼓励企业制定中长期国际化发展战略，在境外依法经营，履行社会责任，树立良好形象。

第二是持续推动"一带一路"倡议。近些年，中国"走出去"步伐明显加快，中国逐渐走到世界经济舞台中心。2013年9月和10月，习近平主席在出访中亚和东南亚国家期间，先后提出共建"丝绸之路经济带"和"21世纪海上丝绸之路"，即"一带一路"的重大倡议。共建"一带一路"旨在促进经济要素有序自由流动、资源高效配置和市场深度融合，推动沿线各国实现经济政策协调，开展更大范围、更高水平、更深层次的区域合作，共同打造开放、包容、均衡、普惠的区域经济合作架构。推进"一带一路"倡议的重点之一就在于坚持开放合作。实施"一带一路"倡议，在于通过政府间的政策进行沟通，在基础设施建设、贸易投资便利化、文化交流等方面入手，全方位推进与"一带一路"沿线国家合作，构建利益共同体；不断深化与"一带一路"沿线国家的经贸合作，带动我国沿海及内陆地区均衡发展。贸易投资促进作为"一带一路"建设的重要着力点，在推进过程中尝试打破贸易和投资壁垒；同时与"一带一路"沿线国家推进自由贸易区的建设，以解决贸易投资便利化等问题，在一定区域内打造良好的营商环境。在促进贸易平衡方面，不断优化贸易结构，服务贸易与货物贸易并重，同时，通过投资带动贸易发展，将两者结合，全面提升区域经济发展。

第三是推进国际产能和装备制造合作。"一带一路"倡议快速发展的基础在于基础设施的互联互通，进一步加快包括基础设施建设在内的铁路、电力等国际产能和装备制造合作，有利于统筹国内国际两个大局，是开放经济发展的加速器。当前，大多数发展中国家处于工业化阶段，而加快国内城镇化进程，推动基础设施建设，有利于深化我国与"一带一路"沿线国家的合作共赢。为推动对外开放战略、增强我国品牌经济发展，提升综合国力和国际竞争优势，深化与"一带一路"沿线国家互惠合作，2015年5月我国制定了《关于推进国际产能和装备制造合作的指导意见》（以下简称《指导意见》）。《指导意见》明确了两个重点，一是将与我国装备和产能契合度高、合作愿望强烈、合作条件和基础好的发展中国家作为推进国际产能和装备制造合作的重点，并积极开拓发达国家市场，以点带面，逐步扩张；二是将钢铁、有色材料、建材、铁路、电力、化工、轻纺、汽车、通信、工程机械、航空航天、船舶和海洋工程等12个行业作为推进国际产能和装备制造合作的重点领域，分类实施，有序推进。《指导意见》中明确，从拓展对外合作方式、创新商业运作模式、提高境外经营能力和水平、规范企业境外经营行为等四个方面提出了一系列政策措施。在推进装备制造合作方面，2015年5月8日印发的《中国制造2025》是我国实施制造强国战略第一个十年行动纲领。《中国制造2025》坚持"创新驱动、质量为先、绿色发展、结构优化、人才为本"的基本方针，坚持"市场主导、政府引导、立足当前、着眼长远、整体推进、重点突破，自主发展、开放合作"的基本原则，通过"三步走"实现制造强国的战略目标。强调继续扩大开放，在利用全球资源和市场的基础上，不断加强产业全球布局，强化国际交流合作，提升我国制造业开放发展程度，整体提升我国制造业的能力与水平。目标在于通过整体推进和开放合作的思路，改变"只大不强"的现象，对于实现"中国制造向中国创造转变、中国速度向中国质量转变、中国产品向中国品牌转变"具有非常重要的战略和现实意义。

第四是加快构建开放型经济新体制。为打破体制机制障碍，促使内外开放，将"引进来"与"走出去"落到实处，2015年5月，党中央、国务院印发《中共中央国务院关于构建开放型经济新体制的若干意见》。该意见指出，当前，我国改革开放正站在新的起点上，面对新形势、新挑战、新任务，要统筹开放型经济顶层设计，加快构建开放型经济新体制；其中，关于构建开放型经济新体制的总体目标是，加快培育国际合作和竞争新优势，更加积极地促进内需和外需平衡、进口和出口平衡、引进外资和对外投资平衡，逐步实现国际收支基本平衡，形成全方位开放新格局，实现开放型经济治理体系和治理能力现代化，在扩大开放中树立正确利益观，切实维护国家利益，保障国家安全，推动我国与世界各国共同发展，构建互利共赢、多元平衡、安全高效的开放型经济新体制。特别是要建立市场配置资源新机制，形成经济运行管理新模式，形成全方位开放新格局和国际合作竞争新优势。《关于加快实施自由贸易区战略的若干意见》的出台，是我国开启自由贸易试验区建设进程以来的首个具有战略性、综合性的文件。该意见中明确指出，要加快实施自由贸易区战略；明确市场在资源配置中的决定性作用，同时指出要更好发挥政府作用，坚持统筹考虑和综合运用国内外市场以及相关资源；在加快实施自由贸易区战略过程中，要与推进共建"一带一路"倡议和国家对外战略紧密衔接，稳步构建起立足于周边、辐射"一带一路"沿线国家和地区、面向全球的高标准的自由贸易区网络。构建开放型经济新体制及自由贸易区的建立，有效提高了我国从货物贸易到服务贸易的整体开放水平及开放深度，提升贸易投资便利化水平，并为企业与国际市场接轨，加快品牌建设、加强国际合作及技术创新发展奠定了坚实基础。

第五是积极落实"十三五"规划纲要。2017年3月颁布的《国民经济和社会发展第十三个五规划纲要》，强调要以新的发展理念推动发展。纲要要求，全面推进创新发展、协调发展、绿色发展、开放发展、共享发展，确保全面建成小康社会。其中，全方位对外开放被认为是发展的必要条件，在纲要中被明确提出，同时，纲要还指出要丰富开放内涵，提高开放水平，在战略互信、贸易投资合作、文化交流等方面，形成互惠互利、深入合作的格局，形成对外开放的新局面。

具体而言，一要完善对外开放战略布局，全面推进双向开放，促进国内国际要素有序流动、资源高效配置、市场深度融合，加快培育国际竞争新优势。完善对外开放区域布局，深入推进国际产能和装备制造合作，加快对外贸易优化升级，提升利用外资和对外投资水平。二要健全对外开放新体制，完善法治化、国际化、便利化的营商环境，健全有利于合作共赢、同国际投资贸易规则相适应的体制机制。三要推进"一带一路"建设，秉持亲诚惠容，坚持共商共建共享原则，开展与有关国家和地区多领域互利共赢的务实合作，打造陆海内外联动、东西双向开放的全面开放新格局。四要积极参与全球经济治理，推动国际经济治理体系改革完善，积极引导全球经济议程，维护和加强多边贸易体制，促进国际经济秩序朝着平等公正、合作共赢的方向发展，共同应对全球性挑战。五要积极承担国际责任和义务，扩大对外援助规模，完善对外援助方式，为发展中国家提供更多免费的人力资源、发展规划、经济政策等方面咨询培训，扩大科技教育、医疗卫生、防灾减灾、环境治理、野生动植物保护、减贫等领域对外合作和援助，加大人道主义援助力度。在中国经济步入新常态的背景下，坚持开放发展理念，不仅是中国经济发展的战略选择，更是中国参与全球经济治理、以开放提升竞争力的重要举措，必将对我国实行新一轮高水平对外开放，加快构建开放型经济新体制具有非常重要的指导意义。

9.2 品牌经济与开放发展战略的关系

品牌经济与开放发展战略两者之间已逐步形成相互影响、相互促进、相互融合的紧密关系。

谢京辉（2016）对品牌经济是这么描述的：通常意义上，品牌经济的载体是特定的区域空间，既可以是城市，也可以是国家；从表现内容上看，品牌经济是由多种区域品牌（品牌板块）叠加而形成的综合形态，区域品牌不是单一的产品品牌或企业品牌，而是由众多关联企业集聚所形成的，具有较高知名度的特定产业集聚区。

品牌经济的发展作为我国开放发展战略实施的重要引擎与支撑，为整体经济发展起到了无可替代的重要作用，是"中国制造"向"中国创造"发展的催化剂,是贸易促进、投资促进的主要渠道、是国家软实力提升的重要表现。反过来,我国开放发展战略的不断实施与深化,也为品牌经济的发展带来了新的机遇,产生了"1+1大于2"的积极的推动作用。

9.2.1 品牌经济有效推动贸易结构调整

近些年,全球经济一体化加速发展,国际市场逐步形成了自由贸易市场新秩序,而开放发展战略下的品牌经济,能够有效帮助企业顺应发展形势,促进国际贸易的开展,同时,推动企业不断优化企业架构及贸易机制,提高适应能力。在开放发展战略的指引下,品牌经济发展不仅对要素市场带来了正面影响,而且进一步促进了我国企业、行业和国家经济的发展。

从贸易结构来看,近年来,我国服务贸易出口在整体贸易出口额中的占比不断提升;从出口区域来看,向"一带一路"沿线国家出口占比也在逐步扩大。根据数据统计,1982~2005年我国服务贸易出口增长近29倍,是同期世界服务贸易平均出口增速的2倍。2000~2006年,我国服务贸易出口增长了2倍,而同期世界服务出口只增长0.82倍。近些年,随着国家不断推动供给侧结构性改革,服务贸易的不断增长为我国进出口贸易提供了新的增长点。2011年中国服务贸易进出口额更是首次突破了4000亿美元,达4190.9亿美元,居世界第4位。从商务部商务数据中心发布的数据统计来看,近几年我国服务进出口总值持续上升。2014年,我国服务贸易出口总值已达到2222亿美元。2016年1~10月,服务贸易进出口总额已达42915亿元人民币,其中服务出口为14625亿元(见图9-3)。

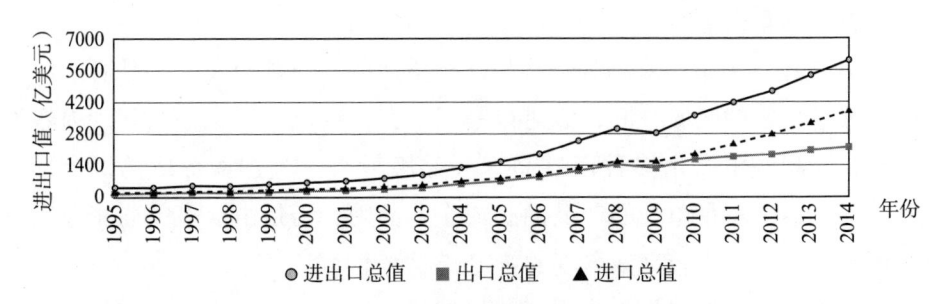

图9-3 1995~2014年中国服务进出口情况

有学者将我国服务贸易的开放度作为研究对象,利用不同行业数据进行衡量,例如周燕和郑甘澎(2007)对世界排名前10位的货物贸易和服务贸易出口国家(地区)的数据分析得出:服务贸易和货物贸易的出口同该国或地区的GDP总量呈正相关关系。有学者通过研究得出,现代服务业通过发展,帮助企业降低货物贸易成本,从整体上提高货物贸易的效益,从而推动货物贸易的发展。从上述分析可知,开放发展推动进出口贸易总量不断提升,特别是服务贸易方面,对于企业来说,品牌开放间接推动企业降低成本;推动品牌开放发展,可以将节约的成本投入到新市场培育、人力资源优化等帮助企业长远发展的关键点上。对行业来说,行业内企业的业绩提升,帮助该行业整体质量与能力提升,从而带动行业整体竞争力提升。对国家来说,通过企业、行业的逐步发展,以及产业结构优化、区域经济发展,从而提升国民生产总值、国家经济及国家竞争力。

另外,国家经济实力的不断提升,一定程度上帮助我国在多双边自由贸易协定、国际贸易谈判等多方面,获得更高的话语权,在政策上推动我国贸易的不断发展,进一步提升国家开放程度。

品牌开放对企业的提升,贯穿于企业运营的各个环节,从成本降低到管理能力提升,从帮助企业优化管理机制到带动品牌全面提升。改革开放的四十多年来,我们见证了许多优秀的企业从某个产品向整个品牌的提升,见证了许多产品品牌与公司品牌的同步发展。

现今,在全球经济一体化的大背景下,在我国政府积极引导企业开放发展,培育良好国际贸易环境的机遇下,企业可通过企业品牌战略和国家发展战略保持一致性,深入挖掘品牌优势,创建竞争战略,从而获得品牌发展的实质性突破,从国家战略中获取红利。

9.2.2 品牌经济带动境内外投资发展

众所周知,不同国家有着不同的资源禀赋;企业对外投资不仅是寻找国外直接的产品市场,也是为企业长期发展服务,寻找可利用的资源。

在自然资源方面,中国资源总量较为丰富,但人均资源占有量仍处于较低水平。我国已经在俄罗斯、加拿大等国家进行大量的投资，以补充国内在资源供给上的不足；在劳动力资源方面，我国劳动力成本上升、人口红利不断降低。相比之下，一些发展中国家的劳动力成本远低于我国，且对于外来的投资企业给予一定的鼓励和政策优惠。因此，部分企业将生产、加工基地进行转移，进行国家间投资，也是为进一步降低生产成本，尤其是劳动力成本，获取成本优势，为企业长期发展服务。

资源及成本只是企业海外投资决策的一个考虑因素，贸易壁垒问题则是部分企业调整投资考虑的主要因素。以北美国家、欧盟国家、俄罗斯、拉美国家为代表的几大贸易市场有着不同的市场情况及政策。一些企业加大对北美、欧盟的投资源于市场的贸易壁垒，通过直接投资避开贸易壁垒对企业的发展有一定意义。以欧盟为例，欧盟对中东欧国家实行统一的原产地累计规则，只要在中东欧国家的生产累计附加值达到60%以上，就可以免税进入欧盟其他市场。该政策为中国在内的海外企业在很大程度上消除了贸易壁垒，通过对中东欧国家的投资，可以享受免税政策，从而打开欧盟的市场。而以巴西为代表的拉美国家，有着巨大的市场潜力和发展空间，这些新兴区域也在通过一系列政策吸引投资，也成为我国企业重要的投资目的地。

另外，技术提升也成为企业对外投资的重要动因。近些年，中国企业，尤其是高新技术企业频频海外投资，有相当一部分是为了获取海外市场的优秀技术。美、德、英、法、日等工业高度发达的国家拥有先进的生产技术和管理经验，我国企业通过对外投资将其吸收转化，最终为己所用，带动自身品牌发展。

9.2.3 品牌经济增强国家软实力

随着我国企业在国际舞台上不断亮相，如何做好全球化推广，已成为我国企业需要关注的重要内容。众所周知，品牌宣传作为品牌开放的基础，可以帮助企业建立品牌形象，提升企业竞争力、影响力，提高区域消费者对品牌的依赖度及忠诚度。中宣部在《加强中国品牌对内对外宣传工作方案》中明确指出，打造一批具有世界声誉的中国品牌，对提升国家综合竞争力和国际影响力具有重要意义。提炼好、讲述好中国品牌故事，有利于塑造国家形象、增强国家软实力，将为世界打开一扇了解中国的窗口。

除纸媒、电视媒体等传统媒体作为宣传渠道之外，Facebook、Twitter等新媒体均为企业品牌的国际化提供帮助。同时，国际经贸活动、论坛、展会，作为企业进行国际宣传的传统方式，依然发挥着重要作用，帮助海外的企业及消费者了解我国的企业和产品，为其提供展示自己的重要途径。正如前文所述，品牌开放涉及贸易发展、产业结构优化及人文交流等方面，从某种意义上看，品牌开放是文化交流的过程。中国品牌的国际化发展依赖于中国文化获得世界主流文化认同的程度。文化的传播对于品牌的宣传有着事半功倍的效果，而这就需要国家、企业通过长期的、坚持不懈的努力来实现，最终在全球舞台建立中国品牌的形象，为每个品牌的国际化发展铺平道路。

9.2.4　开放发展战略为品牌经济引航

中国开放型经济发展模式是以出口导向和外资引进为双引擎，它带动了资本、劳动力、自然资源、科技等主要要素的流动，共同促进了中国经济的发展。而资本、劳动力、自然资源以及科技等生产要素，也是品牌经济发展的重要运行指标，实施开放发展战略，发挥了资本在品牌经济提升中的积极作用，帮助劳动力与资源在品牌发展过程中的平衡分配，并为科技发展提供重要交流与合作平台，吸引更优质资源加入品牌发展的系体中来，使品牌经济进入良性循环。

9.3　品牌经济与开放发展战略的作用机理

品牌作为品牌经济的载体，它承担着资源集聚、配置、整合的重要职能。品牌的发展带来了区域及行业发展，品牌的支撑形成了良好的营商环境，并逐步从单个企业过渡到区域空间上。而区域空间乃至城市的发展，在一定程度上也体现了国家的发展与兴盛，众多企业形成的产业带和城市品牌，也在开放发展战略等一系列国家发展战略的影响下形成其各自的建设及发展策略。同时，品牌经济的形成也成为开放发展战略的重要支撑。

9.3.1 品牌经济的"三圈模型"

关于品牌经济的要素与品牌经济的关系，谢京辉（2014）也曾在其著作中，以"三圈模型"的形式进行过阐述。品牌经济要素主要有三类：核心技术、经营创意、品牌标识，这三者交汇的部分就是品牌经济（见图9-4）。他认为，对于一个国家来说，品牌标识、核心技术与文化创意三者不可分割，只有促使这三者有机结合，才能确保品牌经济真正发展起来。

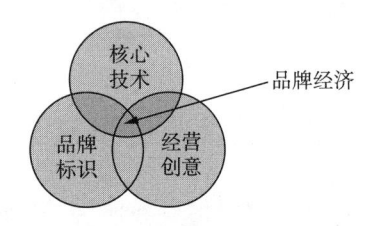

图9-4 品牌经济的"三圈模型"

9.3.2 品牌经济要素发展推动经济战略提升

从微观层面看，品牌经济三要素相互作用，相互推动。核心技术的增值与提高，是品牌逐渐向高端价值链转移的根本条件，是高附加值与差异化的基础。文化创意是"放大器"，将核心技术与文化创意加以整合包装，是完成品牌创新的最佳实现路径。即品牌标识是载体。

从中观层面看，品牌经济是从价值点到价值体系的提升。核心技术的提升必然带来品牌附加值的提升，拥有高端的核心技术是"双向投资率"不断提高的根本条件，是"走出去"与"引进来"的基础。文化创意是贸易结构调整的"催化剂"，是使服务贸易在进出口贸易中的比重不断增大的最佳实现路径。品牌标识的建立则是经济发展战略凝聚力的体现。

从宏观层面来看，品牌经济的载体可以是企业、行业，也可以是城市、区域，甚至国家。田辉（2006）归纳出品牌经济与地区产业发展的关系为"品牌产品—品牌企业—品牌产业—品牌经济"。在这一基础上，我们还可以从另一个角度延伸"品牌经济—区域品牌经济—国家品牌经济"。

9.3.3 品牌经济与开放发展战略作用机理构建

王颜红（2016）在其文献中指出，我国经济步入新常态，经济发展速度从高速增长步入中高速增长，资源约束日益趋紧、环境污染日益严重、生态系统日益恶化，人口红利逐渐消退、中等收入陷阱等问题都摆在我们的面前。转变经济发展方式、调整产业结构显得越来越紧迫。适应新常态、引领新常态，经济结构调整优化，经济动力转换升级亟需新思想新理念新战略，亟需更高层次、更加全面的对外开放。站在更高的起点上，在更广的领域内，利用好国际国内两个市场，更加积极主动融入全球经济。开放是繁荣发展的必由之路也是集聚高端要素、拓展发展空间的必然要求。

企业层面，当企业的品牌被市场认可后，市场对该企业、该品牌产品的需求量势必会增加，企业的知名度也会同步提高。企业品牌的提升也为其累积、吸引了更多的资金，可用于扩大原有品牌的生产规模以及产品创新。通过系列产品的面世与推广，逐渐形成品牌文化并使品牌标识逐渐为市场所认可，带来更多品牌红利。当品牌软实力达到一定规模，企业扩张成为必然，通过资本市场的运作，企业迅速扩大经营规模并趋向多元化发展。在此过程中，无论是品牌的技术与创新发展、企业的资本积累与增长、品牌的文化建立与传播，都离不开开放发展的思路，同样对开放发展战略产生正面的推动作用。

城市层面，企业集群的建立带来品牌经济的不断发展。城市品牌的形成会吸引区域的优质技术资源向其流动，资本市场的支持也有所倾斜。优质资源的积累带来城市的正向发展，与外部环境的不断交流带来了开放程度的深化。这是自然的、也是必然的。

区域层面，在区域范围内，众多相似企业的聚集，产业聚集成为这个区域内该产业综合实力的突出表现，区域品牌的逐渐形成使品牌经济上升到区域经济层面，产业带、产业链逐渐形成。产业集群作为一种独特的产业组织形式，在区域经济增长中起着重要的作用。涂山峰、曹休宁（2005）认为区域品牌增加了集群所在区域的无形资产，而区域品牌作为重要的无形资产可以提高该区域的人均资本存量，根据新古典增长理论，人均资本存量的提高可以提高稳态的人均产出水平。由于区域产业的集聚，一方面使产业群的平均成本降低，另一方面由于技术、信息的共享和营运成本下降及市场开拓成本的降低等方面的原因使集群中单个企业的平均成本降低，便形成了产业群无形资产和产业群企业无形资产。

从国家开放发展战略来看，张前（2006）认为，实施品牌战略可以推动经济快速增长、促进产业结构优化升级、提高人民生活质量、促进国内外经济接轨。正如我们所了解，品牌经济符合国际贸易的规则，所以最具开放性。品牌经济发展良好则国家经济实力强盛。全球经济一体化背景下，一个国家可从其庞大的品牌经济优势中获得经济利益。品牌经济的发展有助于规划实施开放发展战略，"一带一路"、长江经济带建设和京津冀协同发展的区域开放合作发展战略正是开放发展战略的成果体现；品牌经济推动构建开放发展新体制，以开放型经济新体制顶层设计的提出及我国多个自贸试验区的设立，体现了国家从政策到实践的层层落实。品牌经济集聚开放发展新优势，近年来我国利用外资规模不断刷新历史规模，外资产业结构进一步优化，外贸新优势形成，服务贸易出口占比不断增高。以上多方面均可佐证品牌经济对开放发展战略的推动与提升。

9.4 基于开放发展战略的品牌经济建设策略

开放发展理念是融合全球开放理论与实践的思想精华。开放思想是人类思想智慧的重要组成部分，开放实践是人类社会发展的重要推动力量。

品牌经济与开放发展之间相互作用。品牌经济从多方面提升开放发展战略水平，深化开放发展战略内容。品牌企业的培养与品牌经济发展能促进区域产业集群发展，扩大区域竞争优势，增强区域产业竞争力。另外，品牌能够吸收更优质资本，加快资本要素积累，为经济结构优化提供动力，也为优质资本的增值提供目标与通道。

同样，开放发展战略是品牌企业发展、品牌经济形成的重要保障。"走出去"为品牌塑造提供了更广阔的空间，使品牌逐渐向产业价值链的高端过渡；在开放发展战略的推动下，一系列政策的发布也为品牌经济发展提供了重要支撑，甚至在一定程度上为品牌的发展方向提供了有效指引。

9.4.1 开放发展战略帮助生产要素再分配

我国开放型经济发展模式是由经济运行子系统、制度变革子系统与技术创新子系统等构成的经济系统，包含资本、劳动力、自然资源、知识和制度等众多因素。从子系统层次看，经济活动是制度变革与创新的推动力，经济运行子系统是制度变革与创新子系统的基础；制度的变革和创新系统则为经济运行系统提供动力或催化剂，激励或抑制经济运行。从要素层次看，资本、劳动力、自然资源、技术既包括国内要素，也包含通过国际贸易和金融市场从全球性市场体系中获得的国外要素，国内要素和国外要素相互影响、相互促进，构成中国开放性经济发展模式的基本动力源泉。

同时，在确立品牌定位方面，开放发展战略帮助企业在进行品牌定位时，能够提高着眼点。Kothel（1997）认为，品牌是企业基于自身的产品质量、特点、企业信用等综合信息，面向消费者做的一个承诺。它是企业综合信息的载体，包含着多重内涵；企业产品的属性、企业利益点、企业文化、企业价值以及产品特性、消费者群体等都是其品牌的载体。在开放发展战略的影响下，企业综合信息的载体突破了空间范围的限制。小到销售渠道的融合，大到全球经济的一体化发展，都使企业在确立品牌定位的时候，要将目光放得更长远。企业品牌渗透于产品竞品、消费者群体以及企业文化等多个角度以及城市、国家、世界等多个层面。

9.4.2 构建品牌优势，推动产业集群

开放发展战略要从"引进来""走出去"两方面着手，既要在开放对象上提高对国内外市场不同资源的充分利用，又要在开放领域上扩大产业类型、拓展合作空间，吸引优质生产要素服务于品牌。开放发展战略的基础在产业，它是实体经济的强大支撑。

开放发展战略推动了一系列政策的实施，政府从品牌经济建设引导、主题规划与产业支持，按照集中化、合理化、差异化等规则实施宏观政策调控，帮助品牌经济发展。构建品牌的发展优势，政府、行业和企业三方联动，相互配合。目前，许多品牌及行业利用不同的发展模式，创建了自身的品牌优势。以政府主导品牌经济，尤其是区域品牌经济发展，吉林、宁夏、贵州都是我国中药材的产业集群区域，政府从中药种植、加工、销售等环节入手，在生产、研发、人力、资金、营销传播、管理、品牌塑造等环节增加投入，实现整个中药产业集群的不断发展壮大。以长白山人参、宁夏枸杞、贵州何首乌等一系列中药品牌及产业链逐步形成。

在区域品牌经济发展过程中，政策实施有助于构建长效发展机制，法制不断健全维护品牌经济健康发展，市场体系建立夯实品牌经济发展基础。谢京辉提出，品牌经济在本质上就是服务经济，许多地区提出构建服务经济时代的产业体系，实际上就是构建品牌经济体系。

9.4.3 实施品牌营销

信息时代的到来也进一步增加了品牌在全球城市的"流动空间"，因此其自身也成为信息汇集和传播的重要枢纽。在全球性城市中，集聚了大量的电子通信、互联网、广播、电视、传统出版行业等，海量信息在城市中创造、交汇、处理、传播，并对全球经济、社会产生重要影响。在当前全球重要经济交易日益信息化的趋势下，品牌的全球化进程，无疑成为新的全球性战略资源。从这个意义上说，全球性城市是通过品牌性国际市场交易平台控制这种全球战略资源的枢纽空间，这与外部升级

理论契合,尤其是开放战略向国际战略的升级。

同时,开放发展战略的实施,降低了信息的不对称,避免了其带来的社会资源浪费等问题。当品牌经济慢于市场经济发展时,这会对品牌经济带来巨大伤害,而开放发展从基础上减少了品牌经济的封闭现象与信息不对称现象,提升品牌的传播效率,加速品牌经济的发展,也使市场在开放的过程中进行自我调节。在一个区域或者产业带中,通过加强营销网络的布局,获得协同效应,扩大市场优势,在企业集群基础上的开放,企业可以利用群体效应,在一定程度上降低单个企业的营销成本,扩大企业营销收益,品牌经济效应的持续性也更为明显。

9.5　本章小结

首先,开放发展对企业的品牌经济发展具有重要意义。微观层面,开放发展帮助企业调整对外投资战略,持续且有规划地扩大企业规模,提高国际宣传力,创建品牌文化,提高品牌忠诚度,综合提高品牌实力。中观层面,开放发展以点带面,通过行业企业的分层发展,优化产业结构,提升产业竞争力,带动整个产业链条发展;并通过行业内大企业的榜样作用,引领行业内中小企业向规模化大企业看齐,寻找企业内外发展的关键因素,逐步摸索出自己的发展道路。宏观方面,品牌的开放发展有效提升国家经济水平,一系列数据有力地证实这一观点;在国家形象的建立上,开放发展的国际化企业,一定程度上起到了国家名片的作用;走出国门的企业帮助世界认识中国、认识中国制造。

开放发展战略促使我国品牌经济快速发展,我国经济与全球经济不断融合,全方位、多领域、深层次的发展格局已经形成。品牌经济的发展在开放发展战略的指引下,从贸易、投资等传统指标,延伸到品牌软实力的提升,海外商标注册量不断提升,产业结构逐步完善。由自然资源、人力资源、知识技术、资本等要素共同构成的开放型品牌经济逐渐形成,经济系统良性循环。

一方面,品牌经济有效推动着开放发展战略的提升。品牌资本作为品牌经济的重要因素，通过品牌的生产活动提升城市、区域经济增长；通过资源的再分配与优势产业带形成吸引技术、资金等资本；通过企业、城市、区域的品牌经济发展，实现产业结构调整，为开放发展战略打好基础；在发展货物贸易进出口的基础上提升服务贸易进出口量，在吸引优质资源境内投资的同时，也为海外投资发展提供基础，打开通道。品牌、品牌经济、开放发展战略相辅相成，是逐步提升，也是层层带动的关系。

另一方面，开放发展战略也对品牌经济发展起到正面的推动作用。国家的一系列政策正在有效推动着品牌开放发展战略的形成和发展；随着品牌实力不断提升、品牌经济形成规模效应，同样影响国家后续政策的制定和出台。两方面相辅相成，共同将品牌经济及我国经济推向新的高度。开放发展促进经济由内而外转型升级，形成从品牌企业发展到区域品牌经济，各区域优势互补，各有侧重的开放新格局。

第 10 章 品牌经济与共享发展战略

党的第十八届五中全会上第一次明确了共享的发展理念。一时间，共享发展成为人们热议的话题，共享经济成为新的经济增长点，信息共享也成为企业互惠互利的手段。共享发展理念充分调动了各类社会、经济和科技资源，不断提升资源使用效率，创新经济发展模式，激发社会进步动力。一方面，"滴滴打车""摩拜单车"等共享经济领军品牌的估值不断攀升，大量社会闲置资源被调动的同时，为社会提供了大量就业机会，创造了更多的价值；另一方面，大量消费者也因为社会闲置资源的调动获得了极大便利，使整个社会资源利用效率不断提升。与此同时，品牌经济作为市场经济中的重要一员，也在这一波共享浪潮中受到了巨大的影响。

10.1 共享发展战略的内涵与意义

2015年10月，在党的十八届五中全会上第一次明确提出包括共享在内的五大发展理念。同时，详细阐释了共享发展理念的概念内涵。所谓共享发展战略就是"坚持共享发展，必须坚持发展为了人民、发展依靠人民、发展成果由人民共享，作出更有效的制度安排，使全体人民在共建共享发展中有更多获得感，增强发展动力，增进人民团结，朝着共同富裕方向稳步前进。"共享发展理念与中国共产党的基本执政思路保持一致，努力实现共享发展是共产党领导人长期坚持的信念。

共享发展理念对解决我国当前城乡分配不均、东西差距扩大等经济问题有重要的战略价值。随着改革开放的飞速发展，社会生产力水平不断提高，全社会在短短四十年的发展过程中积累了大量财富，在人民生活水平显著提升的同时，贫富差距也在不断增大。根据国家统计局的数据，就城乡收入差距来看，2001年中国城乡可支配收入差距为4494元，到2015年中国城乡可支配收入差距已经达到了19773元；就地区差距来看，2015年地方财政收入排名前5位的省份均处于东南沿海地区，而排名后5位的省份除了吉林以外，其余4省均为西部落后省份，由此可见，中国中西部经济发展水平同东南沿海省份之间的差距显著。因此，如今共享发展理念的正式提出是建立在我国经济发展新常态和民众贫富差距巨大的严峻背景之下，目的就在于解决贫富差距和两极分化，实现共同富裕。

品牌经济作为我国供需结构升级的主要抓手，代表着未来的经济发展方向，共享发展理念也是品牌经济发展的核心思路，通过"共建、共享和共赢"促进品牌经济发展。所谓"共建"就是通过鼓励和引导加强人与人之间的合作精神，发挥大众的共同力量挖掘市场潜力，寻找新的经济增长点；所谓"共享"就是通过把蛋糕不断做大，让更多的人来分享品牌经济发展的成果与红利，最终实现更多人之间的"共赢"。

10.2 品牌经济与共享发展战略的关系

在国家大力提倡发展品牌经济的大背景下，各行各业开始逐渐对品牌建设愈发重视起来，作为推动品牌经济发展的重要理念之一，共享发展理念以多种表现形式长期深植于品牌经济的发展过程中。首先，在品牌经济发展过程中，多种类型的信息共享是较为常见的共享理念表现形式。品牌在发展过程中会产生诸如品牌发展历史、品牌口碑、市场占有率在内的多种信息，这些信息对于品牌企业来说具有极大的价值，是对品牌发展情况的描述。对于其他企业或者组织机构来说，这些信息也具有相当重要的价值，除了通过这些数据和信息来了解相关品牌的发展状况以外，还可以通过某个行业整体品牌的发展情况来评估整个行业的市场发展情况，另外，其他的组织机构也可以利用公开的信息进行深入的研究，得到更有价值的研究成果，来进一步激发品牌经济增长动力。在巨大的利益驱动下，具有品牌意识的政府和企业纷纷开始了品牌信息的共享尝试，以长三角地区为例，长三角地区率先在品牌信息共享领域进行了尝试，有关部门曾在2014年为振兴长三角地区的老品牌，计划将品牌所属企业的基本信息、发展历史、交易信息、企业征信系统、城市群品牌合作交流政策信息以及品牌专家信息库等相关信息全部拿出来，在一个平台上实现共享，还会定期对长三角地区的品牌数据进行更新。除了这种企业间的品牌信息共享形式以外，专门以大数据挖掘和共享的第三方平台则是推动品牌信息共享的另一种模式，这种模式以"勤智数码"大数据服务平台为典型代表。该类第三方的大数据服务平台，通过先进的数据抓取和数据挖掘技术，对互联网中产生的品牌信息进行实时采集、监控和分析，不仅包括针对品牌口碑、品牌点击率、品牌转发率等互联网品牌信息的大数据分析，还包括针对品牌的市场和行业的大数据分析，甚至还可以提供定制化的品牌大数据服务，最终，这类第三方数据服务平台通过研究分析报告的方式将数据分析结果公开发布，实现品牌大数据的共享。随着大数据时代的来临，数据与信息在经济决策和品牌决策中都扮演着越发重要的角色，品牌经济的发展水平必然会受到信息共享程度的影响。换句话说，信息共享水平的提高必然会促进品牌经济的发展。

在品牌经济中，另一种常见的共享理念表现形式是品牌共享。所谓的品牌共享是指若干家企业由于生产同类产品或提供相似服务而共享品牌，最终形成整体竞争优势。品牌共享可以通过规模效应迅速提高品牌知名度和美誉度，尤其对于营销成本有限的中小企业来说，打造自主品牌需要极高的成本，巨大的营销投入是中小企业难以承受的，那么最好的选择有两种，一是多家同一行业的中小企业共同合作打造一个品牌共享，二是通过品牌授权的方式搭便车，使用市场中已经成熟的知名品牌。由此可见，品牌共享是很多中小企业进入市场的重要手段之一。然而品牌共享的缺点也是显而易见的，品牌共享程度越高，品牌运营的风险也将越大，品牌价值越难以长期保持。对于共享品牌来说，品牌价值的长期保持有赖于每一个参与共享的企业共同维护品牌形象，那么品牌共享的参与者越多，品牌价值受损的概率也将提高。因此，品牌经济在发展过程中，不仅要鼓励品牌共享模式来带动中小企业发展，还要加强品牌共享的风险管理，长期保持共享品牌价值，才能实现共享企业间的共赢。由于区域品牌更加具有区域公共性的特点，除了企业可以共享品牌以外，还存在多种其他领域的品牌共享，例如旅游品牌、产业品牌和农产品品牌等。较为出名的旅游区域品牌代表有"好客山东"旅游区域品牌，山东省为推动旅游业发展重点打造了"好客山东"品牌，山东省内的旅游产业均可使用该品牌，极大带动了山东旅游发展。在产业集群的共享品牌中，较为人熟知的是"瑞士手表"，通过"瑞士手表"的品牌共享使得其成为瑞士的支柱产业；在农产品区域品牌中，以新西兰"佳沛奇异果"为代表，全新西兰的果农共享"佳沛奇异果"品牌，使得新西兰果农避免内部竞争，垄断了全世界超过一半的奇异果出口市场。由此可见，品牌共享是推动品牌经济发展的重要手段之一。

除了品牌经济中的信息共享与品牌共享之外，近年来，迅速增长的另一种经济模式充分发挥了共享发展的理念，即共享经济模式。所谓的共享经济模式一般是通过支付报酬暂时获取陌生人的物品使用权的一种新型经济模式。共享经济整体的发展经历了两个阶段，第一阶段是2000年前后的Web 2.0时代，此时的虚拟社区和论坛为陌生的网民之间提供了信息和知识共享的平台，社区上的分享形式主要局限在信息分享或者用户提供内容（UGC），并不涉及任何实物的交割，大多数时候也并不带来任何金钱的报酬；第二阶段是2010年前后，随着Uber、Airbnb等一系列实物共享平台的出现，共享开始从纯粹的无偿分享、信息分享，走向以获得一定报酬为主要目的，基于陌生人且存在物品使用权暂时转移的"共享经济"。2016年11月，在中国澳门召开的世界分享经济高峰论坛再一次将共享经济的创业热潮推向巅峰，可以想象，在不远的将来共享经济将成为社会服务行业内最重要的一股力量。在住宿、交通、教育服务、生活服务及旅游领域，优秀的共享经济品牌不断出现。资源的共享可以促进社会财富快速流动、避免资源闲置，提高社会财富的循环效率，扩大人们消费需求，满足更多人的利益。从表面上来看，共享经济与品牌经济之间并无关联，经过深入分析我们会发现，共享经济与品牌经济并不冲突，并且共享经济发展过程中也必然伴随着品牌经济的发展，举例来看，随着共享经济的迅速繁荣，一批建立在共享经济基础上的知名品牌也同时被消费者所认可，比如"Airbnb""滴滴打车""优步中国""摩拜单车"等著名共享经济品牌，从而促进品牌经济发展。

同时品牌经济的发展也可以促进共享理念更加深入人心。首先，品牌经济的发展会为品牌建设较为成熟的企业带来显著的收益，一方面，企业产品的市场竞争力由于品牌影响力的提升而显著增长，拥有品牌的企业会占据更多的市场份额；另一方面，拥有高价值品牌的企业其产品的溢价能力更加突出，强势品牌可以为企业带来可持续的直接利润和间接收益。对于没有强势品牌的企业来说，其为了不被市场所淘汰，只能选择开展品牌建设，由市场倒逼进行改革创新。然而，品牌建设离不开标准化的质量管控，专业化的创新能力和信息化的传播渠道，每一项工作都离不开有效的信息与知识共享。因此，品牌经济的发展会有效激励企业进行自我改革，通过市场淘汰风险倒逼共享发展理念不足的企业加强自身信息与知识的共享水平，促进信息与知识的共享，提升企业整体的共享发展理念。

其次，对于公共品牌和区域品牌来说，与企业品牌同理，部分区域通过共享品牌的方式使得本地的产品与服务的市场竞争力大幅提升，溢价能力显著增长。而缺乏品牌建设的行业和地区，产品与服务没有统一标准，产品质量参差不齐，服务水平高低不一，市场竞争力显著不足。由此，为了分享品牌经济红利，市场会激励行业内甚至区域内的品牌共享行为，鼓励从业者们通过品牌共享实现行业规范化，以提升整体竞争力。

最后，共享经济的发展不仅只会单方面产生一大批有影响力的品牌，促进品牌经济发展，并且强势的共享经济品牌反过来也会促进整个共享市场的繁荣与发展。一方面，共享经济的品牌化是必然选择，共享经济领域内资本活跃，竞争激烈，缺乏技术壁垒，行业门槛低，这些特点使得没有品牌的共享经济难以生存。而品牌化的发展模式可以为共享经济的发展提供以下几点优势，一是稳定的市场份额，一定的品牌忠诚度可以使得共享经济品牌拥有稳定的客户群体；二是可持续的共享资源，共享经济需要大量可用的社会闲置资源，而这些资源需要其拥有者的足够信任才能被市场激活，品牌信任可以快速有效激活社会闲置资源；三是强大的市场竞争力，面对较低的行业准入门槛，只有通过品牌优势的建立才能在共享经济环境中立于不败之地。表面上看共享经济的发展产生了大量强势品牌，深入分析可以发现，由于品牌的竞争优势可以有效促进共享经济的市场竞争力，使品牌化发展成为共享经济模式的必然选择。由此可见，共享发展战略不仅可以有效促进品牌经济发展，反过来，品牌经济的市场红利会促进共享理念的深入人心，二者之间相互促进。

10.3　品牌经济与共享发展战略的作用机理

共享发展理念作为党中央一以贯之的政策理念，已经深切融入全社会各个方面的改革和发展之中，其中也包括了蒸蒸日上的品牌经济。共享发展理念与品牌经济发展的结合具有必然性，这是因为共享理念是推动品牌发展的重要动力和实现手段，只有通过共享发展理念才能让品牌经济规模不断提升，并且允许全社会共同分享品牌经济的红利，最终让以品牌为中心，包括企业、消费者和政府在内的所有利益相关者实现互利共赢。本节通过数据实证的方式验证共享发展理念与品牌经济发展之间的关系，并构建品牌经济和共享发展理念之间的影响作用模型。

10.3.1　信息共享通过加强创新能力推动品牌经济发展

21世纪是信息的时代，人们发现信息和数据可以产生巨大的价值和财富，信息和数据成为继土地和资本之后的又一种重要生产资料。对于品牌经济来说，信息意味着对风险的掌控，数据则意味着可量化分析。由此可见，信息对于当前品牌经济的发展来说扮演着十分重要的角色。企业在进行品牌战略时需要通过数据分析来及时掌握自身品牌的发展情况，以及把握行业和市场动态。俗话说巧妇难为无米之炊，首先企业需要有足够数量的数据作为推动品牌经济发展的原料。在互联网普及之前，尽管人们意识到信息的重要性，但是由于数据获取不易，信息和数据的

第 10 章 品牌经济与共享发展战略

价值没有被完全发掘。如今，随着计算机、智能手机和互联网的普及，大量高效的信息交流渠道和信息共享平台不断出现，整个互联网中无时无刻不在生产数量惊人的数据，各行各业可以通过对采集的数据进行分析与挖掘，掌握市场变化情况，做出正确的决策，从而规避风险并且把握机遇。与此同时，这些信息共享平台也成为推动品牌经济发展的数据来源。企业可以通过分析消费者在互联网产生的数据，监督自身品牌和其他行业品牌的发展状况。换句话说，市场中广泛存在的信息交流与信息共享现象为推动品牌经济的发展提供了重要的数据基础。图 10-1 显示了北京市 2011~2014 年的邮电业务总量增长情况，包括了固定电话、移动电话和互联网接入等通信方式在内的所有邮电业务费用总额❶，可以发现北京市的信息交流与信息共享水平呈现逐年提高的趋势。

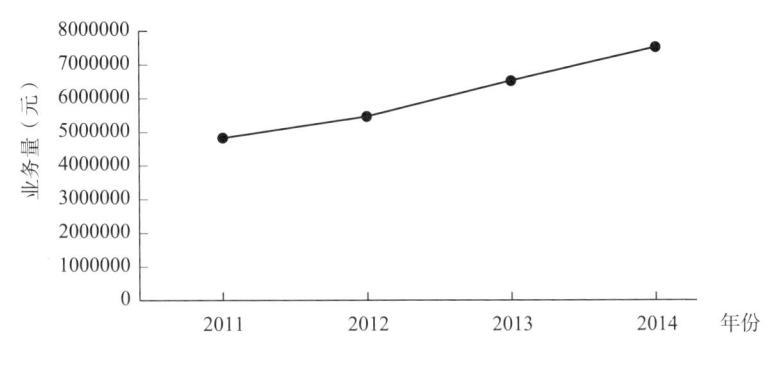

图 10-1 北京市信息共享水平变化趋势

另外，尽管消费者的信息共享水平提高为品牌经济的发展提供了数据基础，但是由于企业自身的能力有限，再加上巨大的消费者群体每天产生的海量数据，使得每个企业所掌握的信息都是不够全面的，企业通过有限的信息得到的收益也是有限的。在这种情况下，企业迫切需要通过企业之间的信息共享来获取更加全面的信息，利用信息交流产生"1+1大于2"的效果，更为全面地掌握市场变化情况。随着信息技术的不断发展，互联网除了为消费者之间的交流提供了便利之外，也为企业间的信息交流共享提供了渠道和平台。由于信息共享平台的建立和企业

---

❶ 本书以邮电业务总量为反映当地信息共享水平的指标。

间低价值数据的分享,每个参与企业都可以获得远超其自身数据价值的收益,通过对自身品牌和整个行业更为深入的分析,可以有效促进企业的品牌发展,从而提升社会经济发展水平,使得品牌经济日趋成熟。以北京为例,图10-2显示了北京市历年信息共享水平与品牌经济发展水平的关系❶。由此可见,信息共享水平的提高可以有效推动品牌经济的发展,即社会的信息共享水平越高,则当地的品牌经济发展水平越高。

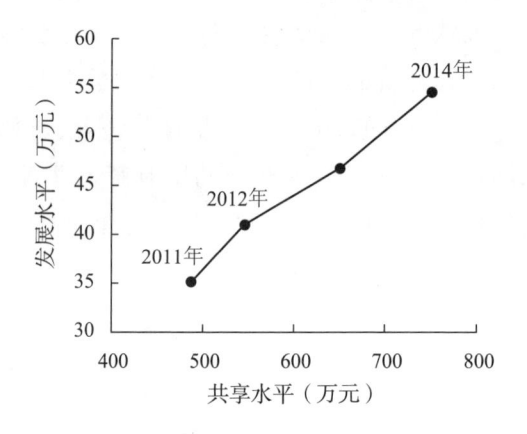

图 10-2　北京市历年信息共享水平与品牌经济发展水平关系

信息共享是如何推动品牌经济的发展是我们要进一步讨论的问题。我们认为,信息共享是通过加强创新能力进而推动品牌经济发展。首先,我们要明确创新能力提升有赖于高效的信息共享水平。创新包括技术创新和制度创新,无论哪一种创新都是一项知识密集型的工作,不是仅仅依靠一个人或者几个人的力量就可以保持持续性的创新能力,对于企业和各类组织来说,想要保持可持续的创新能力,有赖于科学的、专业的创新管理模式和创新人才。大量有关创新管理模式的研究表明,提升组织内的信息与知识的共享与交流,降低员工的信息获取屏障都有助于提升组织内部的创新活力与创新能力。然而,组织的创新水平提升是怎么作用于品牌经济发展的?国内外品牌领域的大量研究表明,创新是品牌经济增长的重要动力来源。技术创新可以提高企业的生产力和生产效率,提升品牌下产品与服务的市场竞争力;管理创新可以改变生产关系,优

---

❶ 本书以年商标有效注册数为反映当地品牌经济发展水平的指标。

化资源配置，提升品牌形象；需求创新则可以满足用户新需求，开拓新市场与新品牌。尤其是健康的、可持续的创新可以有效促进品牌效应的快速形成，实现品牌从无到有的跨越式发展。我国大疆无人机品牌是持续创新缔造品牌的典型案例，深圳大疆科技公司十年磨一剑，通过不断推出最新的无人机技术，大疆无人机品牌经历了从无到有，从有到世界知名的跨越式发展。图10-3显示了我国各省区市的创新投入与当地品牌经济发展水平的关系，可以明显看出，创新能力的提升会显著推动品牌经济的发展。

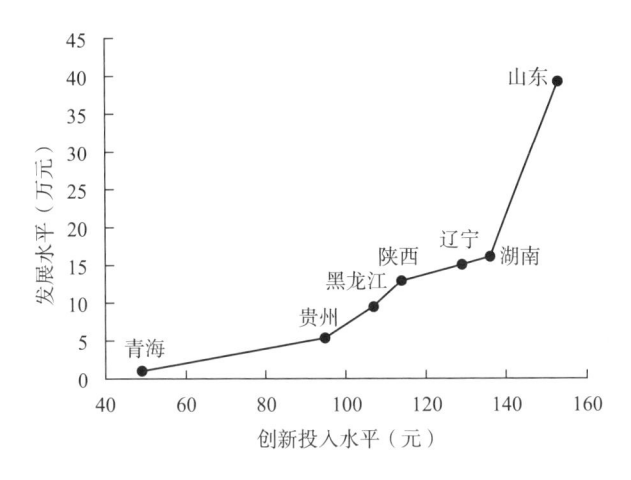

图10-3 2014年我国部分省区市的创新投入与品牌经济发展水平关系

10.3.2 品牌共享通过统一质量标准促进品牌经济发展

品牌经济在发展的过程中演变出了多种品牌延伸的形式，包括进行品牌共享和品牌授权。品牌共享的概念是指若干家企业或组织机构，由于生产同类产品和提供相似服务，通过共同使用一个品牌的方式同其他竞争对手相区别，通过规模效应实现整体优势的一种品牌发展手段。品牌共享在区域经济中较为多见，如旅游区域内的从业者都有权共同分享一个以地理空间标识名称命名的区域旅游品牌，如福建省知名旅游品牌"福建土楼"。旅游品牌共享现象的出现，多源自旅游品牌本身具有的公共性特点，其并不仅仅属于个人、组织或者政府。由于旅游品牌的利益涉及范围广，主体间关系复杂，通过品牌共享是实现旅游区域内各方共赢的必然选择。以福建土楼为例，在福建土楼旅游品牌开放初期，由于土楼分布范围较广，行政区划分不统一，导致旅游品牌的开发各自为政，导致出现了各地福建土楼旅游项目同质化严重的现象，缺乏差异化竞争使得游客旅游体验下降，甚至各地土楼景点之间相互诋毁，破坏土楼旅游品牌的整体形象。为了解决这一问题，福建省旅游局主导成立福建土楼旅游发展联盟，联盟内的所有成员均可共享福建土楼的旅游品牌。联盟成立以后，各方统一品牌宣传推广、统一网站建设、统一信息发布、统一服务标准、统一品牌形象，避免内部竞争。同时两市三县在土楼旅游体验上进行差异化建设，大大提高了游客旅游体验的同时，又增加了土楼旅游的品牌特色，提升了每个土楼旅游景点的边际收益。由此可见，通过区域旅游品牌共享，避免了当地利益主体间的竞争消耗，统一了旅游品牌形象，极大地推动了当地旅游品牌经济的发展。

所谓品牌授权又称品牌许可，是指授权者将自己所拥有或代理的商标或品牌等以合同的形式授予被授权者使用，被授权者按合同规定从事经营活动，是另一种品牌共享的形式。如今品牌授权已经成为市场营销的主要手段之一，甚至有些企业已经把品牌授权作为其实现市场营销和品牌延伸的核心方式。品牌授权、公共品牌、区域品牌等品牌共享模式相较于传统的企业私有品牌有以下优势。第一，对于无力自行打造品牌的企业或者个体来说，品牌共享为其提供了一个分享品牌红利的机会；第二，对于区域品牌或者公共品牌自身来说，其通过品牌共享的方式利用非常低的成本扩大了品牌自身的市场规模和市场影响力，实现了品牌延伸，双方属于共赢的结果；第三，品牌共享、品牌授权有利于统一行业的质量标准，实现整个行业的规范化和标准化。对于品牌授权方或者区域品牌来说，其授权和共享并非盲目的，为了其自身品牌形象在授权和共享以后不会受到负面影响，一般授权方会设立一定的质量标准，对于产品或服务质量满足这一标准的企业或个体才有资格使用该品牌，最终会导致整个行业内的产品质量标准趋于统一，共享品牌的产品与服务不断扩大影响力，市场竞争力持续增强，缺乏品牌的产品或服务由于质量参差不齐面临被市场淘汰的风险，形成良币驱逐劣币的良性循环。由此可见，品牌共享水平的提升可以对某一区域内或某一行业内的质量标准统一和规范化起到显著的推动作用,进而增强区域品牌或公共品牌的影响力与市场竞争力,最终推动品牌经济的发展。

各行各业都出现了品牌共享模式实现质量标准统一进而推动品牌经济发展的案例,不过由于农产品质量控制的特殊性使得品牌授权尤其适合农产品品牌经济的发展。例如"银加善"是我国较为成功的农产品品牌共享案例。2010年8月,嘉善县为解决县内农产品质量的差异问题,针对当地农产品品牌管理混乱的实际情况,注册了我国第一个区域农产品品牌——"银加善",并通过创新经营模式,对全县农产品品牌进行集中整合、统一宣传、严格管理。为保证嘉善县农产品能够进入高端市场,嘉善县首先统一品牌形象和质量标准,采取规范授权标准、强化品牌保护和监督品牌使用三管齐下的方式进行品牌授权,全嘉善县境内的农产品生产企业和农户都有权分享银加善的品牌红利。截至目前,共授权了18个单位使用该集体商标,其中,企业有7个,专业合作社有11个,涉及精品农产品品牌有19个,涉及农产品品种有22个。在"银加善"旗下,子品牌农产品年销售额超过1.6亿元,实现净利润1475万元。农产品销售价格比其他同类产品平均高出8%。由此可见,品牌授权作为品牌共享的一种形式,使全县都享受到了品牌经济发展的红利,极大地推动了嘉善县当地的农业品牌经济发展。

10.3.3 闲置资源共享通过增强社会诚信意识推动品牌经济发展

共享经济作为近几年出现的新兴经济模式,与品牌之间紧密联系,相辅相成,相互促进,共同推动社会经济发展水平不断提高。随着互联网的发展,共享经济实际上是利用便利的互联网搭建了一个需求端和供给端直接对话的平台,如Uber就颠覆了传统由出租车公司控制的汽车租赁行业。然而,自共享经济出现开始,品牌经济就自然而然地融入共享经济的发展之中,打造共享平台的过程实际上就是打造品牌的过程,无论是国外的Airbnb、Uber还是国内的"滴滴打车"与"人人车"等共享经济平台,都十分重视企业品牌形象的宣传,使得共享平台在短时间内就获得大量用户群体。2005~2015年,全球共享经济领域内的品牌数量增长变化如图 10-4 所示。我国共享经济起步较晚，于 2010 年起开始逐步发展，2014 年开始进入井喷期，具体品牌数量增长趋势如图 10-5 所示。

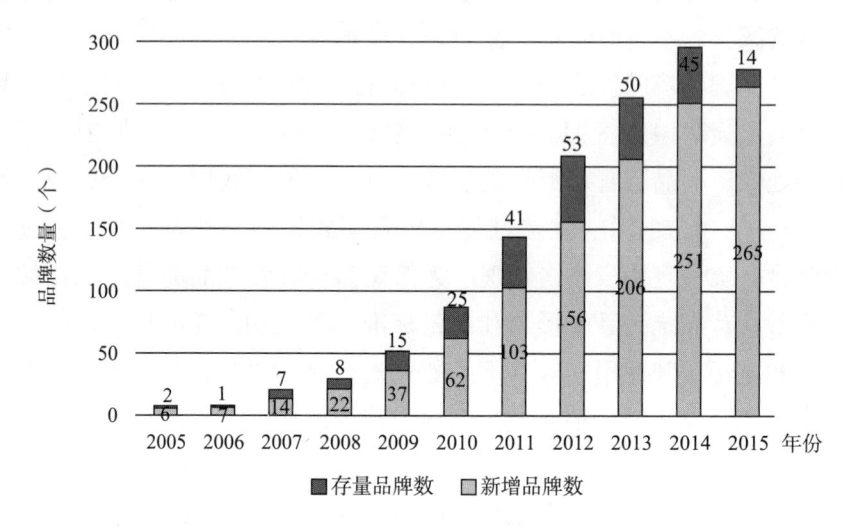

图 10-4　全球共享经济品牌数量变化趋势

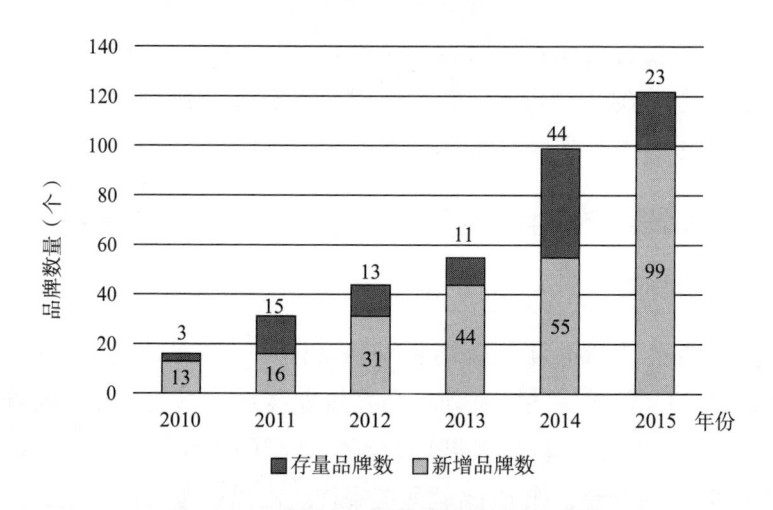

图 10-5　我国共享经济品牌数量变化趋势

虽然社会闲置资源的共享促进了一大批非常具有活力的品牌出现在市场中，但是共享经济是如何在更深层面上促进品牌经济发展仍是我们关注的问题。首先，社会闲置资源的共享有赖于一定的社会诚信水平，同时，共享经济的繁荣也会一定程度上加深社会诚信建设。我们可以看到，无论是 Airbnb 的房屋共享，还是"滴滴打车"的出行工具共享，抑或是 OFO 的单车共享，都需要社会闲置资源提供者和使用者之间具有一定的信任。作为这些闲置资源的拥有者需要相信自己的财产在共享以后不会受到损害，才有足够的动力共享这些资源，而作为这些资源的使用者也需要用自身行动来证明自己不会损害原有资源拥有者的利益才能继续使用这些资源。因此，在共享经济发展的过程中，通过市场的筛选作用，鼓励诚信用户，并且打击失信用户，剥夺失信用户继续共享资源的权利等方式提升整体社会的诚信水平。另外，社会诚信水平的提升也会显著刺激品牌经济发展。大量品牌领域的研究学者证明了诚信是品牌经济发展的重要影响因素。自古以来，诚实守信始终是最核心、最基本的商业道德，诚信在促进商品与资本的流通过程中一直扮演着十分重要的角色。日本著名企业家松下幸之助曾经说过，信用既是无形的力量，也是无形的财富，无论在企业品牌还是个人品牌发展过程中，信用都将成为其品牌资产最重要的组成部分，品牌价值可以随着整体社会信用水平的逐步提升持续增长，反之社会诚信的缺失亦会使得品牌经济不断缩水。

10.3.4　品牌经济与共享发展战略作用模型

前文中我们将共享发展理念分为三个部分，分别为信息共享、品牌共享与社会闲置资源共享三个维度。根据历年的数据变化趋势，我们认为，随着共享理念的不断加深，信息共享、品牌共享和社会闲置资源的共享程度不断提升，组织创新能力加强、行业质量标准统一和社会诚信水平提升是推动品牌经济迅速发展的重要因素，反过来，随着发达地区的品牌经济不断发展，品牌经济发展薄弱的地区将通过加深共享发展理念的方式来促进本地的品牌经济成长，从而使得品牌经济发展可以进一步促进共享发展理念的不断深化，二者之间相互影响。因此，我们构建了如图 10-6 所示的作用模型来描述品牌经济与共享发展战略之间的相互关系。

根据上述共享发展战略与品牌经济发展之间的作用模型，共享发展战略与品牌经济发展之间的关系如下：首先，共享发展战略从三个方面促进共享发展，即企业间的信息共享，品牌共享以及社会闲置资源的共

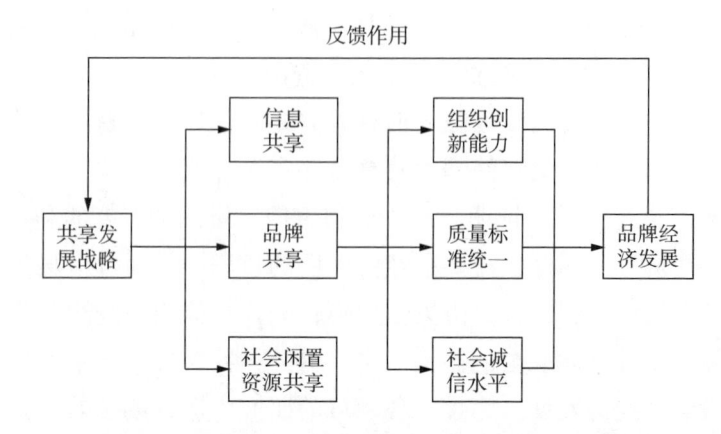

图 10-6　共享发展战略与品牌经济发展之间的作用模型

享。所谓信息共享就是指企业间通过互相公开自己所掌握的市场信息，使市场变得愈发透明，不断消除市场中的信息不对称，减小市场中信息流动的阻力，充分发挥信息对经济发展的促进作用，提升企业应对市场变化的能力，最终信息的高效流通使组织的创新研发能力得到加强。

其次，共享发展战略促进企业间的品牌共享。所谓品牌共享如同前文所述，中小企业通过品牌整合、品牌授权等方式，充分发挥区域品牌和公共品牌的优势，通过共享品牌降低内部的竞争损耗，最大化品牌带来的市场竞争优势。另外，共享品牌的中小企业为保证品牌竞争力的长期有效，往往会设立一定的门槛，即通过设定统一的质量标准等方式，规范化共享品牌的使用与建设，最终促进行业和市场整体标准的统一与规范。

最后，各类共享经济，共享单车、共享约车甚至房屋共享等新兴经济模式，充分调动了社会闲置资源，大幅提升了社会资源的利用效率，在提升经济发展效率的同时，减少了资源的浪费，并且用户形成了建立在社会诚信基础上的新生活习惯，社会诚信水平得到了大幅提升。同时共享经济的发展也形成了新的品牌，作为新兴经济发展模式也促进了品牌经济的发展。

总而言之，信息共享、品牌共享或者社会闲置资源共享都在一定程度上促进了品牌经济的发展，而品牌经济的繁荣也反过来对共享发展战略产生正面促进作用。随着组织创新能力的不断提升，行业质量标准的逐步统一以及社会诚信水平的不断提高，市场乃至社会对共享发展模式的需求将会更加强烈，共享发展理念将成为人们普遍接受和认可的发展理念，共享发展战略更加深入人心。

10.4 基于共享发展战略的品牌经济建设策略

根据共享发展战略与品牌经济发展之间的相互关系，我们可以发现，信息共享水平、品牌共享水平和社会闲置资源共享水平都可以促进品牌经济发展。由此我们可以提出基于共享发展战略的品牌经济建设策略。

提升组织间和组织内的信息共享水平，加强创新能力建设。对于品牌经济发展来说，信息的有效交流至关重要。一方面是组织内的信息共享水平，各部门之间的数据与信息共享可以有效提升组织自身的创新效率与创新能力，从而进一步提升组织自身的品牌价值和品牌竞争力。另一方面，组织间的信息共享也可以起到类似的效果，促进整个行业间的互相交流，甚至不同行业间的交流互访，彼此之间取长补短，进一步提升整个产业甚至于整个社会的创新能力，从而促进品牌经济发展。

提升区域的品牌共享水平，规范行业的质量标准。品牌的建设是一个周期长、高投入的过程，并非适合每一个组织和个体，尤其对于品牌建设经验和资源相对不足的组织或个体来说，尽管有足够的品牌意识，仍然难以凭借一己之力分享品牌经济的发展红利。公共品牌和区域品牌建设的价值由此凸显，通过公共品牌或者区域品牌的共享方式，可以迅速提升品牌的市场占有率和影响力，将品牌价值实现最大化；另外，区域或者行业通过品牌共享可以统一行业质量标准，规范整个行业市场，改变传统市场品牌杂、乱、小，产品与服务质量参差不齐的情况，提升整体区域或者行业品牌的市场竞争力，促进品牌经济快速发展。

提升社会闲置资源的共享水平，增强社会的诚信建设。品牌经济的繁荣与发展离不开整个社会的信用保障，从企业、组织到个人消费者，诚信是商业繁荣的底线。同时，共享经济的发展激活了社会闲置资源，为大量普通消费者提供了相当的便利，整个共享经济的发展不仅有赖于一定的社会诚信水平，同时通过市场手段可以对社会失信行为进行筛选，

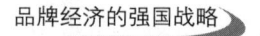

鼓励诚信用户，打击失信用户，形成社会信用水平的良性发展。因此，通过提升社会闲置资源的共享水平，促进社会整体的信用水平提高，将会更加有利于品牌经济的繁荣与发展。

10.5　本章小结

本章从4个小节介绍了共享发展战略与品牌经济，以及它们之间的相互作用关系。第1小节介绍了共享发展战略的内涵和意义。首先明确了党的十八届五中全会对共享发展战略的内涵诠释，其次强调了党中央和国家高层领导人对共享发展战略的一贯重视，最后提出了共享发展战略对当前我国经济发展现状的重要意义，指出实施共享发展战略是解决当前我国城乡分配不均、东西部地区发展不均衡的必经之路。

第2小节中，我们主要探讨了共享发展战略与品牌经济之间的关系。首先介绍了三种品牌经济中主要的共享模式，包括信息共享、品牌共享和社会闲置资源共享，随后我们讨论了三种共享模式对品牌经济发展的促进作用，并且通过更加深入的分析，发现了品牌经济的发展会反过来进一步促进共享发展理念深入人心。

第3小节中，更加详细地探讨了共享发展战略对品牌经济发展的内在作用机理。通过我们的分析发现，信息共享通过加强创新能力推动品牌经济发展；品牌共享通过统一质量标准，提升区域和行业整体竞争力水平的方式推动品牌经济发展；社会闲置资源共享则通过促进社会整体诚信水平的方式推动品牌经济发展，并且构建了共享发展战略与品牌经济发展之间的作用模型。

在最后一部分，我们根据之前共享发展战略与品牌经济发展之间的内在联系，提出相应的品牌经济发展策略。一是提升信息共享水平，促进创新能力提升；二是鼓励品牌共享，统一行业的质量标准；三是提升社会闲置资源共享水平，增强社会整体诚信水平，从而促进品牌经济整体发展。

第四篇

品牌经济的评价模型

第 11 章 品牌经济发展的评价模型及实证研究

本章将对我国品牌经济发展评价指标的筛选展开研究，为了保证研究的可靠性，首先明确指标的构建原则与思路，然后对指标的选择、权重的确定、结构的构建进行研究，最后进行信度和效度的检验。在确定了我国品牌经济发展评价的指标后，如何制定合理的权重来对指标进行赋值就成为一个很重要的问题。目前比较常用的权重赋值方式有两种，定性分析法包括德尔菲法、层次分析法和模糊综合评价法等，和定量分析法，包括主成分分析法、因子分析法和熵值法等。考虑到本书在数据的采集和处理过程中都坚持定性和定量相结合的原则，在这里选择熵值法来确定我国品牌经济发展评价指标的权重。在完成了对我国品牌经济发展水平指标的构建之后，为了进一步保证研究的科学性、可靠性与可用性，本章将使用我国各地区的相关数据进行实证研究，一方面检验指标的实际使用情况，另一方面对我国目前各省区市的品牌发展水平进行评价。

11.1 我国品牌经济发展评价指标的构建思路

在构建我国地区品牌发展水平评价体系的过程中，对于评价指标的选择是一项非常重要的任务，如何使指标尽可能科学全面地反映我国各地区品牌发展的实际情况成为研究过程中的重点难点问题，为了尽可能保证指标的合理性，在研究中将遵循以下原则：

第一，科学性原则。为了尽可能保证我国地区品牌发展水平评价体系的合理有效，需要在指标选择的过程中做到概念明确、内涵清晰、数据合理、计算科学等原则，以便客观真实地反映出我国各地区品牌发展的实际情况，科学、系统地对其评价。

第二，全面性原则。一个地区的品牌整体发展水平不仅体现在该地区品牌数量、经济发展水平等多个层面，同时也受到许多地域中客观条件的制约，因此在选择评价指标的过程中要尽可能涉及相关的影响因素，以便对地区品牌发展水平进行全面的认知。

第三，可操作原则。在针对我国地区品牌整体发展水平进行测评的过程中，选择的指标应该是真实而可靠的，所以在选择指标的过程中应尽量选择统计年鉴或其他资料中准确的数据及可量化信息进行研究，同时要注意尽量使指标对应的数据采集较为容易，对于一些虽然能反映一部分情况，但真实数据较难获得的指标应该选择替换或者删除，保证指标数据的准确性、规范化及可得性。

第四，定量与定性原则。当我们研究品牌问题时，必须考虑到消费者对品牌的情感态度问题，而这些问题的答案基本上是以定性为主的，但从地区层面上考虑该区域品牌的整体发展水平时，又需要从定量的角度对实际情况进行考核。所以我们认为，为了更加全面、准确地反映出我国地区品牌发展水平的实际情况，需要坚持定量与定性相结合的研究方法，客观而准确地对问题进行分析。

目前，虽然从地区角度对品牌经济的整体发展水平进行评价的研究还比较少，但是国内外学者针对品牌的评价研究已有许多优秀成果，因此，本书将根据已有的文献研究，选择区域品牌评价这一类似的研究成果，对评价地方品牌整体发展水平的指标进行筛选，然后对这些指标进行词频分析，选择出备选的评价指标，再根据理论分析法选取适合我国品牌经济发展评价的指标，在考虑数据可得性与科学性的基础上明确测评要素。为了使评价指标尽可能比较准确，采用客观的定量分析方法——熵值法对指标进行权重赋值，避免了人为赋值的随意性，然后采用因子分析法提取公因子构建评价指标体系。最后，对评价指标进行效度和信度的检验，完成对我国品牌经济发展评价指标的选取与构建，整个研究主要思路如图11-1所示。

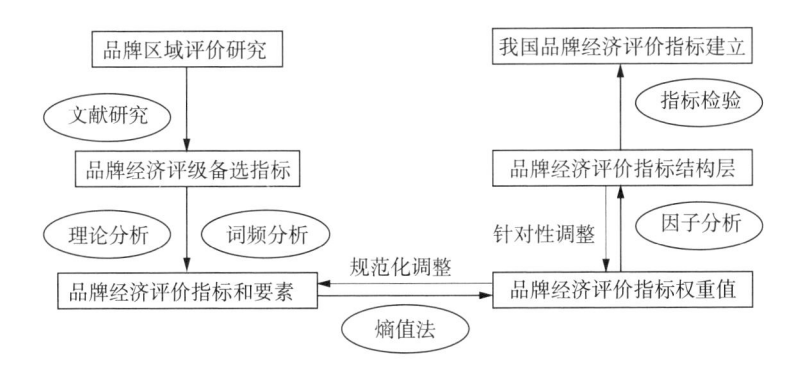

图 11-1 我国品牌经济评价指标研究思路

11.2 我国品牌经济发展评价模型的指标选取

在对我国品牌经济发展评价指标进行研究的过程中，指标的选取是我们面临的一大挑战，因为已有的研究文献主要将视角集中在企业、行业或区域品牌上，相应的，其选择的评价指标也主要从这些角度出发，但是从地区层面上评价品牌经济整体发展水平的研究相对较少，所以，本书在选取指标时可以参考借鉴的内容较为局限。但是，无论是从哪个角度对品牌的发展进行评估，其核心都是围绕着品牌这一主体，因此，我们可以将已有文献中符合我们需求的指标进行提取，按相应的标准进行选择。

在指标的选取方法上，本书采用理论分析法和频度分析法结合使用的方式。在品牌价值、品牌竞争力、品牌经济及统计学等理论的指导下对指标的选取问题进行分析，再对目前与研究内容相关的论文、报告进行梳理，将其中使用过的符合本书逻辑的指标及其释义进行提取，进行频度统计，选取其中频度相对较高的指标进行探讨，对指标进行合并、改进，在讨论可行性的基础上拟定评价指标。

首先，我们要明确所要评价的对象，是从地区角度对品牌的整体发展水平进行评价，那么在指标的选择上就要剔除某个品牌或某个行业等企业层面的考核指标，也就是说，我们选择的指标体系应该是基于区域品牌研究的。从这个基础思路出发，我们选取了10篇有关此方面的文献，时间跨度为2011~2015年，将其中从地区层面上评价品牌发展的指标进行频度统计❶。

表11-1　品牌发展评价指标频度统计结果

序号	关键词\文献编号	1	2	3	4	5	6	7	8	9	10	频度
1	品牌忠诚度			+	+	+	+		+	+	+	70.00%
2	区域形象	+		+	+	+		+		+		60.00%
3	品牌国际化		+	+		+	+			+		50.00%
4	品牌知名度		+		+	+			+	+		50.00%
5	品牌美誉度				+		+		+	+	+	50.00%
6	用户满意度		+		+		+	+		+		50.00%
7	技术创新	+		+		+			+			40.00%
8	品牌信赖度		+			+			+	+		40.00%
9	品牌质量				+				+	+		40.00%
10	区域战略	+		+				+				30.00%
11	品牌情感	+		+				+				30.00%
12	资本资源		+					+		+		30.00%
13	技术资源		+							+		30.00%
14	品牌出口率		+			+				+		30.00%
15	品牌联想度		+						+			30.00%
16	人才引进		+				+			+		30.00%
17	政府关注度		+					+		+		30.00%
18	政策倾斜度		+						+			30.00%
19	品牌评价			+		+						30.00%
20	创新能力				+				+		+	30.00%
21	投资环境		+							+		20.00%
22	成长环境					+					+	20.00%

---

❶ 在统计指标频度的过程中，已经人工地将涉及具体品牌或某一行业品牌的指标进行剔除。

续表

序号	关键词\文献编号	1	2	3	4	5	6	7	8	9	10	频度
23	品牌发展规模						+	+				20.00%
24	公共服务						+	+				20.00%
25	扶持政策				+		+					20.00%
26	产学研能力				+					+		20.00%
27	基础设施		+									10.00%
28	人力资源		+									10.00%
29	研发经费		+									10.00%
30	知识产权保护		+									10.00%
31	品牌输出					+						10.00%
32	品牌成长					+						10.00%
33	区域名牌						+					10.00%
34	经济效益						+					10.00%
35	技术资源						+					10.00%
36	公共营销						+					10.00%
37	研发能力						+					10.00%
38	品牌价值							+				10.00%
39	品牌延伸能力								+			10.00%
40	品牌扩张能力								+			10.00%
41	品牌定位								+			10.00%
42	规划管理								+			10.00%
43	产业集中度									+		10.00%
44	引资水平									+		10.00%
45	协会协调力									+		10.00%

再按照筛选原则对相关指标进行频度统计后，共获得45个指标。为了确保指标选择的科学性和可靠性，在接下来的研究中，选取频度大于等于20%（也就是至少在两篇文献中出现的）指标进行研究，经筛选符

合条件的评价指标共有 26 个。

针对选取的 26 个评价指标,我们发现,指标间存在一定的概念重合现象,有必要对相似的指标进行合并,同时还有部分指标的数据难以量化,需要剔除或改进。为了进一步规范数据来源和指标定义,下文将针对 26 个指标进行分析处理。即对概念有重叠的指标进行替换整合,对概念存在包含关系的指标进行合并(见表 11-2)。

表 11-2　品牌发展评价指标调整

原始指标	指标存在问题	处理方式	调整指标	指标解释
技术创新、创新能力	技术创新和创新能力指的都是品牌内部的创新能力,二者概念有重合的部分	替换	品牌创新水平	选取品牌创新能力作为入选指标,这一指标描述品牌内部的创新投入及能力
技术资源、人才引进、产学研能力	技术资源、人才引进、产学研能力讨论的都是品牌外部的创新环境,三者概念有重合部分	替换	品牌技术环境	选取品牌技术环境作为入选指标,这一指标描述品牌外部的技术资源和智力支持
区域战略、政府关注度、政策倾斜度、扶持政策、公共服务	指标间存在概念重合的部分,主要都是从政府或公共服务的角度探讨品牌发展环境支持	替换	品牌政策环境	选取品牌政策环境作为入选指标,这一指标描述品牌外部的政策总体支持水平及公共服务发展环境
品牌质量、品牌评价、品牌信赖度	指标间存在概念的重合,信赖度、评价很大程度上都与品牌的质量相挂钩	替换	品牌质量水平	选取品牌质量水平作为入选指标,这一指标描述品牌内部的质量水平及品牌的合规性与稳定性
品牌国际化、品牌出口率	品牌国际化和品牌出口率之间存在概念的重合,二者都是在探讨品牌的涉外水平	替换	品牌国际水平	选取品牌国际水平作为入选指标,这一指标描述的是品牌的国际化整体水平与出口量

续表

原始指标	指标存在问题	处理方式	调整指标	指标解释
区域形象、资本资源、投资环境、成长环境	指标间存在概念的重合，指标主要探讨的均是一个地区的经济发展水平及品牌的成长环境	替换	品牌资本环境	选取品牌资本环境作为入选指标，这一指标描述的是品牌发展的整体地方资本环境，以及能为品牌提供的发展条件
品牌忠诚度、品牌情感	品牌情感的概念在一定程度上可以归属为品牌忠诚度	合并	品牌忠诚度	品牌忠诚度这一概念在从地区上考量时，不再是原有的消费者在进行购买行为时的忠诚选择行为，而应该表现为在地区发展过程中可以因为获得品牌忠诚度而长期存在的品牌数量这一概念
品牌美誉度、用户满意度	用户满意度的概念一定程度上可以归属为品牌美誉度	合并	品牌美誉度	品牌美誉度这一概念在从地区上考量时，不再是原有的消费者对品牌的评价水平，而应该表现为在地区发展过程中因为获得品牌美誉度而得到某种认可凭证的品牌数量这一概念
品牌知名度、品牌联想度	品牌联想度的概念一定程度上可以归属为品牌知名度	合并	品牌知名度	品牌知名度这一概念在从地区上考量时，不再是原有的消费者在进行购买行为时对品牌的认知水平，而应该表现为在地区发展过程中可以因为获得品牌知名度而获得关注的品牌数量这一概念
品牌发展规模	品牌发展规模这一指标不存在外延或内涵相接近的指标	不变	品牌发展规模	在从地区视角考量时，指的是地区品牌的整体发展规模

通过对 26 个指标的分析与整理，本书筛选出了 10 个评价我国品牌经济发展水平的指标，并对 10 个指标的数据来源进行梳理。考虑到定量数据的采集与分析，在这里首先要明确一个概念，那就是商标和品牌的关系。世界知识产权组织将商标定义为"将一个企业的产品或服务与另一企业的产品或服务区别开的标记"，简单来说，商标是一种法律概念，指的是通过文字、图形或其他形式来标注产品的一种形式，而品牌则是商标的延伸，是一个营销学的概念，指的是某一个产品或某一个企业在市场中给消费者带来的认知，是使企业或产品具有溢价能力的一种资源，二者的概念是存在区别的。但是，我们发现，在一定程度上，商标是品牌的载体，品牌是商标的升华，在对品牌的直接定性研究中，可以研究品牌的价值、消费者的态度等内容，如果想要定量地分析品牌的发展水平，我们就不得不引入商标这一概念，因为商标作为一种知识产权，作为一种法律概念，其在统计和研究上是可以量化的，如果在评价各地区品牌经济发展水平的过程中，用商标的数量情况来反映品牌的发展水平，就可以在一定程度上对品牌进行定量分析研究。在此基础上，本书在结合文献中已有的指标测量要素后，考虑数据可得性，确定我国品牌经济发展水平评价指标的测量要素及其解释，如表 11-3 所示。

表 11-3 我国品牌经济发展水平评价指标测量要素

序号	指标	指标解释	测量要素	测量要素编号
B1	品牌忠诚度	因有忠诚度而可以长期存续的地方品牌，以百年商标数量作为考核标准	各地区百年老品牌数量	C1
B2	品牌美誉度	因有美誉度而获得认证的地方品牌，以驰名商标数量作为考核标准	各地区驰名商标数量	C2
B3	品牌知名度	因有知名度而获得关注的地方品牌，选择采用驰名商标的新闻数量及微博粉丝数作为代表，考核地方品牌知名度水平	各地区驰名商标品牌新闻数量（2015 年新闻数量）	C3
			各地区驰名商标微博粉丝数量（2015 年统计）	C4

续表

序号	指标	指标解释	测量要素	测量要素编号
B4	品牌政策环境	品牌的政策环境指地区内对品牌经济发展起到支持作用的政府手段，以政策数量及相应的政府网站访问量（工商局、知识产权局、商标局等网站）为考核标准	各地区鼓励品牌发展政策数目（2015年统计）	C5
			各地区政府网站访问量（2015年网站访问统计量）	C6
B5	品牌创新水平	品牌的创新能力指品牌内部的创新能力，用各地工业企业科研经费投入和科研人员数量作为考核标准	各地区工业企业科研经费投入（2015年统计）	C7
			各地区工业企业科研人员数量（2015年统计）	C8
B6	品牌技术环境	品牌的技术环境指品牌外部的技术支持，用高校数目和发明专利数目代表地方产学研水平及总体技术环境考核标准	各地区高校数目	C9
			各地区发明专利数目（2015年总申请量，不包括实用新型和外观设计）	C10
B7	品牌质量水平	品牌质量水平指品牌的稳定性和安全性，选取地区异常名录、违法数量、假冒伪劣数量作为负向评价的考核标准，体现品牌的合规性	各地区品牌异常名录数量（2015年统计）	C11
			各地区品牌一般违法数量（2015年统计）	C12
			各地区品牌假冒伪劣数量（2015年统计）	C13
B8	品牌国际水平	品牌国际水平指的是品牌的国际发展水平，采用马德里商标数和各地区出口量作为考核标准	各地区马德里商标数量（2015年统计）	C14
			各地区出口量（2015年统计）	C15

续表

序号	指标	指标解释	测量要素	测量要素编号
B9	品牌资本环境	品牌资本环境指的是品牌外部发展的整体资本环境，采用居民消费水平、地区生产总值和货运总量作为考核标准	居民消费水平（2015年统计）	C16
			地区生产总值（2015年统计）	C17
			货运总量（2015年统计）	C18
B10	品牌发展规模	品牌发展规模指的是地区品牌的整体发展水平，采用商标注册数目作为考核标准	商标注册数目（2015年统计）	C19

根据表11-3所述，本书对我国品牌经济发展水平的研究选取了10个评价指标和19个测量要素。这10个评价指标中既包括针对地区品牌本身发展的测评指标，如品牌忠诚度、品牌美誉度、品牌知名度、品牌创新能力，也包括地区品牌发展的环境支持指标，如品牌政策环境、品牌技术环境和品牌资本环境，还有一些如品牌质量水平、品牌国际水平和品牌发展规模的综合测量指标，旨在从各个角度尽可能全面地对品牌经济发展水平进行较为客观的评价。19个测量要素则是采用2015年底的全年数据或历史数据进行测评，保证了研究的科学性与真实性，将10个评价指标细化为可以用具体数字代表的可测量因素。

11.3 我国品牌经济发展评价指标的权重确定

在香农的信息论中，熵指一种混乱程度，熵值越大，则混乱度越大，信息量越少，而熵值越小，则混乱度越小，信息量也就越多。熵值法是一种根据指标测评要素所提供的信息量来进行客观赋值的方法，避免了人为赋值时的主观因素，下面将采用这一方法对数据进行相应的处理。

第一步，指标正向化。我们确定的10个评价指标中既有正项指标也有负向指标，为了统一指标的方向，对数据进行如下处理：

（1）正项指标处理方式：

$$r(x) = \begin{cases} 0 & a_2 \leq x < a_1 \\ (x-a_1)/(a_2-a_1) & a_1 \leq x < a_2 \\ 1 & a_2 \leq x \end{cases}$$

（2）负向指标处理方式：

$$r(x) = \begin{cases} 0 & a_2 \leq x \\ (a_2-x)/(a_2-a_1) & a_1 \leq x < a_2 \\ 1 & a_2 \leq x < a_1 \end{cases}$$

其中 x 是每一个指标序列中具体的数值，a 代表的是每一个指标序列中的设定值，可以根据数据的需求进行设定。

第二步，指标无量纲化。考虑到我们搜集到的19个测量要素在数据单位等问题上存在一定的差异，因此要对数据进行无量纲化处理，无量纲化处理公式如下：

$$r'_{ij} = (x_{ij} - \overline{x_j})/S_j$$

在这一公式中，$\overline{x_j}$ 代表的是第 j 个指标的平均值，而 S_j 则代表第 j 项指标的标准差。考虑到在后续的计算中有需要取对数的情况，采取将无量纲化的数据进行平移的方式避免数据出现负值或零值。使 $r_{ij} = r'_{ij} + 4$，对数据进行平移，并得到评价指标矩阵 $R = (r_{ij})_{31 \times 19}$，表示是针对31个地区评价的19个指标值。

第三步，计算各指标权重。在这个过程中，首先要计算第 j 个指标下第 i 个地区指标的比重值，计算公式如下：

$$P_{ij} = r_{ij} \Big/ \sum_{i=1}^{m} r_{ij}$$

然后计算第 j 个指标的熵值，计算公式如下：

$$k = 1/\ln m$$

$$e_j = -k \sum_{i=1}^{m} p_{ij} \ln p_{ij}$$

最后计算第 j 个指标的权重，计算公式如下：

$$W_j = (1-e_j) \Big/ \sum_{j=1}^{n} (1-e_j)$$

通过以上熵值法的计算方式，得出 10 个指标及 19 个测量要素的权重值如表 11-4 所示。

表 11-4　我国品牌经济发展水平评价指标权重值

序号	指标	指标权重值	测量要素	测量要素编号	测量要素权重值
B1	品牌忠诚度	5.94%	各地区百年老品牌数量	C1	5.94%
B2	品牌美誉度	6.60%	各地区驰名商标数量	C2	6.60%
B3	品牌知名度	12.91%	各地区驰名商标品牌新闻数量（2015年新闻数量）	C3	7.31%
			各地区驰名商标微博粉丝数量（2015年统计）	C4	5.60%
B4	品牌政策环境	12.76%	各地区鼓励品牌发展政策数目（2015年统计）	C5	7.53%
			各地区政府网站访问量（2015年网站访问统计量）	C6	5.23%
B5	品牌创新水平	14.08%	各地区工业企业科研经费投入（2015年统计）	C7	6.90%
			各地区工业企业科研人员数量（2015年统计）	C8	7.18%
B6	品牌技术环境	8.70%	各地区高校数目	C9	2.00%
			各地区发明专利数目（2015年总申请量，不包括实用新型和外观设计）	C10	6.70%
B7	品牌质量水平	5.33%	各地区品牌异常名录数量（2015年统计）	C11	1.85%
			各地区品牌一般违法数量（2015年统计）	C12	1.71%
			各地区品牌假冒伪劣数量（2015年统计）	C13	1.77%

续表

序号	指标	指标权重值	测量要素	测量要素编号	测量要素权重值
B8	品牌国际水平	15.55%	各地区马德里商标数量（2015年统计）	C14	5.47%
			各地区出口量（2015年统计）	C15	10.08%
B9	品牌资本环境	9.28%	居民消费水平（2015年统计）	C16	2.88%
			地区生产总值（2015年统计）	C17	3.42%
			货运总量（2015年统计）	C18	2.98%
B10	品牌发展规模	8.85%	商标注册数目（2015年统计）	C19	8.85%

根据表11-4我们可以发现，品牌国际水平、品牌创新水平、品牌知名度和品牌政策环境4个指标中的测量要素是影响地区品牌经济发展水平的主要因素，其次是品牌资本环境、品牌发展规模、品牌技术环境、品牌美誉度、品牌忠诚度和品牌质量水平这6个指标中的测量要素。这一权重赋值结果既有统计学意义，又具有可解释性，因此，本书对我国品牌经济发展评价指标的赋值就采取熵值法处理后的结论作为权重值。

11.4 我国品牌经济发展评价指标的构成

在确定了我国品牌经济发展评价的指标权重后，如何对现有指标进行层次划分，构建合理的指标体系就成为我们面对的又一个难题。在指标框架的构建中也有许多常用方法，本书坚持定性与定量相结合的研究方式，采用因子分析法进行评价。

因子分析法是一种从待研究的变量中提取具有共性因子的统计学方法，这种研究方法可以帮助我们在指标变量中找出具有代表性的因子，将具有相同属性的指标归入一个因子中，一方面减少了指标的数目，另一方面还可以帮助我们建立评价指标的体系，检验指标间的关系。因子分析法的数学表达式如下：

$$X_i = a_{i1}F_1 + a_{i2}F_2 + \cdots + a_{im}F_m + \varepsilon_i \quad (i = 1, 2, \cdots, p)$$

该模型也可用矩阵表示为：

$$X = AF + \varepsilon$$

$$X = \begin{bmatrix} X_1 \\ X_2 \\ \vdots \\ X_p \end{bmatrix}, A = \begin{bmatrix} a_{11} & a_{12} & \cdots & a_{1m} \\ a_{21} & a_{22} & \cdots & a_{2m} \\ \cdots & \cdots & \cdots & \cdots \\ a_{p1} & a_{p2} & \cdots & a_{pm} \end{bmatrix}, F = \begin{bmatrix} F_1 \\ F_2 \\ \vdots \\ F_m \end{bmatrix}, \varepsilon = \begin{bmatrix} \varepsilon_1 \\ \varepsilon_2 \\ \vdots \\ \varepsilon_p \end{bmatrix}$$

在因子分析之前要先对样本数据进行充分性检验，确保我们所选的指标数据是适合进行因子分析的，因此，我们使用 SPSS 软件对数据进行 KMO 检验与 Bartlett 球形检验，获得如表 11-5 所示检验结果。

表 11-5 指标数据 KMO 检验与 Bartlett 球形检验

Kaiser-Meyer-Olkin 测量取样适当性		0.840
Bartlett 的球形检验	大约 卡方	421.556
	df	45
	显著性	0.000

KMO 检验是一种用于比较样本数据变量间简单相关系数和偏相关系数差距的指标，当简单相关系数平方和远大于偏相关系数平方和的时候，KMO 值趋近于 1，表明变量间相关性强，而当二者差距极小时，KMO 值趋近于 0，说明变量间相关性较差。一般来说，KMO 值达到 0.7 意味着可以进行因子分析，达到 0.8 表明适合进行因子分析，达到 0.9 则是非常适合进行因子分析，从表 11-5 中我们可以看到，样本的 KMO 检验值为 0.840，适合进行因子分析。同样的，Bartlett 球形检验是用来验证样本数据间是否有相关关系，只有当样本指标符合条件，才能从中提取出公因子进行分析，从表 11-5 中可以看出，显著性为 0，因此我们选取的样本数据很适合进行因子分析。

在证明了我们选取的样本指标可以进行因子分析之后，我们继续采用 SPSS 软件对指标变量进行公因子提取，提取结果如表 11-6 所示。

第11章 品牌经济发展的评价模型及实证研究

表11-6 指标变量公因子提取情况

元件	提取平方和载入			循环平方和载入		
	总计	变异的/%	累加/%	总计	变异的/%	累加/%
1	8.302	83.018	83.018	4.123	41.226	41.226
2	0.741	7.414	90.432	2.662	26.624	67.850
3	0.339	3.392	93.824	2.597	25.973	93.824

根据计算结果我们发现，前3个公因子累计可以解释93.824%的方差，因子分析效果相对较好，因此，我们选取这3个公因子作为样本变量指标所提取的因子，即作为已有指标的上一级指标。

为了更好地研究我们提取出的这3个公因子与样本数据指标间的关系，我们采取方差最大正交旋转法，以期获得一个较为清晰的关系。从表11-7中可以看出，公因子1在B7、B8、B9、B10四个指标上的因子载荷系数较大，且都大于0.7，公因子2在B1、B2、B3、B4四个指标上的因子载荷系数较大，且都大于0.6，公因子3在B5、B6两个指标上的因子载荷系数较大，且都大于0.7。

表11-7 指标因子载荷矩阵

	元件		
	1	2	3
[B10]品牌发展规模	0.866	0.354	0.339
[B7]品牌质量水平	0.866	0.354	0.339
[B8]品牌国际水平	0.801	0.456	0.327
[B9]品牌资本环境	0.794	0.387	0.377
[B4]品牌政策环境	0.576	0.710	0.245
[B2]品牌美誉度	0.477	0.651	0.532
[B3]品牌知名度	0.477	0.651	0.532
[B1]品牌忠诚度	0.604	0.638	0.292
[B5]品牌创新水平	0.322	0.175	0.907
[B6]品牌技术环境	0.314	0.515	0.763
选取方法：主体元件分析 转轴方法：具有Kaiser正规化的最大变异法			

根据以上结论，我们对提取出的公因子进行命名。公因子1主要解释了品牌发展规模、品牌质量水平、品牌国际水平、品牌资本环境，考虑这4个指标的测量要素，包括了商标的注册数目、品牌的违法侵权等监管情况、地区的经济发展水平、地方出口量及马德里商标数目等内容，可以说这些测量指标描绘了品牌发展的基础经济环境、监管环境、发展基本规模和水平，这些测评指标是一个地区品牌想要发展的基础要素，只有当基础的经济条件和社会环境达到一定水平时，区域整体有了大量注册商标的发展基础时，讨论品牌经济的发展水平才具有意义，因此我们将该公因子命名为"品牌基础能力"。公因子2主要解释了品牌政策环境、品牌美誉度、品牌知名度和品牌忠诚度，考虑这4个指标的测量要素，包括了地区品牌的政策、地区公共服务型网站访问次数、驰名商标和百年品牌数量、品牌新闻数量和粉丝数量等内容，可以说这些测量指标描绘了一个地区品牌发展的政策扶持水平和品牌建设水平，是测评地方品牌经济发展水平的核心指标。同时，这些评价指标也体现出地区优秀品牌想要进一步发展的动力，只有该地区具有大量的优秀驰名商标并且获得政策支持时，才具有了品牌高速发展的基础。特别需要注意的是，品牌的政策环境与品牌知名度、美誉度、忠诚度共同贡献了这个公因子，也就是在地区层面考虑品牌的发展能力时，政府的政策发布水平和关注度在很大程度上成为重要的驱动力。考虑到以上原因，我们将公因子2命名为"品牌发展能力"。公因子3主要解释了品牌创新水平和品牌技术环境，考虑这两个指标的测量要素，包括了地区的专利数目、地区高校数目、企业投入的研发经费和人力，这些测量指标主要从企业内部和区域整体环境角度反映出地区的创新水平和科研力度。这两个指标一个侧重于企业内部，一个侧重于区域整体水平，但都与科技创新相关。一个地区的品牌如果想要获得持续的发展力量，除了不断提高消费者对其的评价与认知，更重要的是提升品牌自身的价值，而科技力量可以为企业带来新的产品、新的理念、新的消费者，进而为品牌的塑造提供支持。可以说，品牌的创新科技为品牌带来了源源不断的价值。考虑到这两个指标都在描述品牌的创新问题，我们将公因子3命名为"品牌创新能力"。

第 11 章 品牌经济发展的评价模型及实证研究

在我们将提取出的公因子进行命名后,即构建了我国品牌经济发展评价指标的基本结构。结合指标的权重,我们可以得出这一评价体系在 3 个层面上的测评水平,如图 11-2 所示。

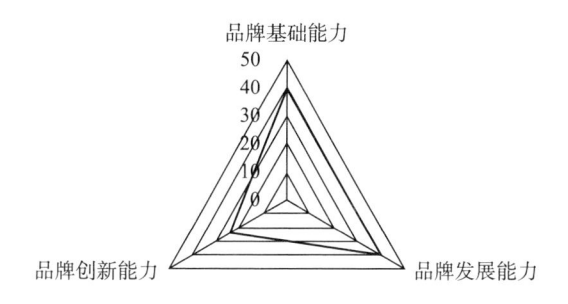

图 11-2 我国品牌经济发展评价指标测评体系

至此,我们对我国品牌经济发展评价指标体系已经有了一个清晰的认知,整体结构如图 11-3 所示。

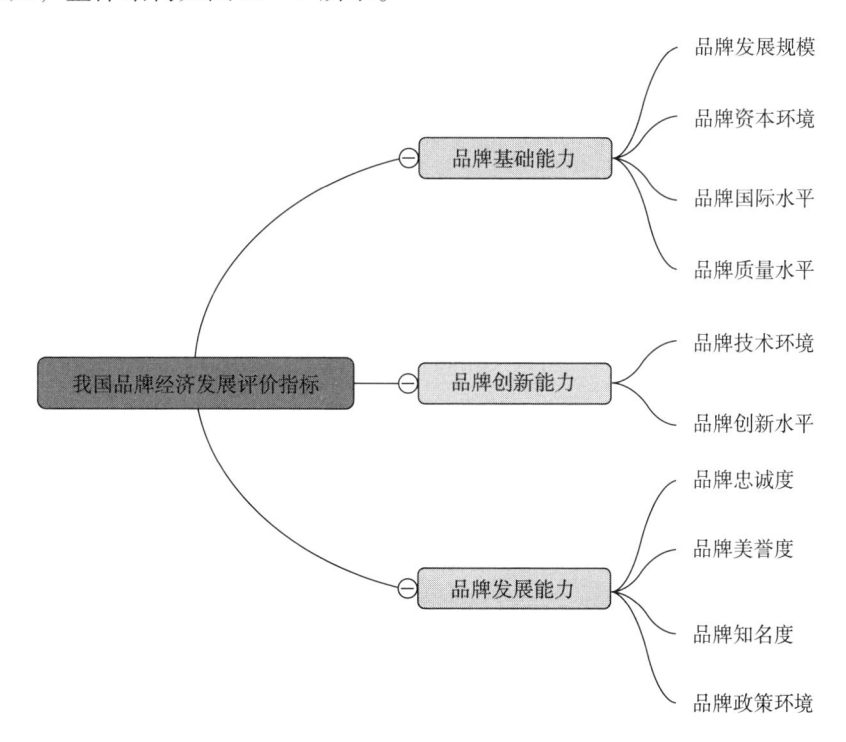

图 11-3 我国品牌经济发展评价指标结构

11.5　我国品牌经济发展评价指标的信度与效度检验

在完成了我国品牌经济发展评价指标的基础上，为了保证指标选择的可靠且有效，下面对我国品牌经济发展评价指标进行信度和效度的检验。

（1）信度检验

所谓信度检验，就是分析指标的可靠性。信度检验是为了保证当我们针对同一调查对象采用同一研究方法进行重复多次的测量或评价时，所呈现的结果可以保持较高的一致性程度。一般用于信度检验的指标是采用相关系数表示的，主要有稳定系数、等值系数和内在一致性系数。其中，稳定系数考核被测量指标在时间上的一致性，等值系数考核被测量指标在形式上的一致性，而内在一致性系数则是考核被测量指标的跨项目一致性。对指标进行信度检验的方法通常有重测信度法、复本信度法、折半信度法、α 信度系数法 4 种检验方式。考虑到我们的评价指标是对我国各地品牌经济发展水平进行测评，因此本书选择内在一致性系数，进行 α 信度系数法检验。一般来说，总量表的信度系数在变量的指标数大于 6 个时，在 0.7 ~ 0.8 表示量表的信度水平合格，大于 0.8 则表示量表的信度水平表现较好，当变量的指标小于 6 个时，也需要系数大于 0.6 才能被认为表现合格。本书采用 SPSS 软件对我国品牌经济发展评价指标进行信度检验，结果如表 11 - 8 所示。

表 11 - 8　我国品牌经济发展评价指标可靠性统计资料

Cronbach 的 α 值	基于标准化项目的 Cronbach 的 α 值	项目个数
0.936	0.920	10

通过表 11 - 9 我们可以看出，我国品牌经济发展水平评价指标测评体系的总体测量指标可靠性大于 0.9，通过了信度检验，而且更正后项目总数相关一栏的值都大于 0.5，也就是说这一检验证明了在同一个评价指标下的测量要素符合总体的一致性，删除任何一个指标都不会使指标内部的一致性系数显著提升。综上所述，我国品牌经济发展水平评价

指标的信度水平较高，在一定程度上具有可靠性。

表 11-9　我国品牌经济发展评价指标项目统计

	尺度平均数（如果项目已删除）	尺度变异数（如果项目已删除）	更正后项目总数相关	平方复相关	Cronbach 的 α 值（如果项目已删除）
[B1] 品牌忠诚度	12.85	70.667	0.680	0.740	0.934
[B2] 品牌美誉度	12.84	65.614	0.923	0.965	0.920
[B3] 品牌知名度	12.94	66.279	0.939	0.952	0.919
[B4] 品牌政策环境	12.70	68.300	0.908	0.896	0.921
[B5] 品牌创新能力	12.92	66.827	0.925	0.977	0.920
[B6] 品牌技术环境	12.70	70.536	0.849	0.907	0.924
[B7] 品牌质量水平	11.07	96.668	-0.584	0.748	0.970
[B8] 品牌国际化水平	13.57	72.297	0.892	0.944	0.924
[B9] 品牌资本环境	12.64	73.516	0.899	0.851	0.925
[B10] 品牌发展规模	13.34	71.395	0.872	0.893	0.924

(2) 效度检验

所谓效度检验，就是分析指标的有效性。效度检验是为了保证我们的评价指标可以比较准确地对测量对象进行描述，使测量结果与实际考核对象的内容相似度较高。一般在分析研究指标的效度时，通常从内容效度、准则效度和结构效度 3 个层面展开研究，主要是为了降低研究成果的偏差性。

内容效度的主要检测点是指标的评测内容与目标评测内容是否一致。在研究我国品牌经济发展评价指标这一问题上，由于已有研究成果相对较少，本书在梳理已有资料的基础上采取词频法和理论分析法，构建了一套既包涵了品牌内部发展水平，也囊括了地区品牌建设外部环境水平的评价体系，研究对象与研究目标结合得较为紧密。

准则效度的主要检测点是指标的评测要素与其他指标要素之间的关

系是否显著。在研究过程中，本书通过熵值法对指标进行权重计算的过程中，对指标的数据进行了归一化处理，然而各个地区的数值差异还是比较明显的，在一定程度上可以反映出各地区品牌经济发展水平的不同阶段。

结构效度的主要检测点是评测指标间结构与指标数据之间的对应程度是否较高。本书在研究过程中，选取的都是可以定量采集的数据，并且通过因子分析的方法提取公因子，在结合指标实际含义与公因子覆盖信息水平的基础上，对指标进行了结构的搭建，并且信度检验的通过保证了指标具有较好的内部一致性，为结构效度提供了一定的保障。

11.6 我国品牌经济发展评价指标的实证研究

在对我国品牌经济发展水平指标进行实证研究的过程中，数据的采集和处理是最重要的一步，下面将针对数据的采集和处理情况进行介绍。

本书的数据主要以可测量的客观数据为主，数据采集对象为我国大陆地区的31个省区市，采集数据类型以我国品牌经济发展评价指标的测量要素为主，时间节点为2015年12月31日，即微博关注数目、网站全年访问量、新闻数量、政策文本数量都以此日期以前为采集节点。

由于指标测量要素之间存在较大的量纲差距，因此首先要对收集到的数据进行无量纲处理。同时，考虑到由于作为研究对象的31个省区市中包含4个直辖市（北京市、上海市、天津市和重庆市），虽然4个直辖市在地域面积上与其他省份存在一定的差距，但是作为我国经济发展水平居于前列的地区，其整体品牌发展水平也相对较好，为了使评价体系更加完善，针对采集数据进行修正，剔除地域面积影响。

由于本书采用的计算数据是在将采集到的指标测量值进行无量纲化后的结果，单个指标的测量数据在0~1取值，地区间差异较大，因此评

分结果差距较大,因此,参考相关研究成果的计算方式❶,即:

$$Y = 60 + 40 \times X$$

其中 Y 是最终得分,X 是计算出的评价指标的测量数据,实际评价结果及排名如表 11-10 所示。

表 11-10　我国品牌经济发展评价指标测量结果及排名

排名	地区	指标数值	总分
1	上海	0.50	80.00
2	北京	0.42	76.80
3	广东	0.40	76.00
4	江苏	0.33	73.23
5	山东	0.31	72.27
6	浙江	0.28	71.12
7	天津	0.22	68.79
8	福建	0.14	65.58
9	辽宁	0.12	64.86
10	四川	0.12	64.75
11	湖南	0.12	64.69
12	安徽	0.11	64.44
13	河南	0.10	64.14
14	河北	0.10	64.11
15	重庆	0.10	63.83
16	湖北	0.10	63.77
17	陕西	0.10	62.72
18	山西	0.10	62.64
19	黑龙江	0.058	62.33
20	吉林	0.056	62.25
21	江西	0.056	62.24

---

❶ 彭翊. 中国省市文化产业发展指数研究 [J]. 文化产业导刊,2011(2):33-38.

续表

排名	地区	指标数值	总分
22	云南	0.049	61.94
23	广西	0.044	61.76
24	宁夏	0.037	61.49
25	贵州	0.032	61.29
26	内蒙古	0.031	61.25
27	甘肃	0.031	61.24
28	海南	0.028	61.12
29	新疆	0.027	61.07
30	青海	0.016	60.62
31	西藏	0.011	60.43

从表 11-10 可以看出，我国各地区品牌经济发展评价指标的测评结果在数值上存在一定的差距，但是地区的整体发展水平排名一定程度上说明，我国品牌经济发展整体水平最好的省区市是上海、北京、广东、江苏、山东和浙江，均达到了 70 分以上。这些地区主要集中在东南沿海，经济发展水平较高，品牌建设意识较强，本身就是我国建设发展水平较高的地区。而发展水平较低的地区包括贵州、内蒙古、甘肃、海南、新疆、青海和西藏，分数相对较低，都是以西北部地区为主，与东南沿海地区相比，存在地区整体产业环境基础较为薄弱，对发展品牌经济的认识不足等短板。从总体看，目前我国品牌经济的发展水平，最好的地区是上海，其评分达到了 80 分，还有一定的上升空间，说明我国目前整体的品牌经济还有较大的发展空间，各个地区应该结合自身品牌发展水平积极制定不同的策略，推动品牌经济的进一步发展。

11.7 地区评价分项指标实证分析

通过对我国各地品牌经济发展水平的测评，我们进一步检验了我国品牌经济发展评价指标选择与构建的应用结果，在一定程度上证明了指标选择和构建的实用性与可行性。为了更好地对评价结果进行分析，我们继续给出我国品牌经济发展评价指标的分项排名及总体排名，并且从品牌发展能力、品牌基础能力和品牌创新能力3个角度进行详细的分析，以期展现各个地区品牌发展的实际情况，如表11－11所示。

表11－11　我国品牌经济发展评价分项指标测量排名

地区	总排名	品牌发展能力排名	品牌基础能力排名	品牌创新能力排名
上海	1	1	1	3
北京	2	2	3	4
广东	3	4	2	2
江苏	4	3	6	1
山东	5	7	4	5
浙江	6	5	5	6
天津	7	6	7	7
福建	8	8	8	13
辽宁	9	10	10	11
四川	10	9	13	14
湖南	11	11	11	12
安徽	12	13	12	9
河南	13	15	15	8
河北	14	12	14	15
重庆	15	16	9	16
湖北	16	14	18	10
陕西	17	19	16	17
山西	18	17	21	20
黑龙江	19	20	20	18
吉林	20	18	24	22
江西	21	22	17	19
云南	22	21	22	23
广西	23	27	19	21

续表

地区	总排名	品牌发展能力排名	品牌基础能力排名	品牌创新能力排名
宁夏	24	23	23	28
贵州	25	26	27	24
内蒙古	26	28	26	26
甘肃	27	25	28	25
海南	28	29	25	29
新疆	29	24	29	27
青海	30	30	30	30
西藏	31	31	31	31

通过表 11-11 我们会发现，各地区的 3 种品牌能力排名与总体排名基本保持一致，但是针对具体地区的能力特征还存在一些差异。

品牌发展能力包括了对品牌忠诚度、美誉度、知名度和品牌政策环境的评价指标，主要评价地区品牌经济的发展水平和潜力，直观地通过对驰名商标、政策数量等要素的比较来进行评价，在这项能力中排名前 10 位的分别是上海、北京、江苏、广东、浙江、天津、山东、福建、四川与辽宁，可以说这些地区都是品牌建设走在前列的省市。从具体测量要素来看，我国大陆地区驰名商标共 3495 个，仅广东一省就拥有 408 个驰名商标，品牌发展能力排名前 10 位的地区共拥有 2318 个驰名商标，占全国总数的 66.3%，而排名后 10 位的地区仅拥有 288 个驰名商标，占全国总数的 8.2%。我国的百年品牌数量总体相对较少，主要集中在北京和上海，北京的百年品牌有 53 个，上海的百年品牌有 48 个，浙江和江苏分别以 48 个和 35 个位列其后。同样的，在微博粉丝数量及新闻数量的测量要素上，北京、上海、广东、江苏、浙江的整体关注度也是位列前茅的。由此，我们可以发现，在品牌发展能力维度表现比较好的地区都拥有比较多的百年品牌、驰名商标与关注度，这些指标反映出一个地区的品牌建设水平与消费者对品牌的认可程度，是一个地区品牌经济得以持续健康发展的重要保障，良好的品牌信任基础为地区品牌经济的发展提供了不竭的动力。同时，我们注意到，在这个维度上，品牌政策环境也是重要的考评内容，因为从地区的角度考虑品牌经济的发展问题，政府的支持与公共服务显得尤为重要。以政策数量为例，在对各地区政策进行梳理筛选之后，浙江省的品牌相关政策达到 105 篇，江苏省以 87 篇政策文件居第 2 位，上海的政策数量以 84 篇排名第 3 位，而品牌发展较为落后的地区政策数量则只有个位数。在一定程度上可以说明地方政府对品牌发展的重视程度，直接影响了地区品牌发展基础设施的建设水平，进而影响了地区品牌可持续发展的能力，良好的品牌意识有助于帮助品牌积极构建自身的形象，并使消费者对品牌的情感认知提升，反过来又为地区品牌经济的发展提供良好的环境，可以说是一个良性循环，因此政府对品牌经济建设的态度也是影响品牌经济发展水平的重要因素。

品牌基础能力包括了对品牌质量水平、国际水平、资本环境与发展规模的评价指标，主要评价的是地区品牌经济发展的外界环境，排名前 10 位的省市分别是上海、广东、北京、山东、浙江、江苏、天津、福建、重庆与辽宁。在能力评价维度上，主要探讨的是品牌发展的地区基础支持环境，通过前述研究，我们已经知道品牌的发展可以带动地方经济的发展，而地方经济水平的好坏则会直接影响品牌建设的进程。同时，一个地区的商标规模是该地区品牌建设的基础，广东、浙江分别以 16.6 万件和 11.5 万件的商标注册量位列商标注册的前两名，仅这两个省份的商标注册量就达到了全国的 31.9%，而排名最后的 10 个省区市的整体商标注册量仅为全国的 6.6%。在这部分排名中，山东省的排名提高得比较明显，这主要是因为相对于浙江省和江苏省，山东的品牌在经营异常、一般违法和假冒侵权方面做得相对较好，这给我们提供了一个很重要的提示，当我们在保证地区经济高速发展的同时，需要注意规范地区品牌的发展路径，为其营造一个比较健康的环境，保障地区企业品牌的基本权益，减少因为品牌仿冒而对品牌造成的负面影响。一般来说，一个地区经济发展水平越高，品牌建设程度越好，相应的仿冒侵权行为就会越多，如何尽可能地避免这种现象对品牌形象的影响，需要进一步的研究与行动。

品牌创新能力包括了对创新能力和技术环境的评价指标，主要是通过对地方发明专利、高校及企业研发投入的资本与人力的数据进行考核。在评价地方品牌的创新能力中，排名前 10 位的分别是江苏、广东、上海、北京、山东、浙江、天津、河南、安徽和湖北。以地区发明专利数量为例，江苏（792823）、广东（550720）、北京（516498）、山东（387729）、上海（328678）、浙江（306085）、安徽（205014）占全国总体发明专利的 65.7%。同时，这些省市也是我国高校的主要所在地，发明专利量与高校数目在一定程度上反映出了一个地区的科技支持水平。品牌的发展除了与消费者之间的情感联系，也与区域的基础扶持内容相关，创新能力也是重要的一环，它是企业与品牌能在时代变换的过程中始终保持生命力的重要支柱，因此，一个地区的基础创新水平越高，越能为该地区的品牌提供支持。同时，企业自身内部的创新意识也是非常重要的，研发投入可以直接从企业产品中反映出来，优秀的产品是建立品牌的基础，结合这两项评价结果，可以看出，东南沿海地区整体科技意识较强，自主创新能力较强，为品牌的发展提供了技术支持。

11.8　本章小结

本章在明确了评价指标构建基本原则的基础上，根据已有的文献研究，对评价地方品牌整体发展水平的指标进行筛选，然后对这些指标进行词频分析，选择出备选的评价指标。再根据理论分析法选取合适我国品牌经济发展评价的指标，在考虑数据可得性与科学性的基础上明确测评要素。同时采用熵值法对指标进行权重赋值，避免了人为赋值的随意性，然后采用因子分析法提取公因子构建评价指标体系结构。最后，对评价指标进行效度和信度的检验，完成对我国品牌经济发展评价指标的选取与构建。在完成了对我国品牌经济发展水平指标体系的构建之后，为了进一步保证研究的科学性、可靠性与可用性，通过采集我国各地区的品牌发展评价指标实际数据进行实证研究，一方面检验指标的实际应用情况，另一方面可以对我国目前各省区市的品牌发展水平进行评价。给出我国各地区品牌经济发展评价指标的分项排名及总体排名，并且从品牌发展能力、品牌基础能力和品牌创新能力 3 个维度详细地分析，以期展现各省区市品牌发展的实际情况。

第 12 章　品牌价值计算模型及实证研究

在经济全球化的浪潮与我国改革开放双重环境影响下，以品牌为核心的无形资产竞争正逐渐取代以提高市场占有率为中心的市场竞争模式，对于想要取得成功的企业来说，没有比建立属于自己的、具有独特价值的品牌更重要的途径。品牌是企业发展的命脉，是进步的源泉，在某种意义上可以说其反映了一个国家综合实力。

党的十八大以来，品牌建设引起了党中央、国务院的高度重视。党的十八大报告中明确提到：实施知识产权战略，加强知识产权保护。中国评估资产协会于 2012 年 11 月 21 日至 23 日在厦门成功举办了 2012 中国资产评估论坛，此次论坛将"品牌·价值·评估"作为主题，就品牌价值与管理、评估的关系与社会各界共同探讨。2013 年 12 月 17 日，国务院国有资产监督管理委员会公布了《关于加强中央企业品牌建设的指导意见》，确立了提高中央企业品牌建设水平、推动中央企业转型升级、做强做优中央企业、培育具有国际竞争力的世界一流企业的目标。2015 年，中央一号文件聚焦新型农业现代化，鼓励"大力发展名特优新农产品，培育知名品牌"，这对于我国的品牌建设与发展提出了更高层次的要求。

1993 年，资产评估机构为满足青岛啤酒在境外进行上市的需求，对其商标进行评估，估值 2.9 亿元。这是中国第一例无形资产评估业务，中国的品牌价值评估历史由此拉开了帷幕，之后，品牌价值评估成为资产评估的热门领域，但是发展并不成熟，关于品牌价值评估的理论研究水平落后于实践，主要是缺乏科学、有效、能为人们所信服的品牌价值评估理论，不能建立综合多维度的品牌价值评估模型，因而不能从整体上对品牌价值进行深入、准确的评估。本章将在借鉴国外先进评估理论

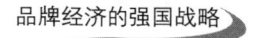

的基础上，对 Interbrand 模型进行改进，进而应用客观财务指标对我国上市公司品牌价值进行评价。

12.1　品牌与品牌价值

"品牌"一词最早可以追溯到古斯堪的纳维亚语 brandr，表明事物的"燃烧"，指经过烧着的印章被工匠烙印到产品上，仅仅起着代表某种产品的作用。1950 年，"广告之父"大卫·奥格威（David Ogilvy）首次提出了品牌这一概念。国内对于品牌的研究晚于西方，最早能够追溯到 20 世纪 80 年代。品牌的概念正紧跟着市场经济发展的深入而日益丰富，根据目前比较流行的观点，可以将品牌的内涵概括为以下 4 个方面：

（1）品牌为一种符号：美国营销协会（AMA）对品牌是这样定义的：品牌是一种特定的术语、设计图案、符号或其他特征元素，甚至是它们之间相异的组合使用，以便用来识别类似商品或服务的卖方和其他卖方。现代营销学之父菲利普·科特勒也给出了与之类似的定义，实际上都将品牌作为商品或服务的提供者表明自身特色的辨别标识，进而可以为消费者提供某种程度上的保证、信用与承诺。这种观点显然只将品牌作为一种具有表面形式的要素，片面且没有将其本质含义考虑进去。

（2）品牌是一种具有复合性的概念，具有象征意义：美国奥美广告公司发起人大卫·奥格威（David Ogilvy）将品牌视作一个复杂的符号，具备无形的特性，包括名称、包装、标价、历史情况、名誉及广告方法。品牌也被定义为消费者使用的回忆，以及他们自己的经验。1997 年美国品牌学者戴维森（Davidson）将品牌视为一座冰山，将品牌分为水上部分与水下部分，占据品牌 15% 的部分是标志、象征符号，这些方面露出水面，而代表品牌的价值观、文化及智慧占据 85%，这些是冰山深藏于水下的部分，这是品牌产生强大作用力的重要源头。这就是著名的"品牌冰山理论"。该观点认为品牌是多个元素组合在一起的混合体，这导致了人们对于品牌与商标、商誉的关系认识含糊不清。

（3）品牌属于无形资产的范畴：消费者需求的多样性与企业之间竞争

的日趋激烈促使品牌成为企业不可替代的无形资产。2010年，国际标准化组织（International Organization for Standards）发布了《品牌评估——价值评估要求》，也被称为10668号国际准则，这是目前唯一的具有国际影响的品牌评估准则，准则中明确指出"品牌是所有无形资产中最具内在价值的，同时也是最易被误解，其作用未能被充分认识的资产"。A. L. 贝尔（Alexander L. Biel）也认为无形资产包含了品牌资产，品牌可以增加企业未来的收益，具有有形资产所不具备的价值利益。

（4）品牌是一类特殊的关系：联合利华董事长迈克尔·佩里（Michael Perry）将品牌定义为由消费者对在日常生活中商品的感觉引发的相关意义的综合体。这种定义充分考虑了消费者因素，如与品牌相关的消费者满意度、忠诚度，体现了企业与消费者之间的互动作用，消费者与品牌之间恰当沟通的重要性应得到企业的高度重视。当然，这种特殊关系还可以涉及员工及其他与品牌的利益相关者。

如何界定品牌，或如何给品牌下定义，由于时代背景不同，观察方向不同，观察深度相异等，在文献中会找出许多不同的答案。企求找出一个简明又经典的说法把其他说法排除的想法是失之肤浅的，因为对于品牌这样的概念，从不同视角、不同深度来认识其性质，是很有必要的。

同时，品牌具有许多特点，包括了识别性、无形性、风险性和成长性。

识别性：品牌具有标志产品或服务的作用，起着与商标相近的功能。现代社会是信息爆炸的时代，消费者对产品或服务进行选择过程中面对洪水般的信息会显得无所适从，而那些具有鲜明特征的产品能最先吸引消费者的目光，特别是知名度极高的品牌。消费者一旦遇见自己所熟悉的品牌就会形成一种条件反射，将产生该品牌与相关的产品特征相联系的记忆。

无形性：品牌是企业重要的无形资产，品牌虽不具备库存产品、机器、设备、厂房等有形资产具有的可视性，但是其符合经济学中对于资产的定义，能够在未来带给其所有者经济利益，品牌以其特殊的价值成为企业最宝贵的无形资产。

风险性：品牌是在特定的经济、社会、法律环境与企业自身发展历程中创立的，与企业的命运休戚相关。企业处于一个千变万化的环境中，周围环境的改变直接影响品牌的收益，因此品牌的收益转化具有风险性。

成长性：品牌与众多普通事物一样会经过一个出现、发展的嬗变。资本具有逐利的特征，而品牌的成长则是资本增值的有力武器，企业可以利用品牌发展对市场进行开拓，进而刺激资本扩张。

品牌价值是品牌在某一节点根据特定的评估方法计算出来的内在价值，对于品牌价值理解角度的不同，会引起人们对于品牌价值构成要素认知的差异，进而影响品牌价值评估结果。从财务视角看，品牌价值是与品牌相关产品所产生的附加利益价值；从市场视角看，品牌价值受到了对销售量、利润产生影响的市场营销努力作用；从消费者角度考虑，品牌价值源于消费者对不同品牌产生的差异化行为，消费者的利益与品牌价值互利共生。虽然角度各异，但是都承认企业与消费者行为对于品牌价值的影响，只是侧重点存在差异。品牌价值内涵纷繁复杂，对品牌价值影响因子进行分析有利于深化对品牌价值的了解，提升品牌价值评估的合理性。

（1）宏观环境

品牌价值的形成离不开宏观环境的支持，主要是经济环境、制度政策环境。比如，经济发展水平、居民消费水平、国家产业政策。国内生产总值（GDP）是反映经济发展最重要的指标之一，GDP持续稳定增长说明经济发展形势较好，能够为企业的发展提供一个良好的外部环境。居民消费水平则直接反映消费者的购买行为，居民消费水平的提升说明消费者增加了对商品或服务的购买，有助于品牌价值的提升。国家的产业政策的支持力度则直接影响与品牌相关的产品或服务的价值实现，进而影响品牌价值。

（2）市场因素

品牌价值来源于商品的购买，市场因素关系到商品价值的实现。比如市场结构、企业在行业中所处的地位、企业产品在市场中加工及销售的广度，这都会对品牌价值有直接的影响。

(3) 产品因素

产品对品牌价值的影响是基础性的，因为产品是品牌的物质表现，产品的质量、对消费者需求的满足程度都关系到消费者的忠诚度。竞争力强的产品会满足消费者多元化的需求，产品销量及市场占有率持续增长，扩大与产品相关的品牌影响力，提升品牌价值。

(4) 品牌维护

品牌价值离不开企业对于品牌的宣传与保护。如今，消费者在市场中面对品类繁多的产品有时会感到无所适从，若企业提高对品牌的宣传力度，可以扩大产品在市场中的知名度，提升品牌在消费者心目所处的位置。对于品牌的保护主要体现在法律方面，若法律对与品牌对应的商标提供了良好的保护，就可以排除其他人对于该商标的占有，进而促进品牌的发展。

12.2 品牌价值计算模型

1. 基于财务视角的评估方法

市场法、收益法、成本法属于资产评估领域的三大基本评估方法，由于品牌属于资产评估领域的范畴，从理论上说，市场法、收益法与成本法都可以用于品牌价值评估。这三种方法主要是利用与品牌相关的财务资料进行评估，属于基于财务角度的评估方法。在实践中，品牌的识别性及品牌价值与品牌成本之间的弱对应性大大限制了市场法与成本法在品牌价值评估方面的应用。收益法是根据品牌在未来所能产生的预期收益，并结合预期收益期限与风险对预期收益进行折现的方法，这种方法体现了品牌的内在价值，成为人们比较乐于接受的一种方法，但是预期收益、收益期限及折现率的获取有一定的困难，因此人们运用收益法评估品牌价值也比较谨慎。股票市值法是由美国芝加哥大学的西蒙与苏里旺两位学者 (Simon, 1993) 提出的一种方法。该方法属于基于财务要素的评估方法的衍生方法，主要是利用股票市价与股票股数计算出上市公司价值，然后采用一定的方法（如重置成本法）计算出公司有形资产的价值，利用公司价值扣除有形资产价值后可求出无形资产价值，最后利用一些方法将品牌价值从无形资产价值中剥离开来。运用此法需要稳定、健康的证券市场作为基础，鉴于目前我国的股票市场波动较大，股票市值法并不适合。

2. 基于市场视角的评估研究

由于财务角度的评估方法有其固有的局限性，不能对品牌价值进行深层次的分析，随着品牌在市场竞争中地位凸显，需要将市场因素纳入品牌价值评估方法，根据品牌的市场表现来分析品牌价值。由英国Interbrand公司所创制的Interbrand模型是目前最为流行的品牌价值评估模型。Interbrand公司于1974年成立，是全世界规模最大的品牌咨询公司。1987年其利用自身丰富的品牌管理经验及强大的专家团队提出专属于品牌价值评估的方法，即Interbrand模型。该模型已于2010年通过国际标准化组织（International Organization for Standardization）的认证。根据该模型可以得出品牌价值（V）= 品牌收益（P）× 品牌乘数（S），该方法蕴含了收益法的基本思想，其中，品牌收益通过企业财务分析与品牌作用指数两大因子计算得出，根据品牌强度分析与S型曲线测算出品牌乘数。由于该方法是在众多的品牌价值评估案例中总结出来的，因此得到了广泛的认同。作为世界范围内在品牌价值评估及策略咨询方面处于领先地位的国际品牌评估机构——世界品牌实验室提出了属于自己的世界品牌实验室法。该方法通过对销售收入、营业成本、净利润等一类的财务资料进行分析，利用"经济附加值法"（Economic Value Added）得出平均业务收益；然后将"经济附加值品牌评估工具箱"与未来盈利能力分析相结合，来确定品牌附加值系数，即品牌对于企业利润的作用强度，最后将平均业务收益、品牌附加值系数与品牌系数指数相乘得出品牌价值。但是其计算出的品牌价值只体现其相对于其他品牌的相对位置，并不表现品牌的绝对内在价值。

王玉娟（2005，2007）对"中国最有价值品牌评估方法"进行了较为详细的阐述。中国最有价值品牌评估方法由北京名牌资产评估有限公司创立，计算公式为：P = M + S + D。其中，M表示与品牌有关的产品在市场中的占有能力，S表示品牌所具备的超值收益能力，D表示品牌在未来的成长潜质。该法能够根据不同的行业特点进行具体的调整，在一定程度上有效反映了我国目前品牌市场的客观状况。由于此方法通过三部分直接相加得到品牌价值，计算过程过于简单，科学性略显不足，且指标相对于 Interbrand 模型较为单一，不能全面反映品牌价值。

3. 基于消费者视角的评估研究

通过考虑品牌价值形成的源泉——消费者，反映顾客对于品牌特征的感知与认同，进而评估品牌价值。其中，最具代表性的方法是被称为"品牌资产的祖师"大卫·艾克（Aaker，1992）研究的品牌资产十要素模型。他将品牌价值细分为五个方面的十类指标，先对消费者进行某个方面及其相应指标的品牌感知调查，进而结合所有调查结果对品牌价值进行综合分析。但是该模型并不具备很强的通用性，对不同行业进行调整时较为主观。

品牌价值评估理论应与时俱进，很多学者在前人研究的基础上，结合当前的具体形势，对品牌价值评估展开了大胆的尝试。郑文哲、方毅（2009）认为目前流行的品牌价值评估方法大都忽视了环境对于品牌所有者行为的影响，并从这一角度出发，结合实物期权相关理论，对品牌进行期权特征分析，建立了品牌实物期权定价模型，为品牌价值评估指出新的方向。赵青、谷慧娟（2011）基于目前国内外主要的评估方法进行对比分析，运用层次分析法的基本思想，结合模糊理论，通过构造比较矩阵计算出品牌价值各因子的权重，运用德尔菲方法，构建了对企业品牌价值评估的 CM 法。杜剑、窦康（2013）将企业社会责任与品牌价值结合起来，通过实证分析检验了在品牌价值提升过程中企业社会责任所起到的推动作用，承担社会责任作为一种信号会显示品牌价值丰富内涵，这为企业品牌价值评估指出了新的方向。这些评估方法虽然不是很完善，但是在品牌价值评估方面也给我们提供了新的思路。

由于研究背景、研究目的、品牌价值驱动因素等的差异，不同的学者或者机构在品牌价值评估领域尚未形成统一的意见，目前并不存在具备绝对权威性的品牌价值评估体系。品牌价值评估的困难主要在于品牌收益难以分离、评估模型考虑因素不完备、品牌强度难以客观量化，这些也是本书将要努力去尝试探索的问题。

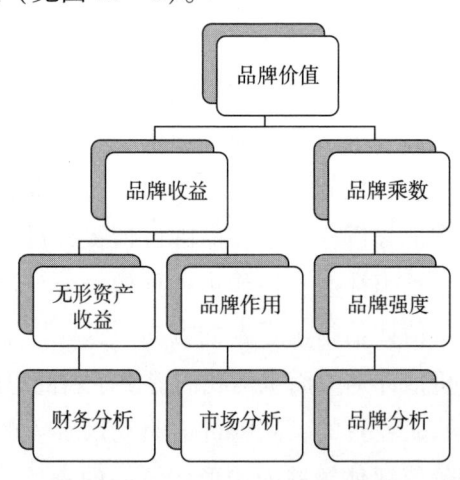

12.3　Interbrand 模型及改进

本节将首先对 Interbrand 评价模型的思想和步骤进行介绍，然后，对模型的优点和不足进行简要评述，从而对模型当中存在的不足进行改进，从而形成应用于本书分析的品牌价值评价模型。

Interbrand 品牌价值评估模型是英国的 Interbrand 公司（Interbrand Group）提出的，简称 Interbrand 模型。该方法蕴含了收益法的基本思路，根据财务分析与品牌作用指数计算品牌收益，利用品牌强度分析来获取品牌乘数，最后利用品牌收益乘以品牌乘数，即可测算出品牌的价值。

Interbrand 模型认为品牌的价值并不只是由为创建品牌所支付的成本决定，而是由该品牌未来能够创造的收益多少决定，所以，这种方法的思路与收益法评估思路基本一致。该模型需要对历史财务信息进行分析，适用于成熟及稳定的品牌资产。

品牌价值评估计算公式为 $V = P \times S$，其中 V：品牌价值；P：品牌收益；S：品牌乘数（见图 12-1）。

图 12-1　Interbrand 模型

在计算流程中，品牌收益是指与品牌相关的产品或服务在未来带来的税后净利润。在实际运用过程中，考虑到预测未来税后净利润方法复杂，且具有极大不确定性，一般使用最近3年的品牌税后净利润来代替预测值。从预测净利润中剥离出沉淀收益，进而利用品牌作用指数从沉淀收益中分离品牌收益，因而品牌收益＝沉淀收益×品牌作用指数。其中，沉淀收益指无形资产（专利权、非专利技术、客户关系、有关协议等）产生的收益。无论是品牌资产的贡献还是由非品牌资产产生的收益均包括在内。沉淀收益是根据相关数据资料进行财务分析计算出来的。即沉淀收益＝营业利润－有形资产的利润。品牌作用指数则是指品牌对于沉淀收益的贡献比率。该指数的测算方法为专家打分法。

计算流程中的品牌强度表示被评估品牌在本行业中所占据的相对市场地位，综合评价品牌各方面的市场表现。在计算品牌强度时，Interbrand模型把制约品牌强度的因素归纳为：市场性质、稳定性、品牌支持、品牌保护、销售范围、品牌趋势、品牌领导7个因素，采用专家打分法（见表12-1）进行计算。

表12-1 品牌强度评估体系

品牌强度因素	内涵	分值
市场性质	品牌所处的市场环境，如市场发展，市场结构。	0~10
稳定性	获取品牌收益的连续性与长期发展能力	0~15
品牌支持	得到关键扶持或连续投资	0~10
品牌保护	商标注册、法律保护	0~5
销售范围	产品销售的区域范围	0~25
品牌趋势	品牌与时俱进，产品与消费者偏好相吻合	0~10
品牌领导	市场地位，品牌在本行业中所占据的领导地位	0~25

品牌乘数反映了品牌的市场认可程度，不仅表明了品牌收益在未来的可实现程度，也反映了品牌在未来满足广大消费者需求的能力，相当于WACC模型的作用，所以能够用来计算品牌在未来所面对的风险。品牌乘数由品牌强度决定。通过对各种案例的研究，Interbrand公司总结出一种可以用来反映品牌强度和品牌乘数两者内在关系的函数曲线，称之为S型曲线。表达公式如下：

$$\begin{cases} 250S = X^2, X \in [0,50] \\ (S-10)^2 = 2X - 100, X \in (50,100] \end{cases}$$

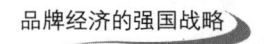

式中 S 表示品牌乘数，X 表示品牌强度。图 12-2 为 Interbrand 品牌价值评估模型的 S 型曲线函数图像。

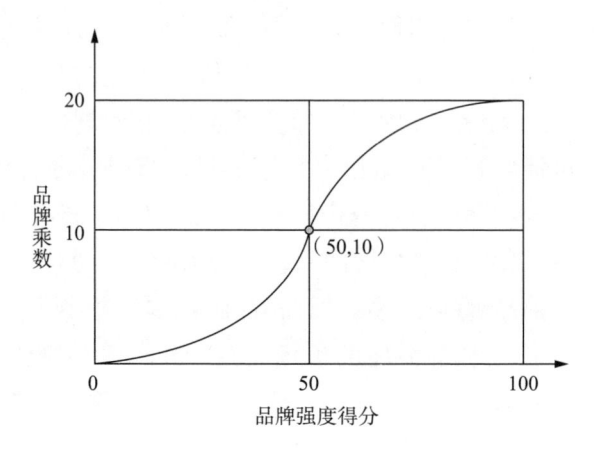

图 12-2 Interbrand 品牌价值评估模型的 S 型曲线

Interbrand 模型蕴含了收益法的评估思路。该方法主要有两大优点：第一是设计出品牌作用指数这个指标，从而将品牌带来的收益从无形资产收益中分离开来，使品牌自身所拥有的价值得到充分体现，这也解决了品牌资产收益剥离的难题。第二是 S 型曲线。S 型曲线表现了品牌强度、品牌乘数两者的内在联系，利用品牌强度得分可以得出品牌乘数，进而可以算出折现率。S 型曲线是 Interbrand 公司在大量的品牌评估实践与科学合理的调查基础上，通过严格的数理分析总结出来的，具有一定的合理性。在财务分析中，折现率一般是利用 CAPM 模型及 WACC 模型计算，但是 CAPM 模型需要满足一系列极为严格的假设才会成立，其中，β 系数需要利用证券市场的信息，证券市场需要具有较强的流动性，否则会影响 β 系数的准确性，由于我国证券市场发展不太完善，β 系数的运用受到了极大的限制；WACC 模型从整体上考虑了企业的资本结构，主要适用于企业价值评估，但是对于品牌价值来说其内涵与企业价值存在许多差异，如果应用 WACC 模型来估计品牌强度系数便会产生较大误差。而 Interbrand 模型中的 S 型曲线基于品牌价值的特征（见图 12-2），通过市场环境、品牌发展特征等要素对品牌的认可度、市场地位以及发展的可持续性进行评估，从而在一定程度上比较客观反映品牌收益在未来的实现程度。

同时，Interbrand 模型也存在不足，该方法中的品牌作用指数与品牌强度两个参数通过专家打分法得出，从而导致评价方法当中存在较强的主观性，进而导致品牌评价结果受到人为因素影响较大，而且对于不同年度的品牌评价来说，由于参与打分的专家团队可能不同，从而难以保证打分标准的一致性。由于具体的打分过程和结果难以复制，导致最终的评价结果难以进行验证。因此，在本章中，我们将应用客观指标对传统 Interbrand 模型中的品牌作用指数以及品牌乘数两项系数的估计方法进行改进，从而提升 Interbrand 模型品牌评价模型的有效性和一致性。

（1）品牌作用指数的改进

在 Interbrand 模型中，品牌作用指数是品牌对于沉淀收益的贡献比率，测算方法为专家评定法。具体而言，通过评价每个行业销售情况受到品牌因素影响的大小，对每个行业设定一个系数，从而计算每个品牌沉淀收益当中由品牌带来的部分。同时，企业的收益构成部分通常与企业的成本费用的构成比例相关，即品牌带来的收益通常来自企业在品牌建设方面的投资，因此，本章将从企业成本费用的角度出发，通过计算各个行业上市公司年度销售费用占年度总费用的平均水平衡量行业的品牌作用指数。

（2）品牌强度的指标改进

品牌强度代表该品牌在同行业中所处的相对地位，可以看作品牌收益在未来可实现性的保证。通过专家对影响品牌的各个因素逐个打分并汇总求和得出品牌强度，品牌强度与品牌乘数为正相关的关系，两者越大，表明未来品牌收益越有保证，风险越小。反之，风险越大。本章参考 Interbrand 品牌强度的评估方法，应用公司、行业、区域政策等相关指标，对影响品牌的宏观环境、市场因素、产品因素、品牌维护 4 个维度进行考察。具体来说，在宏观环境方面，应用上市公司所在区域的经济、法律以及政策支持的相关情况的指标对企业品牌建设的宏观环境进行评估；在市场因素方面，应用行业受中央、地方政策法规政策的关注程度对企业所在行业的情况进行评估；在产品因素方面，应用企业的资产收益率以及研发投入，考察企业产品的盈利能力及持续发展的能力；在品

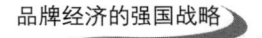

牌维护方面,应用企业新闻数量这一指标考察品牌受到社会的关注程度,各项指标的计算方法如表 12 - 2 所示。

表 12 - 2 品牌强度计算指标

一级指标	二级指标	三级指标
宏观环境	经济环境	所在区域基础经济指标
	政策环境	所在区域政策扶持水平
	法律环境	所在区域知识产权保护水平
市场因素	行业法规政策	行业在中央、地方法规中被提到的次数
	行业关注度	行业在政府工作报告中被提到的次数
产品因素	企业绩效水平	企业的 ROA 水平
	创新水平	企业的研发投入水平
品牌维护	品牌认知度	新闻数量

(3) 品牌强度的计算方法改进

原有模型中品牌权重的设计由专家打分确定,存在主观性的问题,针对这一问题,本章应用基于熵值的 TOPSIS 方法对各项指标进行加和。具体的计算方法及步骤如下:

①对 n 个品牌选择 m 个评价指标进行品牌强度评价,原始数据矩阵如下:

$$X = \begin{bmatrix} x_{11} & x_{12} & \cdots & x_{1m} \\ x_{21} & x_{22} & \cdots & x_{2m} \\ \cdots & \cdots & \cdots & \cdots \\ x_{n1} & x_{n2} & \cdots & x_{nm} \end{bmatrix}_{n \times p}$$

②在品牌强度评价过程中,由于各指标的量纲不同,而且各指标变化范围有大有小,为较好地反映指标变化的实际情况,评价之前需将矩阵进行规范化,得到规范化矩阵:

$$Z = \begin{bmatrix} z_{11} & z_{12} & \cdots & z_{1m} \\ z_{21} & z_{22} & \cdots & z_{2m} \\ \cdots & \cdots & \cdots & \cdots \\ z_{n1} & z_{n2} & \cdots & z_{nm} \end{bmatrix}_{n \times p}$$

其中，
$$z_{ij} = \frac{x_{ij}}{\sum_{p=1}^{n} x_{pj}} \quad i = 1,2,\cdots,n; \quad j = 1,2,\cdots,m$$

③由各项指标最优值和最劣值分别构成最优值向量 Z^+ 和最劣值向量 Z^-：
$$Z^+ = (z_1^+, z_2^+, \cdots, z_m^+); \quad Z^- = (z_1^-, z_2^-, \cdots, z_m^-)$$

其中，
$$z_j^+ = \max\{z_{1j}, z_{2j}, \cdots, z_{nj}\} \quad j = 1,2,\cdots,m$$
$$z_j^- = \min\{z_{1j}, z_{2j}, \cdots, z_{nj}\} \quad j = 1,2,\cdots,m$$

④熵值法计算权重。该方法是在客观条件下，由评价指标值来确定指标权重的一种方法，具有操作性和客观性强的特点，能够反映数据隐含的信息，增强指标的分辨意义和差异性，以避免因选用指标的差异过小造成的分析困难，全面反映各类信息。其思路是分析对象在某项指标上的值相差越大越重要，权重相应也越大。根据各项指标的变异程度，可以客观地计算出各项指标的权重，为多指标综合评价提供依据。计算公式为：

$$w_j = \frac{1 - e_j}{m - \sum_{j=1}^{m} e_j} \quad j = 1,2,\cdots,m$$

其中
$$e_j = -k \sum_{i=1}^{n} z_{ij} \ln z_{ij}, \quad k = \frac{1}{\ln n}$$

⑤计算各品牌与正负理想点的距离：
$$d_i^+ = \sqrt{\sum_{j=1}^{n} w_j \times (z_{ij} - z_j^+)^2}$$
$$i = 1,2,\cdots n;$$
$$d_i^- = \sqrt{\sum_{j=1}^{n} w_j \times (z_{ij} - z_j^-)^2} \quad i = 1,2,\cdots,n$$

其中，w_j 表示第 j 个指标的重要程度；同时，通计算可知，d_i^+ 越大，d_i^- 越小则该品牌的强度越高。

⑥综合评价指标的计算，计算品牌 i 对理想解的相对接近程度：

$$c_i = \frac{d_i^+}{d_i^+ + d_i^-} \quad i = 1, 2, \cdots, n$$

其中，c_i 越大则品牌强度越接近最优情况，该品牌强度越高。从而通过基于熵值的 TOPSIS 方法对品牌的强度进行评价，可提升评价结果的客观性和一致性。

（4）数据来源与样本选择

根据上述改进的 Interbrand 模型，我们可以通过企业的实际运营数据对品牌的价值进行评价，同时，考虑到数据的可获得性以及绝大多数高价值品牌均为上市公司，因此，本章选取中国 A 股上市公司的财务数据对公司的品牌价值进行评估。

此外，为了保证评估结果的合理性及科学性，本章依据以下标准对样本进行选择：①上市 10 年以上的公司。之所以选取上市 10 年以上的公司，一方面是因为如果上市时间较短，企业难以形成稳定的财务环境，可能导致估计结果会有较大偏差，另一方面，公司有较长的上市时间可以让我们可以考察品牌价值的时间序列，研究品牌价值随时间变化情况；②选取公司净利润为正的企业样本。由于 Interbrand 模型的基本思路是考察由品牌带来的企业利润，如果企业利润为负便无法得到企业品牌价值的有效估计，因此，本章在分析过程中仅选取企业利润为正的上市公司进行分析。基于以上选择标准以及改进的 Interbrand 模型，本章对 2011～2016 年的上市公司品牌价值进行了评估（2011～2016 年上市公司品牌价值前 100 榜单见附录）。

12.4　上市公司品牌价值榜评述

通过应用上述评价方法，本书得到了我国 A 股上市公司 2011～2016 年的品牌价值评估结果。总体情况如下：

（1）2011 年上市公司品牌价值榜

2011 年上市公司品牌价值榜共有 100 家企业上榜，分为 13 个行业。

其中制造行业的企业数量占比与品牌价值占比均处首位，有50家制造企业进入总榜，而其品牌价值之和占比高达32.9%，凸显了我国制造行业的改革成效与发展现状。其中，前5强的企业品牌分别为工商银行、中国联通、中国人寿、上汽集团、中国石油，价值分别约为1576.52亿元、1074.99亿元、1019.18亿元、1001.27亿元和997.05亿元，合计占100强企业品牌价值的32.42%。

此次上榜品牌的企业存续平均时间约11年，69%的企业品牌存续时间在10年以上，其中，时间最长的是20年，显示出上市公司中的品牌企业更旺盛的生命力。此次上榜品牌分布在20个省市自治区，覆盖了中国绝大多数的省份和地区。数据显示，品牌主要集中在经济发达的地区。其中北京最多，上榜企业品牌达到23个，品牌价值合计约占100强的43%；其次广东，上榜企业品牌18个；再次上海，上榜企业品牌有13个。品牌经济的地区发展不均衡性显著。

（2）2012年上市公司品牌价值榜

2012年上市公司品牌价值榜共有100家企业上榜，分为14个行业。其中制造行业的企业数量占比与品牌价值占比均处首位，有48家制造行业企业进入总榜，而其品牌价值之和占比高达40.7%。其中，前5强的企业品牌分别为中国石油、上汽集团、工商银行、中国石化、招商银行价值分别约为1132.05亿元、976.69亿元、984.50亿元、629.00亿元、493.35亿元，合计占100强企业品牌价值的31.35%。

此次上榜品牌的企业存续平均时间约12年，74%的企业品牌存续时间在10年以上，其中，时间最长的是21年。此次上榜品牌分布在21个省区市，覆盖了中国绝大多数的省份和地区。数据显示，品牌主要集中在经济发达的地区。其中北京最多，上榜企业品牌达到22个，品牌价值合计约占100强的40%；其次广东、上海上榜企业品牌有13个。品牌经济的地区发展不均衡性显著。

（3）2013年上市公司品牌价值榜

2013年上市公司品牌价值榜共有100家企业上榜，分为12个行业。其中制造行业的企业数量占比与品牌价值占比均处首位，有49家制造行业企业进入总榜，而其品牌价值之和占比高达36.39%。其中，前5强的企业品牌分别为中国联通、贵州茅台、中国石油、中国石化、工商银行价值分别约为 2618.67 亿元、1141.82 亿元、901.08 亿元、653.65 亿元、614.22 亿元，合计占 100 强企业品牌价值的 42%。

此次上榜品牌的企业存续平均时间约 13 年，全部的企业品牌存续时间在 10 年以上，其中，时间最长的是 26 年。此次上榜品牌分布在 22 个省区市，覆盖了中国绝大多数的省份和地区。数据显示，品牌主要集中在经济发达的地区。其中北京最多，上榜企业品牌达到 24 个，品牌价值合计约占 100 强的 31.7%；其次广东，上榜企业品牌 15 个；再次上海，上榜企业品牌有 11 个。品牌经济的地区发展不均衡性显著。

(4) 2014 年上市公司品牌价值榜

2014 年上市公司品牌价值榜共有 100 家企业上榜，分为 12 个行业。其中制造行业的企业数量占比处于首位，有 45 家制造行业企业进入总榜，但其品牌价值之和占比降至 27.74%，从而说明制造业在我国产业发展中的重要程度下降，相反信息传输、软件业虽然仅有 7 个企业上榜，但是其品牌价值之和占据 42.18%。其中，前 5 强的企业品牌分别为中国联通、贵州茅台、工商银行、上汽集团、中国平安价值分别约为 1218.68 亿元、1206.60 亿元、827.68 亿元、664.76 亿元、490.03 亿元，合计占 100 强企业品牌价值的 34.18%。

此次上榜品牌的企业存续平均时间约 18 年，82% 的企业品牌存续时间在 10 年以上，其中，时间最长的是 22 年。此次上榜品牌分布在 22 个省区市，覆盖了中国绝大多数的省份和地区。数据显示，品牌主要集中在经济发达的地区。其中北京最多，上榜企业品牌达到 21 个，品牌价值合计约占 100 强的 18.3%；其次广东，上榜企业品牌 15 个；再次上海，上榜企业品牌有 14 个。

(5) 2015 年上市公司品牌价值榜

2015 年上市公司品牌价值榜共有 100 家企业上榜，分为 13 个行业。其中制造行业的企业数量占均于首位，有 47 家制造行业企业进入总榜，其品牌价值之和占比为 28.83%，而金融行业的品牌价值占比居于首位，占全部品牌价值总和的 33.92%，从而说明制造业在我国产业发展中的重要程度下降，相反金融行业的发展情况较好。其中，前 5 强的企业品牌分别为中国联通、工商银行、中国平安、贵州茅台、东方明珠价值分别约为 2596.66 亿元、1731.76 亿元、1083.28 亿元、931.45 亿元和 627.76 亿元，合计占 100 强企业品牌价值的 45.15%。

此次上榜品牌的企业存续平均时间约 16 年，90% 的企业品牌存续时间在 10 年以上，其中，时间最长的是 24 年。此次上榜品牌分布在 22 个省区市，覆盖了中国绝大多数的省份和地区。数据显示，品牌主要集中在经济发达的地区。其中上海最多，上榜企业品牌达到 18 个，品牌价值合计约占 100 强的 30.02%；其次北京，上榜企业品牌 16 个；再次上海，上榜企业品牌有 13 个。

（6）2016 年上市公司品牌价值榜

2016 年上市公司品牌价值总榜共有 100 家企业上榜，分为 13 个行业。其中制造行业的企业数量占比与品牌价值占比均处首位，有 47 家金融企业进入总榜，而其品牌价值之和占总榜 100 家企业品牌价值之和的比重高达 41.54%，凸显了我国制造行业的改革成效与发展现状。其中，前 5 强的企业品牌分别为工商银行、中国平安、上汽集团、中国石化、中国人寿价值分别约为 2375.75 亿元、1750.58 亿元、1652.59 亿元、1470.62 亿元和 1440.45 亿元，合计占 100 强企业品牌价值的 27.13%。

此次上榜品牌的企业存续平均时间约 16 年，92% 的企业品牌存续时间在 10 年以上，其中，时间最长的是 25 年，显示出上市公司中的品牌企业更旺盛的生命力。此次上榜品牌分布在 21 个省区市，覆盖了中国绝大多数的省份和地区。数据显示，品牌主要集中在经济发达的地区。其中北京最多，上榜企业品牌达到 20 个，品牌价值合计约占 100 强的 32.35%；其次上海，上榜企业品牌有 17 个，再次广东，上榜企业品牌 14 个，品牌经济的地区发展不均衡性显著。

12.5 本章小结

在分析主要品牌价值评估方法、品牌价值影响因素的基础之上，运用改进后的 Interbrand 模型，结合企业客观的财务指标以及改进的权重计算方法对品牌评价的模型进行了改进。由于我国市场经济发展并不充分、资本市场并不完善的现状，品牌价值没有得到我国企业的足够重视，品牌评估方法难以满足市场需求。品牌与品牌价值内涵的丰富性要求通过品牌评估价值模型得出的评估结论具备多重性，本书对 Interbrand 的模型进行改进，增加了品牌作用指数以及品牌强度计算指标的客观性，并且结合改进的 TOPSIS 方法提升品牌强度指数权重的合理性，完善了 Interbrand 模型，提升了品牌价值评估方法的科学性，进而可以推广到其他品牌的价值评估实践。

参考文献

[1] Aaker D A. Measuring Brand Equity Across Products and Markets [J]. California Management Review, 1996, 38 (3): 102 - 120.

[2] Gardner B B, Levy S J. The Product and the Brand [C] // Harvard Business Review, 1955: 33 - 39.

[3] Kevin Lane Keller. Conceptualizing, Measuring, and Managing Customer-Based Brand Equity [J]. Journal of Marketing, 1993, 57 (1): 1 - 22.

[4] Lassar W. Measuring customer-based brand equity [J]. Journal of Consumer Marketing, 1995, 12 (4): 11 - 19 (9).

[5] Netemeyer R G, Krishnan B, Pullig C, et al. Developing and validating measures of facets of customer-based brand equity [J]. Journal of Business Research, 2004, 57 (2): 209 - 224.

[6] Park C S, Srinivasan V. A Survey-Based Method for Measuring and Understanding Brand Equity and Its Extendibility [J]. Journal of Marketing Research, 1994, 31 (2): 271 - 288.

[7] Styles C, Ambler T. Brand development versus new product development: towards a process model of extension decisions [J]. Marketing Intelligence & Planning, 1996, 14 (7): 10 - 19.

[8] Tauber E M. Brand franchise extension: New product benefits from existing Brand Names [J]. Business Horizons, 1981, 24 (2): 36 - 41.

[9] Yoo B, Donthu N. Developing and validating a multidimensional consumer-based brand equity scale [J]. Journal of Business Research, 2001, 52 (1): 1 - 14.

[10] Young A. Brand media strategy: integrated communications planning in the digital era [M]. Palgrave Macmillan, 2010.

[11] 白如山. 跨界区域品牌共享型旅游地整合研究 [D]. 福州: 福建师范大学, 2012.

[12] 陈钢. 加强品牌建设 助推经济升级 [J]. 中国品牌, 2015 (1): 22 - 23.

[13] 陈国栋. 技术创新中的艺术元素: 工业设计 [J]. 价值工程, 2013 (7): 11 - 13.

[14] 陈化琴. 皮具产品知识产权的法律保护：以广州狮岭皮具企业为分析视角［J］. 嘉应学院学报, 2008（5）：123-127.

[15] 陈玲, 汪希成, 张风莉. 新疆兵团农业产业集群发展的动力机制分析［J］. 农业经济, 2009（7）：48-50.

[16] 陈永杰. 全面推进工业管理体制机制改革：我国基本实现工业化的战略选择研究之八［J］. 经济研究参考, 2013（68）：52-55.

[17] 池仁勇, 李瑜娟, 刘娟芳. 基于多维评价指标体系的集群品牌发展驱动模式研究：对浙江集群品牌的经验分析［J］. 科技进步与对策, 2014（19）：69-74.

[18] 戴翔. 战略机遇期新内涵与我国对外经济发展方式转变［J］. 经济学家, 2013（8）：51-57.

[19] 邓明君, 罗文兵, 尹立娟. 国外碳中和理论研究与实践发展述评［J］. 资源科学, 2013（5）：186-196.

[20] 非讷. 总结经验 分类指导：推进流通领域商品质量监管关口前移工作联系单位座谈会综述［J］. 工商行政管理, 2003（23）：32-34.

[21] 冯蕾音. 品牌经济的产生、构成、性质：内涵式释义［J］. 山东经济, 2004（6）：111-112.

[22] 高昉, 余明阳. 顾客忠诚从何而来？——顾客忠诚影响因素的研究综述［J］. 市场营销导刊, 2008（4）：26-30.

[23] 顾立汉. 服务集群品牌价值形成机理及提升策略研究［D］. 济南：山东大学, 2013.

[24] 郭春丽. 扩大内需要建立长效机制［J］. 中国党政干部论坛, 2012（11）：35-37.

[25] 郭璇. 试析计算机云技术在高校图书馆中的应用［J］. 计算机光盘软件与应用, 2013（17）：203-203.

[26] 韩永进. 文化产业是新兴的朝阳产业［J］. 政策, 2004（3）：46-47.

[27] 禾子. 2012年我国宏观政策十大亮点［J］. 福建轻纺, 2013（1）：6-8.

[28] 何琦. 顺应论视角下政论文本的翻译［D］. 兰州：兰州大学, 2014.

[29] 何仕光. 区域品牌战略与城市经济发展［J］. 希望月报（上半月）, 2007（9）：93-93.

[30] 何先美, 李雄文, 符颖. 专利战略工作中的战术研究［J］. 科技管理研究, 2010（24）：172-175.

[31] 侯立松, 张邁. 品牌关系质量的评价方法与维度研究：兼论品牌评价方法的演进［J］. 兰州学刊, 2014（10）：167-172.

[32] 胡斌. 温州鞋业品牌培育模式及其评价研究［D］. 石家庄：石家庄经济学院, 2012.

[33] 胡大立. 应用灰色系统理论评价企业竞争力 [J]. 科技进步与对策, 2003, 20 (1): 159-161.

[34] 黄玲, 方敏. 论"中国制造"背后的定价权缺失及转移 [J]. 当代经济管理, 2010 (7): 79-82.

[35] 姜媛, 赵红. 基于模糊识别模型的品牌生命周期测评方法研究 [J]. 管理评论, 2012, 24 (1): 90-98.

[36] 蒋廉雄, 朱辉煌, 卢泰宏. 区域竞争的新战略: 基于协同的区域品牌资产构建 [J]. 中国软科学, 2005 (11): 107-116.

[37] 井华. 创新国际标准 培育世界知名品牌 [J]. 国际融资, 2014 (8): 10-12.

[38] 李飞. 中华老字号品牌的生命周期研究 [J]. 北京工商大学学报: 社会科学版, 2015, 30 (4): 28-34.

[39] 李佛关. 我国品牌的地区分布与区域经济实力关联研究 [J]. 经济问题探索, 2012 (4): 58-63.

[40] 李晴. 浅谈中国中小企业创新问题 [J]. 商, 2013 (3): 31-32.

[41] 李振. 中国企业品牌的国际竞争力研究 [J]. 中国商贸, 2014 (19): 100-101.

[42] 连胜利. 品牌共享: 中小企业的现实选择 [J]. 中华商标, 2002 (2): 29-30.

[43] 梁添勇. 龙岩市休闲农业发展对策研究 [D]. 福州: 福建农林大学, 2012.

[44] 刘华军. 品牌的经济分析 [D]. 济南: 山东大学, 2009.

[45] 刘劲成. 赚钱新招: 从特许经营到品牌授权 [J]. 连锁与特许 (管理工程师), 2004 (5): 53-55.

[46] 刘兴民, 洪来喜, 巴明, 等. 云计算采纳行为研究现状分析 [J]. 内蒙古兽医, 1995 (3): 22-23.

[47] 刘洋. 凝聚城市营销的品牌之魂 [J]. 前线, 2014 (6): 96-98.

[48] 柳思维. 名牌战略与湖南经济增长 [J]. 新湘评论, 2007 (3): 26-28.

[49] 罗媛. 基于全业务运营环境下的成都移动集团客户营销策略研究 [D]. 成都: 电子科技大学, 2012.

[50] 罗云华, 李昊泽. 品牌带动区域经济增长机制探讨 [J]. 当代经济研究, 2011 (2): 80-83.

[51] 吕兵. 基于外部性的弥勒市区域品牌整合与营销研究 [D]. 昆明: 云南师范大学, 2015.

[52] 马相东. 企业异质性、创新驱动与中国企业国际化 [J]. 创新, 2014 (4): 10-15.

[53] 莫月, 薛跃进. 品牌就是商标: 访国家工商行政管理总局商标局局长安青虎 [J]. 商业文化, 2006 (23): 18-24.

[54] 潘成云. 品牌市场生命周期管理理论论纲 [J]. 中国流通经济, 2006, 20 (9):

42 - 45.

[55] 庞笑笑. 旅游品牌共享型区域旅游经济协调发展研究 [D]. 长春: 东北师范大学, 2015.

[56] 彭涛. 浙江省供销合作社品牌建设工作经验与启示 [J]. 中国合作经济, 2014 (12): 50 - 52.

[57] 琼斯. 广告与品牌策划 [M]. 北京: 机械工业出版社, 1999.

[58] 邱枫. 论品牌价值与消费者价值之缺口 [J]. 当代经理人旬刊, 2006 (9).

[59] 邱国鹏, 李勋祥. 基于文化维度的动漫衍生品设计思考 [J]. 重庆工商大学学报: 社会科学版, 2015 (2): 88 - 92.

[60] 沈忱, 李桂华, 顾杰, 等. 产业集群品牌竞争力评价指标体系构建分析 [J]. 科学学与科学技术管理, 2015 (1): 88 - 98.

[61] 沈鹏熠. 基于模糊综合评价法的农产品区域品牌竞争力测评 [J]. 统计与决策, 2012 (1): 80 - 82.

[62] 宋晓玲. 打造兵团经济升级版的若干思考 [J]. 新疆农垦经济, 2014 (1): 66 - 69.

[63] 苏玉娟. 科技革命与中国社会的转型 [J]. 理论探索, 2006 (1): 45 - 47.

[64] 孙曰瑶. 品牌经济学原理 [M]. 北京: 经济科学出版社, 2007.

[65] 孙曰瑶, 刘呈庆. 区域可持续发展的品牌经济机制研究 [J]. 中国人口. 资源与环境, 2007 (4): 34 - 38.

[66] 田原. 国产卡通太空狗"七仔"可授权 [J]. 商情 (教育经济研究), 2008 (7): 23 - 23.

[67] 同生. 中国入世为进出口银行搭起国际舞台 [J]. 企业文化, 2002 (4): 63 - 63.

[68] 涂山峰, 曹休宁. 基于产业集群的区域品牌与区域经济增长 [J]. 中国软科学, 2005 (12): 111 - 115.

[69] 婉宁. 工信部敦促加快工业企业品牌建设 [J]. 化工管理, 2011 (12): 26 - 28.

[70] 汪波, 高辉. 品牌竞争力内涵及其测评研究 [J]. 内蒙古农业大学学报: 社会科学版, 2006 (4): 126 - 128.

[71] 王晨. 中国西部地区技术创新体系探讨 [D]. 武汉: 武汉理工大学, 2008.

[72] 王成荣, 李亚. 一种适合中国国情的品牌资产评价方法 [J]. 管理评论, 2003, 15 (9): 31 - 35.

[73] 王利英, 石瑶, 于海龙, 等. 社会主义市场经济条件下的伦理道德建设 [J]. 北方园艺, 2012 (3): 34 - 35.

[74] 王宁. 成功创业的"十大路径" [J]. 劳动保障世界, 2008 (1): 25 - 25.

[75] 王伟华. 区域自主品牌培育和发展战略规划研究 [D]. 天津: 天津大学, 2007.

[76] 王文寅. 国家计划的制度分析 [D]. 南京: 南京师范大学, 2006.

[77] 王晓梅. 新媒体时代本土日化品牌传播策略研究 [D]. 广州：暨南大学，2012.

[78] 王欣灏. 中国园林景观企业品牌营销战略研究 [D]. 重庆：重庆大学，2003.

[79] 王雅秋. 上海浦东知识产权综合行政管理体制探索与实践 [J]. 辽宁高等教育研究，1997（2）：82-82.

[80] 王勇，李阳，石鹏燕. 浅析专利通知书打印发文流程中的问题及对策 [J]. 科技情报开发与经济，2014（14）：140-141.

[81] 王赟松，李艳. 政府质量工作考核将有据可依 [J]. 认证技术，2013（8）：27-28.

[82] 卫怀恩. 数字期刊独立版权管理对图书馆的影响分析：从CNKI"三特刊"出版说起 [J]. 图书馆学研究，2010（6）：33-33.

[83] 吴虹. 企业核心竞争力研究 [J]. 市场研究，2003（8）：17-18.

[84] 吴天宝. 大局观统领执法办案的实践与思考 [J]. 中国检察官，2013（3）：16-18.

[85] 夏曾玉，谢健. 区域品牌建设探讨——温州案例研究 [J]. 中国工业经济，2003（10）：43-48.

[86] 夏骥. 我国品牌的地区分布与区域竞争力研究 [J]. 上海经济研究，2007（2）：18-28.

[87] 向生刚. 新时期我国蚕业产业化发展研究 [D]. 长沙：湖南农业大学，2008.

[88] 项文也. 农产品品牌策动升级的全球运作模式及延伸战略取向研究 [D]. 杭州：浙江大学，2010.

[89] 肖捷，钟新. 基于知识图谱的企业社会责任研究的可视化分析 [J]. 财经理论与实践，2014（1）：110-114.

[90] 谢京辉. 城市群聚集效应的约束条件与破解路径：品牌经济视角的思考 [J]. 东岳论丛，2014（9）：162-166.

[91] 谢京辉. 品牌经济的理论重构及其演化形态研究：兼论中国发展品牌经济的思路 [J]. 上海经济研究，2014（4）：98-105.

[92] 谢京辉. 品牌经济与城市的转型升级 [J]. 城市问题，2014（6）：65-68.

[93] 熊曦，张琦，陈恩. 品牌视角下的省际竞争力评价与启示 [J]. 江汉学术，2014，33（1）：75-82.

[94] 徐春雪. 加快产业结构调整　促进经济快速、健康发展 [J]. 黑河学刊，1996（1）：14-18.

[95] 徐志宏. 中国特色社会主义道路的历史选择和科学内涵 [J]. 新疆财经大学学报，2013（4）：7-13.

[96] 许基南. 品牌竞争力研究 [M]. 北京：经济管理出版社，2005.

［97］杨国荣，倪朝敏. 品牌形象的市场研究分析方法［J］. 中国市场，2014（9）：81－83.

［98］杨俊丽. 论竞争情报在企业品牌定位中的作用［J］. 情报科学，2012（5）：653－656.

［99］杨柳. 论地理品牌与产业集群的价值实现：基于中国白酒产业的分析［J］. 软科学，2008（12）：118－122.

［100］杨启明. 主动适应新常态继续推进电器工业由大到强发展［J］. 电器工业，2015（5）：12－14.

［101］杨晓光. 中国品牌的地区分布及其影响［J］. 地理学报，2005，60（2）：189－197.

［102］尹元元. 品牌企业与区域经济发展研究［D］. 长沙：中南大学，2010.

［103］应杰. 台州制造业自主创新存在的问题及提升对策［J］. 现代物业（中旬刊），2010（7）：22－23.

［104］于浩敬，同泉. 杨利. 山东："精耕细作"立良法［J］. 中国人大，2013（11）：38－41.

［105］袁岳，王水利. 自主创新促进产业升级加速［J］. 市场研究，2007（5）：6－8.

［106］原鹏智. 中国中小企业融资租赁研究［D］. 大连：东北财经大学，2015.

［107］张建春. "品牌是国家实力的象征"第二届中国品牌建设高峰会暨十大行业领袖品牌评选启动［J］. 新经济杂志，2009（10）：92－93.

［108］张莉. 都市中藏文化的传承、调适与发展研究［D］. 兰州：西北民族大学，2009.

［109］张世贤. 略论品牌国际竞争力的提高［J］. 管理观察，2000，3（1）：20－23.

［110］章继刚. 大力推进"品牌强省"战略［J］. 四川统一战线，2009（7）：22－23.

［111］赵承中. 运用系统化思维推动发展：学习习近平总书记系列重要讲话精神［J］. 档案与建设，2012（3）：50－52.

［112］赵宏春，邵雅文，刘燚. 中国品牌建设吹响冲锋号［J］. 中国标准化，2014（9）：16－23.

［113］郑东艳. 毛泽东发展思想是科学发展观的重要理论渊源［J］. 海南师范大学学报：社会科学版，2011（2）：135－139.

［114］郑琼娥，王耕. 品牌战略促进区域经济发展的策略研究：以福建石狮市为例［J］. 生态经济：学术版，2011（1）：261－265.

［115］周晶晶. 试论科学技术在可持续发展中的作用［J］. 科技与管理，2005（4）：55－57.

［116］周涛. 当代中国马克思主义民生观及其时代价值［J］. 人民论坛，2013（14）：

187-189.

[117] 周云峰. 黑龙江省绿色食品区域品牌竞争力提升研究 [D]. 沈阳: 东北林业大学, 2011.

[118] 朱相磊. 走向服务业大国的转型与改革: 2020 年中国经济转型升级的大趋势 [J]. 济宁师专学报, 1994 (3): 26-28.

[119] 庄延良. 胶南市企业技术标准化战略研究 [D]. 青岛: 中国海洋大学, 2012.

附 录

附表1 2011年品牌价值榜单

排名	证券代码	证券简称	上市日期	品牌价值（亿元）	行　业	省区市
1	601398	工商银行	2006-10-27	1576.52	金融业	北京市
2	600050	中国联通	2002-10-09	1074.99	信息传输、软件和信息技术服务业	上海市
3	601628	中国人寿	2007-01-09	1019.18	金融业	北京市
4	600104	上汽集团	1997-11-25	1001.27	制造业	上海市
5	601857	中国石油	2007-11-05	997.05	采矿业	北京市
6	002024	苏宁云商	2004-07-21	686.12	批发和零售业	江苏省
7	600028	中国石化	2001-08-08	610.70	采矿业	北京市
8	601088	中国神华	2007-10-09	590.10	采矿业	北京市
9	600588	用友网络	2001-05-18	504.06	信息传输、软件和信息技术服务业	北京市
10	601318	中国平安	2007-03-01	461.22	金融业	广东省
11	600036	招商银行	2002-04-09	438.64	金融业	广东省
12	601988	中国银行	2006-07-05	421.76	金融业	北京市
13	000858	五粮液	1998-04-27	399.44	制造业	四川省
14	600031	三一重工	2003-07-03	388.88	制造业	北京市
15	000568	泸州老窖	1994-05-09	290.94	制造业	四川省
16	600519	贵州茅台	2001-08-27	276.76	制造业	贵州省
17	600600	青岛啤酒	1993-08-27	255.31	制造业	山东省
18	000869	张裕A	2000-10-26	250.35	制造业	山东省
19	600837	海通证券	1994-02-24	230.56	金融业	上海市

续表

排名	证券代码	证券简称	上市日期	品牌价值（亿元）	行业	省区市
20	600018	上港集团	2006-10-26	225.41	交通运输、仓储和邮政业	上海市
21	002186	全聚德	2007-11-20	196.39	住宿和餐饮业	北京市
22	000650	仁和药业	1996-12-10	192.88	制造业	江西省
23	000999	华润三九	2000-03-09	188.35	制造业	广东省
24	601939	建设银行	2007-09-25	182.75	金融业	北京市
25	601111	中国国航	2006-08-18	180.33	交通运输、仓储和邮政业	北京市
26	000039	中集集团	1994-04-08	177.95	制造业	广东省
27	600016	民生银行	2000-12-19	174.85	金融业	北京市
28	600029	南方航空	2003-07-25	151.34	交通运输、仓储和邮政业	广东省
29	000100	TCL集团	2004-01-30	148.74	制造业	广东省
30	601006	大秦铁路	2006-08-01	146.30	交通运输、仓储和邮政业	山西省
31	002032	苏泊尔	2004-08-17	144.97	制造业	浙江省
32	000425	徐工机械	1996-08-28	143.62	制造业	江苏省
33	600805	悦达投资	1994-01-03	137.99	综合	江苏省
34	600612	老凤祥	1992-08-14	133.01	制造业	上海市
35	600859	王府井	1994-05-06	130.38	批发和零售业	北京市
36	000651	格力电器	1996-11-18	130.26	制造业	广东省
37	000423	东阿阿胶	1996-07-29	123.26	制造业	山东省
38	000538	云南白药	1993-12-15	118.14	制造业	云南省
39	000001	平安银行	1991-04-03	116.75	金融业	广东省
40	000876	新希望	1998-03-11	109.59	制造业	四川省
41	601998	中信银行	2007-04-27	97.67	金融业	北京市
42	601328	交通银行	2007-05-15	97.05	金融业	上海市
43	601390	中国中铁	2007-12-03	93.16	建筑业	北京市

续表

排名	证券代码	证券简称	上市日期	品牌价值（亿元）	行业	省区市
44	600085	同仁堂	1997-06-25	90.78	制造业	北京市
45	600138	中青旅	1997-12-03	87.44	租赁和商务服务业	北京市
46	601166	兴业银行	2007-02-05	86.15	金融业	福建省
47	000776	广发证券	1997-06-11	84.66	金融业	广东省
48	601699	潞安环能	2006-09-22	80.43	采矿业	山西省
49	600887	伊利股份	1996-03-12	80.29	制造业	内蒙古自治区
50	000625	长安汽车	1997-06-10	72.79	制造业	重庆市
51	600221	海南航空	1999-11-25	72.25	交通运输、仓储和邮政业	海南省
52	000061	农产品	1997-01-10	71.43	租赁和商务服务业	广东省
53	000895	双汇发展	1998-12-10	68.11	制造业	河南省
54	600066	宇通客车	1997-05-08	60.63	制造业	河南省
55	600585	海螺水泥	2002-02-07	59.02	制造业	安徽省
56	000550	江铃汽车	1993-12-01	57.07	制造业	江西省
57	600690	青岛海尔	1993-11-19	55.90	制造业	山东省
58	600718	东软集团	1996-06-18	54.03	信息传输、软件和信息技术服务业	辽宁省
59	600373	中文传媒	2002-03-04	53.95	文化、体育和娱乐业	江西省
60	600489	中金黄金	2003-08-14	52.89	采矿业	北京市
61	601607	上海医药	1994-03-24	51.96	批发和零售业	上海市
62	600839	四川长虹	1994-03-11	49.35	制造业	四川省
63	600115	东方航空	1997-11-05	48.32	交通运输、仓储和邮政业	上海市
64	600688	上海石化	1993-11-08	45.09	制造业	上海市
65	000002	万科A	1991-01-29	44.67	房地产业	广东省
66	601601	中国太保	2007-12-25	43.59	金融业	上海市

续表

排名	证券代码	证券简称	上市日期	品牌价值（亿元）	行　业	省区市
67	000596	古井贡酒	1996－09－27	40.16	制造业	安徽省
68	000630	铜陵有色	1996－11－20	39.45	制造业	安徽省
69	600827	百联股份	1994－02－04	36.27	批发和零售业	上海市
70	000623	吉林敖东	1996－10－28	36.21	制造业	吉林省
71	600750	江中药业	1996－09－23	35.64	制造业	江西省
72	600525	长园集团	2002－12－02	33.89	制造业	广东省
73	002128	露天煤业	2007－04－18	33.31	采矿业	内蒙古自治区
74	600597	光明乳业	2002－08－28	33.17	制造业	上海市
75	600362	江西铜业	2002－01－11	30.62	制造业	江西省
76	600068	葛洲坝	1997－05－26	29.97	建筑业	湖北省
77	600300	维维股份	2000－06－30	29.17	制造业	江苏省
78	002106	莱宝高科	2007－01－12	28.82	制造业	广东省
79	600757	长江传媒	1996－10－03	28.79	文化、体育和娱乐业	湖北省
80	600177	雅戈尔	1998－11－19	28.38	房地产业	浙江省
81	000022	深赤湾A	1993－05－05	28.11	交通运输、仓储和邮政业	广东省
82	000541	佛山照明	1993－11－23	28.09	制造业	广东省
83	600030	中信证券	2003－01－06	27.84	金融业	广东省
84	600372	中航电子	2001－07－06	27.75	制造业	北京市
85	600327	大东方	2002－06－25	27.73	批发和零售业	江苏省
86	600195	中牧股份	1999－01－07	27.57	制造业	北京市
87	600970	中材国际	2005－04－12	27.54	制造业	江苏省
88	600536	中国软件	2002－05－17	27.32	信息传输、软件和信息技术服务业	北京市
89	002075	沙钢股份	2006－10－25	26.91	制造业	江苏省
90	600019	宝钢股份	2000－12－12	26.84	制造业	上海市

续表

排名	证券代码	证券简称	上市日期	品牌价值（亿元）	行　业	省区市
91	000417	合肥百货	1996-08-12	26.64	批发和零售业	安徽省
92	600795	国电电力	1997-03-18	26.52	电力、热力、燃气及水生产和供应业	辽宁省
93	600271	航天信息	2003-07-11	26.46	制造业	北京市
94	600060	海信电器	1997-04-22	26.12	制造业	山东省
95	600499	科达洁能	2002-10-10	25.90	制造业	广东省
96	600704	物产中大	1996-06-06	25.83	批发和零售业	浙江省
97	000729	燕京啤酒	1997-07-16	25.80	制造业	北京市
98	600366	宁波韵升	2000-10-30	25.79	制造业	浙江省
99	002011	盾安环境	2004-07-05	25.37	制造业	浙江省
100	600673	东阳光科	1993-09-17	24.64	制造业	广东省

附表2　2012年品牌价值榜单

排名	证券代码	证券简称	上市日期	品牌价值（亿元）	行　业	省区市
1	601857	中国石油	2007-11-05	1132.05	采矿业	北京市
2	600104	上汽集团	1997-11-25	976.69	制造业	上海市
3	601398	工商银行	2006-10-27	984.50	金融业	北京市
4	600028	中国石化	2001-08-08	629.00	采矿业	北京市
5	600036	招商银行	2002-04-09	493.35	金融业	广东省
6	000858	五粮液	1998-04-27	480.52	制造业	四川省
7	601988	中国银行	2006-07-05	454.88	金融业	北京市
8	600031	三一重工	2003-07-03	437.46	制造业	北京市
9	600050	中国联通	2002-10-09	410.76	信息传输、软件和信息技术服务业	上海市
10	002024	苏宁云商	2004-07-21	381.86	批发和零售业	江苏省
11	601628	中国人寿	2007-01-09	328.33	金融业	北京市
12	600519	贵州茅台	2001-08-27	324.92	制造业	贵州省
13	000568	泸州老窖	1994-05-09	297.72	制造业	四川省

续表

排名	证券代码	证券简称	上市日期	品牌价值（亿元）	行业	省区市
14	600588	用友网络	2001-05-18	296.61	信息传输、软件和信息技术服务业	北京市
15	600600	青岛啤酒	1993-08-27	270.75	制造业	山东省
16	000999	华润三九	2000-03-09	216.35	制造业	广东省
17	002186	全聚德	2007-11-20	204.97	住宿和餐饮业	北京市
18	601318	中国平安	2007-03-01	204.68	金融业	广东省
19	000895	双汇发展	1998-12-10	175.36	制造业	河南省
20	600837	海通证券	1994-02-24	169.09	金融业	上海市
21	600085	同仁堂	1997-06-25	145.99	制造业	北京市
22	000100	TCL集团	2004-01-30	138.94	制造业	广东省
23	600612	老凤祥	1992-08-14	127.90	制造业	上海市
24	000425	徐工机械	1996-08-28	126.10	制造业	江苏省
25	000651	格力电器	1996-11-18	125.99	制造业	广东省
26	000538	云南白药	1993-12-15	123.34	制造业	云南省
27	000423	东阿阿胶	1996-07-29	122.74	制造业	山东省
28	000869	张裕A	2000-10-26	119.19	制造业	山东省
29	600018	上港集团	2006-10-26	117.98	交通运输、仓储和邮政业	上海市
30	000001	平安银行	1991-04-03	116.68	金融业	广东省
31	600859	王府井	1994-05-06	109.10	批发和零售业	北京市
32	601998	中信银行	2007-04-27	108.98	金融业	北京市
33	601006	大秦铁路	2006-08-01	107.73	交通运输、仓储和邮政业	山西省
34	601699	潞安环能	2006-09-22	100.14	采矿业	山西省
35	002032	苏泊尔	2004-08-17	96.16	制造业	浙江省
36	600887	伊利股份	1996-03-12	94.11	制造业	内蒙古自治区
37	601088	中国神华	2007-10-09	93.37	采矿业	北京市

续表

排名	证券代码	证券简称	上市日期	品牌价值（亿元）	行　　业	省区市
38	601390	中国中铁	2007-12-03	87.52	建筑业	北京市
39	601328	交通银行	2007-05-15	87.27	金融业	上海市
40	600029	南方航空	2003-07-25	85.40	交通运输、仓储和邮政业	广东省
41	002011	盾安环境	2004-07-05	80.87	制造业	浙江省
42	000625	长安汽车	1997-06-10	78.83	制造业	重庆市
43	000776	广发证券	1997-06-11	77.56	金融业	广东省
44	600016	民生银行	2000-12-19	75.55	金融业	北京市
45	600805	悦达投资	1994-01-03	73.29	综合	江苏省
46	000876	新希望	1998-03-11	70.26	制造业	四川省
47	601166	兴业银行	2007-02-05	68.76	金融业	福建省
48	601111	中国国航	2006-08-18	65.39	交通运输、仓储和邮政业	北京市
49	601607	上海医药	1994-03-24	57.40	批发和零售业	上海市
50	601601	中国太保	2007-12-25	56.71	金融业	上海市
51	600138	中青旅	1997-12-03	56.11	租赁和商务服务业	北京市
52	600694	大商股份	1993-11-22	55.60	批发和零售业	辽宁省
53	000650	仁和药业	1996-12-10	54.11	制造业	江西省
54	600066	宇通客车	1997-05-08	53.45	制造业	河南省
55	000596	古井贡酒	1996-09-27	53.04	制造业	安徽省
56	600108	亚盛集团	1997-08-18	52.66	农、林、牧、渔业	甘肃省
57	600011	华能国际	2001-12-06	50.82	电力、热力、燃气及水生产和供应业	北京市
58	600795	国电电力	1997-03-18	45.32	电力、热力、燃气及水生产和供应业	辽宁省
59	000002	万科A	1991-01-29	42.53	房地产业	广东省
60	000550	江铃汽车	1993-12-01	40.14	制造业	江西省
61	600068	葛洲坝	1997-05-26	39.88	建筑业	湖北省

续表

排名	证券代码	证券简称	上市日期	品牌价值（亿元）	行业	省区市
62	600690	青岛海尔	1993-11-19	39.15	制造业	山东省
63	600718	东软集团	1996-06-18	38.41	信息传输、软件和信息技术服务业	辽宁省
64	600373	中文传媒	2002-03-04	38.39	文化、体育和娱乐业	江西省
65	600839	四川长虹	1994-03-11	37.60	制造业	四川省
66	600585	海螺水泥	2002-02-07	37.38	制造业	安徽省
67	600141	兴发集团	1999-06-16	36.61	制造业	湖北省
68	600221	海南航空	1999-11-25	34.82	交通运输、仓储和邮政业	海南省
69	600020	中原高速	2003-08-08	33.65		河南省
70	600757	长江传媒	1996-10-03	33.60	文化、体育和娱乐业	湖北省
71	000661	长春高新	1996-12-18	33.38	制造业	吉林省
72	600019	宝钢股份	2000-12-12	33.33	制造业	上海市
73	600750	江中药业	1996-09-23	32.60	制造业	江西省
74	600521	华海药业	2003-03-04	31.66	制造业	浙江省
75	600597	光明乳业	2002-08-28	31.62	制造业	上海市
76	600027	华电国际	2005-02-03	31.50	电力、热力、燃气及水生产和供应业	山东省
77	000156	华数传媒	2000-09-06	30.74	文化、体育和娱乐业	浙江省
78	600271	航天信息	2003-07-11	27.88	制造业	北京市
79	002128	露天煤业	2007-04-18	27.46	采矿业	内蒙古自治区
80	600216	浙江医药	1999-10-21	27.26	制造业	浙江省
81	600827	百联股份	1994-02-04	26.45	批发和零售业	上海市
82	600100	同方股份	1997-06-27	25.37	制造业	北京市

续表

排名	证券代码	证券简称	上市日期	品牌价值（亿元）	行　　业	省区市
83	000039	中集集团	1994－04－08	24.63	制造业	广东省
84	600007	中国国贸	1999－03－12	24.22	房地产业	北京市
85	000630	铜陵有色	1996－11－20	23.99	制造业	安徽省
86	600115	东方航空	1997－11－05	23.81	交通运输、仓储和邮政业	上海市
87	000009	中国宝安	1991－06－25	23.09	综合	广东省
88	600298	安琪酵母	2000－08－18	23.06	制造业	湖北省
89	600372	中航电子	2001－07－06	22.87	制造业	北京市
90	600433	冠豪高新	2003－06－19	22.82	制造业	广东省
91	600418	江淮汽车	2001－08－24	22.18	制造业	安徽省
92	600536	中国软件	2002－05－17	22.15	信息传输、软件和信息技术服务业	北京市
93	600120	浙江东方	1997－12－01	21.99	批发和零售业	浙江省
94	600300	维维股份	2000－06－30	21.68	制造业	江苏省
95	600177	雅戈尔	1998－11－19	21.44	房地产业	浙江省
96	600348	阳泉煤业	2003－08－21	21.41	采矿业	山西省
97	600362	江西铜业	2002－01－11	21.38	制造业	江西省
98	000541	佛山照明	1993－11－23	21.12	制造业	广东省
99	600741	华域汽车	1996－08－26	20.52	制造业	上海市
100	600522	中天科技	2002－10－24	19.92	制造业	江苏省

附表3　2013年品牌价值榜单

排名	证券代码	证券简称	上市日期	品牌价值（亿元）	行　　业	省区市
1	600050	中国联通	2002－10－09	2618.67	信息传输、软件和信息技术服务业	上海市
2	600519	贵州茅台	2001－08－27	1141.82	制造业	贵州省
3	601857	中国石油	2007－11－05	901.08	采矿业	北京市
4	600028	中国石化	2001－08－08	653.65	采矿业	北京市

续表

排名	证券代码	证券简称	上市日期	品牌价值（亿元）	行　业	省区市
5	601398	工商银行	2006-10-27	614.22	金融业	北京市
6	601988	中国银行	2006-07-05	484.50	金融业	北京市
7	000858	五粮液	1998-04-27	453.08	制造业	四川省
8	600588	用友网络	2001-05-18	402.08	信息传输、软件和信息技术服务业	北京市
9	601628	中国人寿	2007-01-09	387.69	金融业	北京市
10	600104	上汽集团	1997-11-25	365.30	制造业	上海市
11	600036	招商银行	2002-04-09	308.00	金融业	广东省
12	000100	TCL集团	2004-01-30	273.16	制造业	广东省
13	600600	青岛啤酒	1993-08-27	236.13	制造业	山东省
14	600018	上港集团	2006-10-26	232.16	交通运输、仓储和邮政业	上海市
15	000651	格力电器	1996-11-18	191.29	制造业	广东省
16	600612	老凤祥	1992-08-14	170.84	制造业	上海市
17	601318	中国平安	2007-03-01	164.74	金融业	广东省
18	600031	三一重工	2003-07-03	159.03	制造业	北京市
19	000538	云南白药	1993-12-15	155.85	制造业	云南省
20	000423	东阿阿胶	1996-07-29	145.57	制造业	山东省
21	600837	海通证券	1994-02-24	132.17	金融业	上海市
22	601998	中信银行	2007-04-27	130.06	金融业	北京市
23	000895	双汇发展	1998-12-10	128.71	制造业	河南省
24	601166	兴业银行	2007-02-05	124.91	金融业	福建省
25	600085	同仁堂	1997-06-25	116.66	制造业	北京市
26	002032	苏泊尔	2004-08-17	114.98	制造业	浙江省
27	000869	张裕A	2000-10-26	114.83	制造业	山东省
28	600887	伊利股份	1996-03-12	114.78	制造业	内蒙古自治区
29	000001	平安银行	1991-04-03	110.82	金融业	广东省

续表

排名	证券代码	证券简称	上市日期	品牌价值（亿元）	行　　业	省区市
30	601328	交通银行	2007-05-15	108.40	金融业	上海市
31	600030	中信证券	2003-01-06	99.69	金融业	广东省
32	601006	大秦铁路	2006-08-01	99.43	交通运输、仓储和邮政业	山西省
33	600027	华电国际	2005-02-03	98.75	电力、热力、燃气及水生产和供应业	山东省
34	600859	王府井	1994-05-06	94.31	批发和零售业	北京市
35	601088	中国神华	2007-10-09	85.28	采矿业	北京市
36	000550	江铃汽车	1993-12-01	83.96	制造业	江西省
37	000999	华润三九	2000-03-09	78.46	制造业	广东省
38	000776	广发证券	1997-06-11	69.85	金融业	广东省
39	600138	中青旅	1997-12-03	67.69	租赁和商务服务业	北京市
40	600694	大商股份	1993-11-22	66.36	批发和零售业	辽宁省
41	000725	京东方A	2001-01-12	64.21	制造业	北京市
42	600688	上海石化	1993-11-08	61.51	制造业	上海市
43	601607	上海医药	1994-03-24	60.85	批发和零售业	上海市
44	600585	海螺水泥	2002-02-07	59.82	制造业	安徽省
45	000039	中集集团	1994-04-08	58.58	制造业	广东省
46	600795	国电电力	1997-03-18	57.85	电力、热力、燃气及水生产和供应业	辽宁省
47	600074	保千里	1997-06-23	57.61	制造业	江苏省
48	600066	宇通客车	1997-05-08	54.51	制造业	河南省
49	601390	中国中铁	2007-12-03	53.03	建筑业	北京市
50	600029	南方航空	2003-07-25	50.86	交通运输、仓储和邮政业	广东省
51	600276	恒瑞医药	2000-10-18	49.46	制造业	江苏省
52	000876	新希望	1998-03-11	47.12	制造业	四川省
53	000425	徐工机械	1996-08-28	46.26	制造业	江苏省

续表

排名	证券代码	证券简称	上市日期	品牌价值（亿元）	行　业	省区市
54	000002	万科A	1991-01-29	45.92	房地产业	广东省
55	600827	百联股份	1994-02-04	45.70	批发和零售业	上海市
56	600845	宝信软件	1994-03-11	45.52	信息传输、软件和信息技术服务业	上海市
57	600372	中航电子	2001-07-06	41.76	制造业	北京市
58	600535	天士力	2002-08-23	41.68	制造业	天津市
59	600717	天津港	1996-06-14	40.32	交通运输、仓储和邮政业	天津市
60	000009	中国宝安	1991-06-25	39.55	综合	广东省
61	002011	盾安环境	2004-07-05	38.65	制造业	浙江省
62	000156	华数传媒	2000-09-06	37.96	文化、体育和娱乐业	浙江省
63	000917	电广传媒	1999-03-25	37.68	信息传输、软件和信息技术服务业	湖南省
64	000596	古井贡酒	1996-09-27	37.52	制造业	安徽省
65	601939	建设银行	2007-09-25	36.70	金融业	北京市
66	600221	海南航空	1999-11-25	34.61	交通运输、仓储和邮政业	海南省
67	600011	华能国际	2001-12-06	34.55	电力、热力、燃气及水生产和供应业	北京市
68	600718	东软集团	1996-06-18	34.46	信息传输、软件和信息技术服务业	辽宁省
69	002153	石基信息	2007-08-13	34.23	信息传输、软件和信息技术服务业	北京市
70	000898	鞍钢股份	1997-12-25	33.37	制造业	辽宁省
71	600271	航天信息	2003-07-11	30.50	制造业	北京市
72	600332	白云山	2001-02-06	29.92	制造业	广东省

续表

排名	证券代码	证券简称	上市日期	品牌价值（亿元）	行业	省区市
73	600757	长江传媒	1996-10-03	29.84	文化、体育和娱乐业	湖北省
74	002093	国脉科技	2006-12-15	28.02	信息传输、软件和信息技术服务业	福建省
75	600596	新安股份	2001-09-06	27.02	制造业	浙江省
76	000915	山大华特	1999-06-09	26.46	制造业	山东省
77	000012	南玻A	1992-02-28	25.45	制造业	广东省
78	600894	广日股份	1996-03-28	25.39	制造业	广东省
79	600100	同方股份	1997-06-27	24.25	制造业	北京市
80	002013	中航机电	2004-07-05	23.97	制造业	湖北省
81	600016	民生银行	2000-12-19	23.09	金融业	北京市
82	000661	长春高新	1996-12-18	22.94	制造业	吉林省
83	600120	浙江东方	1997-12-01	22.89	批发和零售业	浙江省
84	000789	万年青	1997-09-23	22.68	制造业	江西省
85	600020	中原高速	2003-08-08	22.45		河南省
86	600597	光明乳业	2002-08-28	22.28	制造业	上海市
87	600177	雅戈尔	1998-11-19	22.04	房地产业	浙江省
88	600008	首创股份	2000-04-27	21.81	电力、热力、燃气及水生产和供应业	北京市
89	600790	轻纺城	1997-02-28	21.80	租赁和商务服务业	浙江省
90	600839	四川长虹	1994-03-11	21.75	制造业	四川省
91	000951	中国重汽	1999-11-25	21.74	制造业	山东省
92	600549	厦门钨业	2002-11-07	21.58	制造业	福建省
93	000600	建投能源	1996-06-06	21.48	电力、热力、燃气及水生产和供应业	河北省
94	600348	阳泉煤业	2003-08-21	21.28	采矿业	山西省
95	000652	泰达股份	1996-11-28	20.19	批发和零售业	天津市
96	600161	天坛生物	1998-06-16	20.19	制造业	北京市

续表

排名	证券代码	证券简称	上市日期	品牌价值（亿元）	行　　业	省区市
97	600216	浙江医药	1999-10-21	19.82	制造业	浙江省
98	000488	晨鸣纸业	2000-11-20	19.57	制造业	山东省
99	002065	东华软件	2006-08-23	19.46	信息传输、软件和信息技术服务业	北京市
100	002056	横店东磁	2006-08-02	19.36	制造业	浙江省

附表4　2014年品牌价值榜单

排名	证券代码	证券简称	上市日期	品牌价值（亿元）	行　　业	省区市
1	600050	中国联通	2002-10-09	1218.68	信息传输、软件和信息技术服务业	上海市
2	600519	贵州茅台	2001-08-27	1206.60	制造业	贵州省
3	601398	工商银行	2006-10-27	827.68	金融业	北京市
4	600104	上汽集团	1997-11-25	664.76	制造业	上海市
5	601318	中国平安	2007-03-01	490.03	金融业	广东省
6	601857	中国石油	2007-11-05	484.98	采矿业	北京市
7	000858	五粮液	1998-04-27	426.50	制造业	四川省
8	600588	用友网络	2001-05-18	423.44	信息传输、软件和信息技术服务业	北京市
9	601988	中国银行	2006-07-05	401.06	金融业	北京市
10	600036	招商银行	2002-04-09	311.17	金融业	广东省
11	600600	青岛啤酒	1993-08-27	283.57	制造业	山东省
12	000895	双汇发展	1998-12-10	231.23	制造业	河南省
13	601628	中国人寿	2007-01-09	195.57	金融业	北京市
14	000869	张裕A	2000-10-26	180.37	制造业	山东省
15	000100	TCL集团	2004-01-30	178.46	制造业	广东省
16	600016	民生银行	2000-12-19	171.91	金融业	北京市
17	000423	东阿阿胶	1996-07-29	164.92	制造业	山东省
18	000538	云南白药	1993-12-15	147.36	制造业	云南省

续表

排名	证券代码	证券简称	上市日期	品牌价值（亿元）	行　业	省区市
19	600837	海通证券	1994-02-24	145.87	金融业	上海市
20	601166	兴业银行	2007-02-05	145.04	金融业	福建省
21	601998	中信银行	2007-04-27	136.73	金融业	北京市
22	600612	老凤祥	1992-08-14	127.89	制造业	上海市
23	601328	交通银行	2007-05-15	127.33	金融业	上海市
24	600030	中信证券	2003-01-06	124.15	金融业	广东省
25	000001	平安银行	1991-04-03	120.78	金融业	广东省
26	002032	苏泊尔	2004-08-17	115.82	制造业	浙江省
27	600637	东方明珠	1993-03-16	113.60	信息传输、软件和信息技术服务业	上海市
28	002024	苏宁云商	2004-07-21	110.24	批发和零售业	江苏省
29	600887	伊利股份	1996-03-12	109.25	制造业	内蒙古自治区
30	601006	大秦铁路	2006-08-01	105.77	交通运输、仓储和邮政业	山西省
31	600859	王府井	1994-05-06	104.61	批发和零售业	北京市
32	000002	万科A	1991-01-29	98.29	房地产业	广东省
33	600018	上港集团	2006-10-26	96.60	交通运输、仓储和邮政业	上海市
34	000625	长安汽车	1997-06-10	93.05	制造业	重庆市
35	000650	仁和药业	1996-12-10	86.76	制造业	江西省
36	600085	同仁堂	1997-06-25	84.85	制造业	北京市
37	600694	大商股份	1993-11-22	84.81	批发和零售业	辽宁省
38	600066	宇通客车	1997-05-08	81.07	制造业	河南省
39	002065	东华软件	2006-08-23	80.65	信息传输、软件和信息技术服务业	北京市
40	601939	建设银行	2007-09-25	80.00	金融业	北京市
41	000776	广发证券	1997-06-11	79.30	金融业	广东省

续表

排名	证券代码	证券简称	上市日期	品牌价值（亿元）	行业	省区市
42	600221	海南航空	1999-11-25	74.79	交通运输、仓储和邮政业	海南省
43	601607	上海医药	1994-03-24	73.32	批发和零售业	上海市
44	600027	华电国际	2005-02-03	68.72	电力、热力、燃气及水生产和供应业	山东省
45	601601	中国太保	2007-12-25	68.44	金融业	上海市
46	600500	中化国际	2000-03-01	67.24	制造业	上海市
47	600138	中青旅	1997-12-03	66.92	租赁和商务服务业	北京市
48	600177	雅戈尔	1998-11-19	64.30	房地产业	浙江省
49	000917	电广传媒	1999-03-25	63.15	信息传输、软件和信息技术服务业	湖南省
50	600827	百联股份	1994-02-04	62.94	批发和零售业	上海市
51	600028	中国石化	2001-08-08	61.60	采矿业	北京市
52	600031	三一重工	2003-07-03	60.44	制造业	北京市
53	000725	京东方A	2001-01-12	58.68	制造业	北京市
54	601390	中国中铁	2007-12-03	56.26	建筑业	北京市
55	000627	天茂集团	1996-11-12	53.47	金融业	湖北省
56	600801	华新水泥	1994-01-03	51.78	制造业	湖北省
57	000876	新希望	1998-03-11	50.04	制造业	四川省
58	600020	中原高速	2003-08-08	48.80		河南省
59	600068	葛洲坝	1997-05-26	47.51	建筑业	湖北省
60	000550	江铃汽车	1993-12-01	45.65	制造业	江西省
61	000156	华数传媒	2000-09-06	45.41	文化、体育和娱乐业	浙江省
62	000902	新洋丰	1999-04-08	45.37	制造业	湖北省
63	000009	中国宝安	1991-06-25	43.95	综合	广东省
64	600718	东软集团	1996-06-18	43.54	信息传输、软件和信息技术服务业	辽宁省

续表

排名	证券代码	证券简称	上市日期	品牌价值（亿元）	行　业	省区市
65	600029	南方航空	2003-07-25	42.08	交通运输、仓储和邮政业	广东省
66	600549	厦门钨业	2002-11-07	41.74	制造业	福建省
67	600811	东方集团	1994-01-06	40.16	批发和零售业	黑龙江省
68	000012	南玻A	1992-02-28	40.12	制造业	广东省
69	600252	中恒集团	2000-11-30	38.52	制造业	广西壮族自治区
70	600276	恒瑞医药	2000-10-18	38.51	制造业	江苏省
71	000039	中集集团	1994-04-08	36.95	制造业	广东省
72	600372	中航电子	2001-07-06	36.57	制造业	北京市
73	600011	华能国际	2001-12-06	34.79	电力、热力、燃气及水生产和供应业	北京市
74	002011	盾安环境	2004-07-05	34.29	制造业	浙江省
75	600682	南京新百	1993-10-18	34.09	批发和零售业	江苏省
76	000050	深天马A	1995-03-15	33.58	制造业	广东省
77	000739	普洛药业	1997-05-09	32.73	制造业	浙江省
78	600008	首创股份	2000-04-27	31.65	电力、热力、燃气及水生产和供应业	北京市
79	600741	华域汽车	1996-08-26	31.36	制造业	上海市
80	000600	建投能源	1996-06-06	31.30	电力、热力、燃气及水生产和供应业	河北省
81	600007	中国国贸	1999-03-12	31.16	房地产业	北京市
82	600594	益佰制药	2004-03-23	30.78	制造业	贵州省
83	600315	上海家化	2001-03-15	28.73	制造业	上海市
84	000975	银泰资源	2000-06-08	28.47	采矿业	内蒙古自治区

续表

排名	证券代码	证券简称	上市日期	品牌价值（亿元）	行业	省区市
85	600795	国电电力	1997-03-18	28.24	电力、热力、燃气及水生产和供应业	辽宁省
86	000598	兴蓉环境	1996-05-29	27.99	电力、热力、燃气及水生产和供应业	四川省
87	600195	中牧股份	1999-01-07	27.86	制造业	北京市
88	000661	长春高新	1996-12-18	26.90	制造业	吉林省
89	000789	万年青	1997-09-23	26.85	制造业	江西省
90	600835	上海机电	1994-02-24	26.52	制造业	上海市
91	000338	潍柴动力	2007-04-30	26.42	制造业	山东省
92	600717	天津港	1996-06-14	26.27	交通运输、仓储和邮政业	天津市
93	002131	利欧股份	2007-04-27	26.06	信息传输、软件和信息技术服务业	浙江省
94	600380	健康元	2001-06-08	25.32	制造业	广东省
95	600790	轻纺城	1997-02-28	25.05	租赁和商务服务业	浙江省
96	000651	格力电器	1996-11-18	24.68	制造业	广东省
97	600436	片仔癀	2003-06-16	24.21	制造业	福建省
98	600426	华鲁恒升	2002-06-20	23.67	制造业	山东省
99	600583	海油工程	2002-02-05	22.98	采矿业	天津市
100	002170	芭田股份	2007-09-19	22.92	制造业	广东省

附表5　2015年品牌价值榜单

排名	证券代码	证券简称	上市日期	品牌价值（亿元）	行业	省区市
1	600050	中国联通	2002-10-09	2596.67	信息传输、软件和信息技术服务业	上海市
2	601398	工商银行	2006-10-27	1731.76	金融业	北京市
3	601318	中国平安	2007-03-01	1083.28	金融业	广东省
4	600519	贵州茅台	2001-08-27	931.45	制造业	贵州省

续表

排名	证券代码	证券简称	上市日期	品牌价值（亿元）	行　　业	省区市
5	600637	东方明珠	1993-03-16	627.76	信息传输、软件和信息技术服务业	上海市
6	000625	长安汽车	1997-06-10	466.01	制造业	重庆市
7	000858	五粮液	1998-04-27	410.93	制造业	四川省
8	600030	中信证券	2003-01-06	331.84	金融业	广东省
9	600036	招商银行	2002-04-09	304.01	金融业	广东省
10	600837	海通证券	1994-02-24	235.66	金融业	上海市
11	000895	双汇发展	1998-12-10	230.72	制造业	河南省
12	601601	中国太保	2007-12-25	229.56	金融业	上海市
13	600028	中国石化	2001-08-08	226.33	采矿业	北京市
14	600588	用友网络	2001-05-18	223.23	信息传输、软件和信息技术服务业	北京市
15	601988	中国银行	2006-07-05	170.73	金融业	北京市
16	600104	上汽集团	1997-11-25	160.74	制造业	上海市
17	600016	民生银行	2000-12-19	158.16	金融业	北京市
18	601328	交通银行	2007-05-15	153.46	金融业	上海市
19	000650	仁和药业	1996-12-10	141.31	制造业	江西省
20	000776	广发证券	1997-06-11	140.30	金融业	广东省
21	600027	华电国际	2005-02-03	137.11	电力、热力、燃气及水生产和供应业	山东省
22	601939	建设银行	2007-09-25	133.97	金融业	北京市
23	000002	万科A	1991-01-29	130.96	房地产业	广东省
24	000627	天茂集团	1996-11-12	128.51	金融业	湖北省
25	000423	东阿阿胶	1996-07-29	126.43	制造业	山东省
26	600011	华能国际	2001-12-06	125.71	电力、热力、燃气及水生产和供应业	北京市
27	002024	苏宁云商	2004-07-21	118.12	批发和零售业	江苏省
28	601998	中信银行	2007-04-27	116.98	金融业	北京市

续表

排名	证券代码	证券简称	上市日期	品牌价值（亿元）	行　　业	省区市
29	601166	兴业银行	2007-02-05	116.83	金融业	福建省
30	600029	南方航空	2003-07-25	116.48	交通运输、仓储和邮政业	广东省
31	600066	宇通客车	1997-05-08	116.34	制造业	河南省
32	000001	平安银行	1991-04-03	115.09	金融业	广东省
33	600859	王府井	1994-05-06	113.72	批发和零售业	北京市
34	600020	中原高速	2003-08-08	112.11		河南省
35	600500	中化国际	2000-03-01	104.66	制造业	上海市
36	000039	中集集团	1994-04-08	104.65	制造业	广东省
37	600600	青岛啤酒	1993-08-27	104.40	制造业	山东省
38	600690	青岛海尔	1993-11-19	89.54	制造业	山东省
39	000917	电广传媒	1999-03-25	87.50	信息传输、软件和信息技术服务业	湖南省
40	600221	海南航空	1999-11-25	87.19	交通运输、仓储和邮政业	海南省
41	601006	大秦铁路	2006-08-01	85.16	交通运输、仓储和邮政业	山西省
42	002065	东华软件	2006-08-23	82.00	信息传输、软件和信息技术服务业	北京市
43	002032	苏泊尔	2004-08-17	80.29	制造业	浙江省
44	000848	承德露露	1997-11-13	76.75	制造业	河北省
45	600612	老凤祥	1992-08-14	72.26	制造业	上海市
46	000538	云南白药	1993-12-15	69.78	制造业	云南省
47	600688	上海石化	1993-11-08	68.74	制造业	上海市
48	000009	中国宝安	1991-06-25	67.69	综合	广东省
49	600315	上海家化	2001-03-15	61.76	制造业	上海市
50	600827	百联股份	1994-02-04	61.06	批发和零售业	上海市
51	600398	海澜之家	2000-12-28	59.68	制造业	江苏省

续表

排名	证券代码	证券简称	上市日期	品牌价值（亿元）	行　　业	省区市
52	600886	国投电力	1996-01-18	57.09	电力、热力、燃气及水生产和供应业	北京市
53	000902	新洋丰	1999-04-08	54.70	制造业	湖北省
54	600340	华夏幸福	2003-12-30	53.29	房地产业	河北省
55	600754	锦江股份	1996-10-11	52.23	住宿和餐饮业	上海市
56	600177	雅戈尔	1998-11-19	51.44	房地产业	浙江省
57	600276	恒瑞医药	2000-10-18	48.94	制造业	江苏省
58	600894	广日股份	1996-03-28	48.45	制造业	广东省
59	601628	中国人寿	2007-01-09	47.35	金融业	北京市
60	600874	创业环保	1995-06-30	44.46	电力、热力、燃气及水生产和供应业	天津市
61	600138	中青旅	1997-12-03	44.16	租赁和商务服务业	北京市
62	002202	金风科技	2007-12-26	42.95	制造业	新疆维吾尔自治区
63	600699	均胜电子	1993-12-06	42.28	制造业	浙江省
64	600623	华谊集团	1992-12-04	41.56	制造业	上海市
65	600718	东软集团	1996-06-18	41.49	信息传输、软件和信息技术服务业	辽宁省
66	600717	天津港	1996-06-14	41.30	交通运输、仓储和邮政业	天津市
67	601111	中国国航	2006-08-18	40.31	交通运输、仓储和邮政业	北京市
68	000712	锦龙股份	1997-04-15	40.27	金融业	广东省
69	000887	中鼎股份	1998-12-03	39.82	制造业	安徽省
70	000989	九芝堂	2000-06-28	39.60	制造业	湖南省
71	600795	国电电力	1997-03-18	39.19	电力、热力、燃气及水生产和供应业	辽宁省

续表

排名	证券代码	证券简称	上市日期	品牌价值（亿元）	行业	省区市
72	600597	光明乳业	2002-08-28	37.31	制造业	上海市
73	000035	中国天楹	1994-04-08	36.97	水利、环境和公共设施管理业	江苏省
74	600649	城投控股	1993-05-18	36.91	房地产业	上海市
75	600129	太极集团	1997-11-18	36.51	制造业	重庆市
76	600426	华鲁恒升	2002-06-20	35.78	制造业	山东省
77	600115	东方航空	1997-11-05	35.24	交通运输、仓储和邮政业	上海市
78	600893	中航动力	1996-04-08	34.52	制造业	陕西省
79	000012	南玻A	1992-02-28	34.49	制造业	广东省
80	600741	华域汽车	1996-08-26	34.06	制造业	上海市
81	600008	首创股份	2000-04-27	33.67	电力、热力、燃气及水生产和供应业	北京市
82	000050	深天马A	1995-03-15	33.55	制造业	广东省
83	000596	古井贡酒	1996-09-27	33.08	制造业	安徽省
84	600803	新奥股份	1994-01-03	31.76	制造业	河北省
85	000623	吉林敖东	1996-10-28	31.09	制造业	吉林省
86	002131	利欧股份	2007-04-27	30.67	信息传输、软件和信息技术服务业	浙江省
87	002011	盾安环境	2004-07-05	29.89	制造业	浙江省
88	600682	南京新百	1993-10-18	29.46	批发和零售业	江苏省
89	000726	鲁泰A	2000-12-25	29.01	制造业	山东省
90	600039	四川路桥	2003-03-25	28.89	建筑业	四川省
91	000661	长春高新	1996-12-18	28.22	制造业	吉林省
92	600863	内蒙华电	1994-05-20	27.79	电力、热力、燃气及水生产和供应业	内蒙古自治区
93	000818	方大化工	1997-10-17	27.71	制造业	辽宁省
94	002078	太阳纸业	2006-11-16	27.66	制造业	山东省

续表

排名	证券代码	证券简称	上市日期	品牌价值（亿元）	行业	省区市
95	002186	全聚德	2007-11-20	27.46	住宿和餐饮业	北京市
96	000413	东旭光电	1996-09-25	27.05	制造业	河北省
97	600352	浙江龙盛	2003-08-01	26.98	制造业	浙江省
98	000833	贵糖股份	1998-11-11	26.89	制造业	广西壮族自治区
99	600835	上海机电	1994-02-24	26.12	制造业	上海市
100	600436	片仔癀	2003-06-16	25.63	制造业	福建省

附表6　2016年品牌价值榜单

排名	证券简称	上市日期	品牌价值（亿元）	行业	省区市
1	工商银行	2006-10-27	2375.75	金融业	北京市
2	中国平安	2007-03-01	1750.58	金融业	广东省
3	上汽集团	1997-11-25	1652.59	制造业	上海市
4	中国石化	2001-08-08	1470.62	采矿业	北京市
5	中国人寿	2007-01-09	1440.45	金融业	北京市
6	贵州茅台	2001-08-27	1299.89	制造业	贵州省
7	招商银行	2002-04-09	989.15	金融业	广东省
8	长安汽车	1997-06-10	890.88	制造业	重庆市
9	中国银行	2006-07-05	857.11	金融业	北京市
10	青岛海尔	1993-11-19	717.75	制造业	山东省
11	五粮液	1998-04-27	601.80	制造业	四川省
12	格力电器	1996-11-18	587.51	制造业	广东省
13	TCL集团	2004-01-30	568.41	制造业	广东省
14	建设银行	2007-09-25	565.64	金融业	北京市
15	双汇发展	1998-12-10	516.34	制造业	河南省
16	中国神华	2007-10-09	491.07	采矿业	北京市

续表

排名	证券简称	上市日期	品牌价值（亿元）	行 业	省区市
17	东方明珠	1993-03-16	438.44	信息传输、软件和信息技术服务业	上海市
18	中国石油	2007-11-05	410.27	采矿业	北京市
19	上港集团	2006-10-26	407.24	交通运输、仓储和邮政业	上海市
20	东软集团	1996-06-18	399.66	信息传输、软件和信息技术服务业	辽宁省
21	华润三九	2000-03-09	374.21	制造业	广东省
22	民生银行	2000-12-19	367.20	金融业	北京市
23	中国国航	2006-08-18	353.26	交通运输、仓储和邮政业	北京市
24	苏泊尔	2004-08-17	342.31	制造业	浙江省
25	伊利股份	1996-03-12	331.67	制造业	内蒙古自治区
26	华夏幸福	2003-12-30	321.53	房地产业	河北省
27	上海石化	1993-11-08	317.00	制造业	上海市
28	仁和药业	1996-12-10	316.91	制造业	江西省
29	海通证券	1994-02-24	299.00	金融业	上海市
30	用友网络	2001-05-18	285.69	信息传输、软件和信息技术服务业	北京市
31	圆通速递	2000-06-08	282.79	交通运输、仓储和邮政业	辽宁省
32	同仁堂	1997-06-25	278.24	制造业	北京市
33	四川长虹	1994-03-11	263.16	制造业	四川省
34	中信证券	2003-01-06	259.13	金融业	广东省
35	分众传媒	2004-08-04	249.39	租赁和商务服务业	广东省
36	兴业银行	2007-02-05	243.44	金融业	福建省
37	青岛啤酒	1993-08-27	240.13	制造业	山东省

续表

排名	证券简称	上市日期	品牌价值（亿元）	行 业	省区市
38	交通银行	2007-05-15	238.96	金融业	上海市
39	东阿阿胶	1996-07-29	238.25	制造业	山东省
40	南方航空	2003-07-25	237.03	交通运输、仓储和邮政业	广东省
41	宇通客车	1997-05-08	236.58	制造业	河南省
42	全聚德	2007-11-20	234.30	住宿和餐饮业	北京市
43	张裕A	2000-10-26	233.61	制造业	山东省
44	海南航空	1999-11-25	229.10	交通运输、仓储和邮政业	海南省
45	泸州老窖	1994-05-09	220.99	制造业	四川省
46	中信银行	2007-04-27	214.16	金融业	北京市
47	太极集团	1997-11-18	214.12	制造业	重庆市
48	新希望	1998-03-11	212.39	制造业	四川省
49	万科A	1991-01-29	204.49	房地产业	广东省
50	中国联通	2002-10-09	198.28	信息传输、软件和信息技术服务业	上海市
51	中国中铁	2007-12-03	196.32	建筑业	北京市
52	中国太保	2007-12-25	193.44	金融业	上海市
53	韵达股份	2007-03-06	192.06	制造业	浙江省
54	上海医药	1994-03-24	183.32	批发和零售业	上海市
55	同方股份	1997-06-27	182.37	制造业	北京市
56	锦江股份	1996-10-11	181.87	住宿和餐饮业	上海市
57	老凤祥	1992-08-14	177.03	制造业	上海市
58	云南白药	1993-12-15	169.89	制造业	云南省
59	广发证券	1997-06-11	162.04	金融业	广东省
60	中青旅	1997-12-03	154.03	租赁和商务服务业	北京市
61	古井贡酒	1996-09-27	149.75	制造业	安徽省
62	平安银行	1991-04-03	146.48	金融业	广东省

续表

排名	证券简称	上市日期	品牌价值（亿元）	行　业	省区市
63	鞍钢股份	1997－12－25	139.04	制造业	辽宁省
64	海澜之家	2000－12－28	133.78	制造业	江苏省
65	浦发银行	1999－11－10	133.31	金融业	上海市
66	王府井	1994－05－06	132.14	批发和零售业	北京市
67	华能国际	2001－12－06	131.20	电力、热力、燃气及水生产和供应业	北京市
68	物产中大	1996－06－06	126.14	批发和零售业	浙江省
69	航天信息	2003－07－11	122.14	制造业	北京市
70	大秦铁路	2006－08－01	116.29	交通运输、仓储和邮政业	山西省
71	恒瑞医药	2000－10－18	114.92	制造业	江苏省
72	潍柴动力	2007－04－30	113.39	制造业	山东省
73	中文传媒	2002－03－04	105.82	文化、体育和娱乐业	江西省
74	华电国际	2005－02－03	103.89	电力、热力、燃气及水生产和供应业	山东省
75	东华软件	2006－08－23	102.66	信息传输、软件和信息技术服务业	北京市
76	海螺水泥	2002－02－07	91.58	制造业	安徽省
77	江铃汽车	1993－12－01	87.68	制造业	江西省
78	九芝堂	2000－06－28	86.22	制造业	湖南省
79	城市传媒	2000－03－09	85.83	文化、体育和娱乐业	山东省
80	光明乳业	2002－08－28	83.99	制造业	上海市
81	葛洲坝	1997－05－26	83.53	建筑业	湖北省
82	安琪酵母	2000－08－18	83.35	制造业	湖北省
83	白云山	2001－02－06	82.74	制造业	广东省
84	华东医药	2000－01－27	79.25	批发和零售业	浙江省

续表

排名	证券简称	上市日期	品牌价值（亿元）	行　　业	省区市
85	江中药业	1996－09－23	78.82	制造业	江西省
86	晨鸣纸业	2000－11－20	77.91	制造业	山东省
87	江淮汽车	2001－08－24	77.03	制造业	安徽省
88	中国宝安	1991－06－25	76.12	综合	广东省
89	宝钢股份	2000－12－12	75.71	制造业	上海市
90	紫光国芯	2005－06－06	74.09	制造业	河北省
91	雅戈尔	1998－11－19	73.85	房地产业	浙江省
92	华数传媒	2000－09－06	72.39	文化、体育和娱乐业	浙江省
93	建投能源	1996－06－06	69.86	电力、热力、燃气及水生产和供应业	河北省
94	国电电力	1997－03－18	68.33	电力、热力、燃气及水生产和供应业	辽宁省
95	宝信软件	1994－03－11	68.22	信息传输、软件和信息技术服务业	上海市
96	现代制药	2004－06－16	67.58	制造业	上海市
97	苏宁云商	2004－07－21	66.79	批发和零售业	江苏省
98	佛山照明	1993－11－23	65.39	制造业	广东省
99	华海药业	2003－03－04	64.23	制造业	浙江省
100	华域汽车	1996－08－26	63.86	制造业	上海市

后 记

本书以"品牌经济的强国战略"为主题,课题成员主要来自中国人民大学科学研究基金(中央高校基本科研业务费专项资金资助)项目(13XNI015)课题组、中国人民大学信息资源管理学院和中国人民大学中国市场营销研究中心。本书尝试在研究视角、内容设计、结构布局等方面增强延续性、创新性和可读性,在保留《2013中国品牌发展报告》《2014中国品牌发展报告》《2015中国品牌发展报告》《2016中国品牌发展报告》等系列著作原有主要精神的基础上,本书主要分为品牌经济的理论探源、品牌经济的评价模型、品牌经济的战略思辨、品牌经济的政策研究和品牌经济的典型案例五大部分。本书从分析发展品牌经济对我国强国战略的重要价值入手,深入分析我国品牌政策,结合"十三五"提出的五大发展理念展开具体研究,并探索性地提出了品牌经济的评价模型并进行了各地区的实证研究,同时对上市公司品牌价值进行了评估研究。

历经近一年来的细致撰写和认真校对,本书于2017年12月定稿。首先,衷心感谢冯惠玲教授、卢小宾教授对本书给予的大力支持。同时,我要向课题组中的每一名成员、提供相关数据和案例素材的企业组织及新闻媒体表达最衷心的感谢。本书由钱明辉统纂全书,具体的撰写分工如下:第1章由钱明辉与徐超撰写,第2章由钱明辉与张颖撰写,第3章由钱明辉与霍亮撰写,第4章、第5章由徐超与王涛撰写,第6章、第11章由钱明辉与黎炜祎撰写,第7章由钱明辉与关美钦撰写,第8章由钱明辉与尚奋宇撰写,第9章由钱明辉与陈楠撰写,第10章由钱明辉与徐志轩撰写,第12章由钱明辉与王玉玺撰写。本书的顺利出版是建立在各方的紧密合作以及良好的数据集之上,王玉玺、梁晨、顾佳菊等在

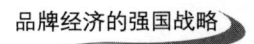

数据采集过程中为确保数据的准确性进行了多方查证,并对相关数据展开了深入分析,为本书各章节相关内容的研究和写作提供了数据支持,特别感谢他们为本书所做出的贡献。

在本书付梓之时,还要向所有给予本书研究提供帮助的专家致以最诚挚的谢意,同时也对出版社编辑的高水准工作致以由衷的感谢,同时,真诚地希望读者对本书提出补充和修正意见。

编者 2017 年 12 月